金融商品取引法制の近時の展開（上）

金融商品取引法研究会 編

公益社団法人 日本証券経済研究所

はしがき

平成18年の証券取引法改正によって成立した金融商品取引法は，ほぼ毎年改正されている。資本市場の環境の変化や，資本市場に参加するプレーヤーのビジネスモデルや取り扱う金融商品等の変化のスピードが速いことに鑑みるならば，金融商品取引法制の改正が頻繁に行われることは，避けることのできないことであると考えられる。金融商品取引法制に関わる新たな課題や解明を待たれる問題は，恒常的に生じていると言えよう。

金融商品取引法研究会では，金融商品取引法を中心に，投資信託及び投資法人に関する法律などの特別法や，会社法一般もカバーする形で，新たな課題や未解明の問題を取り上げ，金融商品取引法制に関連する法律問題を幅広く研究してきた。

本書は，平成29年12月に開催された第１回研究会から令和３年９月に開催された全18回の研究会のうち，前半に取り扱われた７つのテーマについて，報告者が研究会での議論を踏まえ執筆した研究論文を収録し，「金融商品取引法制の近時の展開（上)」として刊行するものである。なお，第１回の本研究会では，金融庁の小森卓郎氏から「最近の金融商品取引法の改正について」と題するご講演をいただき，研究会メンバーが各々の研究テーマを設定し研究を進めるにあたり，大きな示唆を得た。研究会には，毎回，金融庁の担当部局者のほか，実務家の方々にもオブザーバーとしてご参加いただき，様々な示唆をいただいた。この場を借りて厚く御礼申し上げる。

本研究会の残りの研究成果については，「金融商品取引法制の近時の展開（下)」においてとりまとめ，公刊する予定である。

本書が，日本の金融商品取引法制さらには日本の資本市場の発展のために，理論面からも実務面からも多少なりとも貢献することができるならば，望外の幸せである。

令和５年６月

金融商品取引法研究会

会長　神作　裕之

（学習院大学）

金融商品取引法研究会名簿

（令和３年９月７日現在）

会　　長	神　作　裕　之	東京大学大学院法学政治学研究科教授
会長代理	弥　永　真　生	明治大学専門職大学院会計専門職研究科専任教授
委　　員	飯　田　秀　総	東京大学大学院法学政治学研究科准教授
〃	大　崎　貞　和	野村総合研究所未来創発センター主席研究員
〃	尾　崎　悠　一	東京都立大学大学院法学政治学研究科教授
〃	加　藤　貴　仁	東京大学大学院法学政治学研究科教授
〃	河　村　賢　治	立教大学大学院法務研究科教授
〃	小　出　　　篤	学習院大学法学部教授
〃	後　藤　　　元	東京大学大学院法学政治学研究科教授
〃	武　井　一　浩	西村あさひ法律事務所パートナー弁護士
〃	中　東　正　文	名古屋大学大学院法学研究科教授
〃	藤　田　友　敬	東京大学大学院法学政治学研究科教授
〃	松　井　智　予	東京大学大学院法学政治学研究科教授
〃	松　井　秀　征	立教大学法学部教授
〃	松　尾　健　一	大阪大学大学院高等司法研究科教授
〃	松　尾　直　彦	松尾国際法律事務所弁護士
〃	宮　下　　　央	TMI総合法律事務所弁護士

オブザーバー	三井 秀範	預金保険機構理事長
〃	島崎 征夫	金融庁企画市場局市場課長
〃	大津 英嗣	野村ホールディングスグループ法務部長
〃	森 忠之	大和証券グループ本社経営企画部担当部長兼法務課長
〃	森 正孝	SMBC日興証券法務部長
〃	田中 秀樹	みずほ証券法務部長
〃	窪 久子	三菱UFJモルガン・スタンレー証券法務部長
〃	島村 昌征	日本証券業協会常務執行役政策本部共同本部長
〃	松本 昌男	日本証券業協会自主規制本部長
〃	横田 裕	日本証券業協会自主規制本部自主規制企画部長
〃	塚崎 由寛	日本取引所グループ総務部法務グループ課長
研究所	増井 喜一郎	日本証券経済研究所理事長
〃	髙木 隆	日本証券経済研究所常務理事
〃（幹事）	石川 真衣	日本証券経済研究所研究員

（敬称略）

目　次

フェア・ディスクロージャー（FD）ルールについて[1)]

大崎貞和

Ⅰ．FDルールとは

1．FDルールとその目的

フェア・ディスクロージャー・ルール（以下「FDルール」という）とは，上場会社等が投資判断に重要な影響を及ぼす重要な情報を証券会社や機関投資家のアナリストやファンドマネジャー等の特定の第三者に対して伝達する場合，事前に，または同時に当該情報を公表することを求める規範である。言葉を換えれば，FDルールの下では上場会社等が，投資判断に重要な影響を及ぼす未公表の重要な情報を証券会社や機関投資家のアナリストやファンドマネジャー等に対して行う選択的開示（selective disclosure）が禁じられるのである。

日本におけるFDルールの導入に向けて，その内容について検討した金融審議会市場ワーキング・グループのフェア・ディスクロージャー・タスクフォースは，2016年2月に取りまとめた報告書「フェア・ディスクロージャー・ルール・タスクフォース報告～投資家への公平・適時な情報開示の確保のために～」(以下「タスクフォース報告書」という）において，FDルー

1）本稿の内容には，次の拙著と重なる点が多いことをお断りしておきたい。大崎貞和『フェア・ディスクロージャー・ルール』日本経済新聞出版社（2017)。

ルの目的は，投資者に対する公平かつ適時な情報開示を確保することで投資者が安心して株式等の取引を行えるようにすることだと述べる[2)]。つまり，上場会社等からの情報伝達をめぐる投資者間の公平性を担保することで，市場に対する投資者の信頼を確保することがFDルールの主な狙いである。

2．各国におけるFDルールの導入

主要国で最初にFDルールを制度化したのは米国である。米国では2000年8月に制定され同年10月から施行された証券取引委員会（SEC）の規則レギュレーションFD（Regulation FD）によってFDルールが導入された[3)]。

その後欧州でも，2003年1月に採択された欧州連合（EU）の市場阻害行為指令（Market Abuse Directive）及び同指令をEU構成国において直接適用される規則（regulation）へと改変した市場阻害行為規則（2016年7月施行）にFDルールが盛り込まれることとなった[4)]。

一方，日本では，平成29年（2017年）の金融商品取引法（以下「金商法」という）改正においてFDルールが法制化され，2018年4月から施行されている。この改正は，2016年4月に公表された金融審議会ディスクロージャーワーキング・グループ報告及び同報告を受けて2016年10月に設置されたタスクフォースにおいて取りまとめられたタスクフォース報告書の提言内容を受けて実施されたものである。日本のFDルールの内容については，後に詳述する。

2）タスクフォース報告書2頁。
3）17 CFR Part 243 (§§ 243.100 -243.103).
4）Regulation (EU) No. 596/2014 of the European Parliament and of the Council of 16 April 2014.

Ⅱ．FDルール導入の背景

1．米国におけるFDルール導入の背景

既に触れたように，FDルールの目的は上場会社等からの重要な情報の伝達をめぐる投資者間の公平性の確保だとされるが，それは今日まで続く法定開示制度の基礎が確立された1930年代当時から制度の主要な目的であると認識されていた[5)]。それにもかかわらず，2000年という時期になって，改めて公平な情報開示（fair disclosure）を求める新ルールの導入が必要と考えられたのは何故だろうか。また，規則制定時にSECが公表した解説文書が「選択的情報開示とインサイダー取引」と題されていたことにも表れているように[6)]，FDルールの制度化には不公正なインサイダー取引の抑止という狙いもあった。以下では，これらの点について検討することとしたい。

（1） インターネット時代の公平性確保

2000年という時期に上場会社等による公平な情報開示を義務付けるFDルールが導入されることになった背景には，情報ネットワーク技術の発達，とりわけインターネットの急速な普及があった。SECの解説文書でも上場会社等が，インターネットを通じたプレスリリースやウェブキャストを行うことで市場に対して直接的な情報発信を行えるようになったという環境変化の意義が強調されている[7)]。

5）1933年証券法として成立した法案（73d Congress H.R. 5480）の目的は，州際通商及び対外商取引または郵便を通じて売り付けられる証券の性質に関する「完全で公平な情報開示（full and fair disclosure）」の導入だとされた。

6）SEC, “Selective Disclosure and Insider Trading”, Release No. 33-7881, 34-43154, IC-24599, File No. S7-31-99 (August 15, 2000).
https://www.sec.gov/rules/final/33-7881.htm

7）*Ibid.*

実を言えばインターネットの普及以前は，いくら公平な情報開示や重要情報への平等アクセスの確保のために制度を整備しても，実態が伴わないフィクションに近いような面が否定できなかった。

例えば，米国の場合はEDGAR，日本の場合はEDINETによって法定情報開示の電子化が実施されるまでは，開示書類を閲覧するためには役所へ足を運ぶとか冊子形態で販売されているものを購入するといった手間やコストがかかり，証券会社のアナリストや機関投資家のファンドマネジャーといったプロではない一般の投資者が，タイムリーに法定開示情報に接することは事実上困難だったのである[8)]。

そうした状況の下では，仮にアナリストが一般には入手できない重要な情報を上場会社等から得たとしても，当該情報を自らのリポート執筆に活用したり，整理して一般の投資者向けに発信したりするのであれば，一般の投資者が重大な不利益を被るとまでは言えないといった価値判断も働くだろう。

ところがインターネットの普及によって，一般の投資者が電子情報開示システムに掲載された法定開示情報をプロと同じタイミングで低コストで入手することが可能となった。かつては高額な端末利用料や回線使用料が課されるため，証券会社のトレーダーなど限られたプロだけが利用していたリアルタイムの市場情報もネット配信されることで，一般の投資者の手の届くものとなった。

こうなると，もはや技術的な見地からプロとアマの情報格差を正当化することはできない。一般の投資者の市場に対する信頼を確保するためには，インターネット登場以前とは異なる，より厳格な意味での公平な情報開示を徹底することが求められるようになったのである。

8）例えば，2001年6月のEDINETシステム本格稼働以前，日本で提出された有価証券報告書や半期報告書を冊子で揃えようとすると1年分で300万円以上の費用がかかった。CD-ROM版でも220万円を要した。

(2) 上場会社等とアナリストの癒着の排除

FD ルールが2000年というタイミングで導入されることとなったもう一つの要因として，上場会社等と証券会社のアナリストとの癒着関係が，市場に提供される情報の内容を歪めているのではないかという規制当局の問題意識があった。

当時の米国では，多くの上場会社等は自社の業績予想情報を公表しない姿勢をとっていた。その背景には，上場会社等が業績予想情報を公表し，結果的に業績が予想数値から大きく乖離した場合，投資者からの訴訟にさらされるリスクがあることを懸念したという事情がある[9)]。

上場会社等の株価見通しの作成を本業とする証券会社のアナリストは，当然自ら調査対象会社の業績予想を行う。アナリストは自らの予想が，公表されていない会社側の予想や実績と大きく乖離すると評価が下がるので「答え合わせ」をしたい。一方，会社側としても，アナリストの予想が実態からかけ離れたものとなって，実績公表時に株価が暴落したり急騰したりすることは避けたい。とりわけ株価が暴落すれば，アナリストとの窓口となる IR（インベスター・リレーションズ）担当者の評価にも影響する[10)]。

そこで，業績予想情報を公表していない上場会社等とアナリストが基本的には一対一でのやり取りを行い，アナリストが自らの試算値を示しながら会社側の予想値に関する示唆を受けることが一般的になった。また，アナリストだけを集めた小規模なミーティングで，上場会社の経営者や IR 担当者が公表されていない業績の見通しについて語ることも珍しくなかった。

9）本文で述べたような懸念を払拭するために，1995年証券民事責任訴訟改革法によって1933年証券法27A 条(a)項，1934年証券取引所法21E 条(a)項が新設され，上場会社等が表示した将来情報については一定の注意喚起表示がなされているなどの要件を満たす場合，結果が表示された内容と乖離したとしても上場会社等の法的責任は問われないと規定するセーフハーバー条項が設けられた。もっとも，このセーフハーバー条項制定以前から，上場会社等が業績予想と実績が乖離したことを理由として巨額の損害賠償支払いを求められたといった顕著な事例は見当たらない。

10）あるグローバル企業の IR 担当者として FD ルール導入以前に米国での実務に従事した経験者は，筆者に対して，「アナリストの予想値を会社側予想にどれだけ近づけることが出来るかが，当時は IR 担当者の腕の見せ所という認識だった」と語っている。

こうした情報のやり取りの正当性については，情報開示の公平性という観点からは疑問が投じられるだろうが，直ちに違法とまでは言いにくい。なぜならば，仮にそうしたやり取りの場で伝達された情報が違法なインサイダー取引に利用されかねない未公表の重要事実に該当したとしても，アナリストは通常は自ら調査対象先の株式を取引しないし，情報を伝達する会社側も伝達した情報が取引に利用されるとは考えていないので，そうしたやり取りが違法なインサイダー取引に直結したり，インサイダー取引の幇助行為だとみなされる可能性は低い。

また，情報開示制度の観点からも，重要事実が発生した場合に提出が求められる臨時報告書は，提出事由が生じた場合「速やかに（soon after）」提出することが求められるにとどまる。取引所規則に基づく適時開示についても，直ちに公表することが事業目的遂行の妨げとなるような場合には公表の遅延が容認されている。

とはいえ，上場会社等とアナリストとの密室でのやり取りが常態化することには，アナリストの発信する投資情報の客観性，中立性を歪めかねないという問題が伴う。アナリストがIR担当者から的確な情報を入手するために良好な関係を維持しようとして会社側に過度に好意的なリポートを作成したり，IR担当者が会社側に批判的なアナリストを他のアナリストよりも不利に取り扱ったりするといった懸念が生じるからである[11]。

（3） 不公正なインサイダー取引の抑止

上述のように，アナリストが密室でのやり取りを通じて業績予想等に係る重要な情報を入手したとしても，当該情報を利用したインサイダー取引が直ちに行われる可能性は低い。しかし，アナリストが上場会社等から得た未公

11）1999年4月，当時のアーサー・レビットSEC委員長は，「どう見ても蛙にしか見えないものを王子様だと説明するのに熱心なアナリストから情報を得ている投資家が多いのが心配だ。…投資家やアナリストは誰でも，時には蛙は蛙だということを認識しなければならない。」と述べ，こうしたアナリストの傾向について警鐘を鳴らした。

表の重要な情報を顧客である機関投資家等に伝達し，当該情報が取引に利用されることがあれば，そうした情報へのアクセスを有しない一般の投資者の市場に対する信頼を損ねかねないだろう。

ところが米国の判例法では，アナリストや機関投資家のファンドマネジャーが，インサイダー取引規制上，取引を禁じられる情報受領者（tippee）に該当するのは，情報を提供した内部者が，個人的な利益を図るなど上場会社等に対して負う信認義務（fiduciary duty）に反して情報を伝達した場合であって，かつ情報の伝達を受けた者が，当該義務違反の事実を知っていたか知るべきであった場合に限られるとされている[12)]。一般にアナリストは，上場会社等のIR担当者が個人的な利益を図るために情報を提供するといったことは想定していないだろう。

しかも，インサイダー取引規制違反とされるのは，情報受領者が取引によって利益を上げたり損失を回避したりした場合だけであり，未公表の重要な情報をアナリストに開示すること自体やアナリストがそうした情報をリポートなどの形で顧客に伝達することがインサイダー取引規制によって禁じられているわけではない[13)]。

そこでSECは，こうした判例理論の下では，上場会社等による未公表の重要な情報の漏洩を防止しない限り，アナリストを経由して伝達された投資判断に影響を与える未公表情報が取引に利用されることを全面的に排除するのは難しいと考えたのである。

12）*Dirks v. SEC*, 463 U.S. 646 (1983).

13）本文で述べた判例理論は，現在も基本的に維持されている。例えば，2015年10月には，ヘッジファンドのポートフォリオ・マネジャーが，上場企業から間接的に受領した未公表の重要情報に基づいて取引を行ったという事案で，ポートフォリオ・マネジャーが当該情報が信認義務に反して伝達されたものであることを知っていた証拠はないとして被告人を無罪とした連邦控訴裁判所の判決が確定している。*United States v. Newman*, 773 F. 3d 438 (2d Cir. 2014).

2．日本におけるFDルール導入の経緯

（1） 2000年代前半の認識

欧米でFDルールが法制化された2000年代前半の日本では，FDルールの制度化を必要とするような問題が顕著な形では発生していないといった意見があり，その時点でのFDルールの導入は見送られることとなった[14)]。

日本の上場会社は，証券取引所の定める適時開示ルールによって投資者の投資判断に軽微でない影響を及ぼすような会社情報や子会社等の情報，業績情報等の内容を直ちに開示することを義務付けられている[15)]。従って上場会社が，そうした情報を適時開示ルールに則って公表する前に証券会社のアナリストなど特定の第三者に対して選択的に開示することは，取引所規則によって禁じられているものと解されたのである[16)]。

つまり，日本においても，少なくとも取引所規則による自主規制というレベルでは，欧米で法制化されていたFDルールに相当するような内容の規制が行われているとの理解がなされていたのである。

（2）「プレビュー」をめぐる不祥事の発生

ところが2015年12月以降，上場会社の内部情報を顧客に提供して勧誘を行ったとされる証券会社に対する行政処分の事案において，上場会社が当該証券会社のアナリストに対して自社の業績に関する未公表の情報を提供していたなどの問題が明らかになった[17)]。

これらはいずれも，一部のアナリストの間で慣行化していた，いわゆる「プレビュー取材」の過程で行われた行為が，法令違反にあたるとされたも

14）金融審議会ディスクロージャーワーキング・グループ報告「建設的な対話の促進に向けて」（2016年４月18日）16頁。

15）東京証券取引所有価証券上場規程402条以下。

16）黒沼悦郎『金融商品取引法入門』【第６版】日本経済新聞出版社（2015）111頁。

17）ドイツ証券株式会社に対する業務改善命令（2015年12月15日），クレディ・スイス証券株式会社に対する業務改善命令（2016年４月25日）。

のである。「プレビュー取材」とは，上場会社等がIR取材を拒絶する，いわゆるクワイエット・ピリオド（沈黙期間）に入る決算期日の直前に業績数値の感触を探るために行われた取材活動である。

日本では上場会社等の多くが，自社で作成した業績予想を公表している。これは法令や取引所規則で義務付けられているものではないが，かつては取引所が決算情報の適時開示に用いられる決算短信の様式に業績予想の記載欄を設けていたといった事情もあり，広く慣行化しているものである。

こうした慣行の存在も踏まえ，金商法のインサイダー取引規制では，公表されている業績予想数値と上場会社等が新たに算出した予想値または実績値との間に投資判断に重要な影響を及ぼすような差異が生じたという事実は，当該事実の公表前に当該事実を一定の状況下で知った者による取引が禁じられる重要事実にあたると定められている（金商法166条２項３号）[18]。

ところが「プレビュー取材」の過程では，上場会社等が金商法上の重要事実にはあたらないと考えた公表されている業績予想値と実績値との軽微な差異に関する情報を証券会社のアナリストに伝達し，アナリストが当該情報を機関投資家への投資勧誘に利用していたのである。

金商法は証券会社（第一種金融商品取引業者）が，上場会社等に関する未公表の情報で顧客の投資判断に影響を及ぼすようなもの（法人関係情報）を提供して勧誘する行為を禁じている（金商法38条９号，金融商品取引業等に関する内閣府令117条１項14号）。このため，アナリストの上記のような行為は法令違反にあたるとして行政処分が行われたのだが，そうした不祥事の再発防止策をめぐる検討の中で，日本においても欧米のようにFDルールを法制化すべきではないかといった声が高まることとなった。

18）ここでいう投資判断に重要な影響を及ぼすような差異とは，売上高に係る予想値に関しては10％以上，利益に係る予想値に関しては30％以上の差異を指すものとされる（有価証券の取引等の規制に関する内閣府令51条）。

Ⅲ．金商法の規定

平成29年（2017年）金商法改正では，「重要情報の公表」と題する金商法第二章の六（金商法27条の36乃至27条の38）が新設された。また，金商法施行令の所要の改正が行われるとともに，「金融商品取引法第二章の六の規定による重要情報の公表に関する内閣府令」(以下「重要情報公表府令」という）及び「金融商品取引法第27条の36の規定に関する留意事項について（フェア・ディスクロージャー・ルールガイドライン）」(以下「FD ガイドライン」という）が新たに制定された。以下では，その内容を逐条的に紹介することとしたい。

１．金商法27条の36

金商法27条の36は，上場会社等またはその役員等が，その業務に関して，取引関係者に投資判断に重要な影響を及ぼす未公表の重要情報を伝達する場合，当該上場会社等は，意図的な伝達の場合には同時に，意図的でない伝達の場合は速やかに，当該情報を公表しなければならないとしている。

（1）　重要情報を公表すべき発行者

ここで重要情報の公表を求められる「上場会社等」とは，次のような有価証券（政令で定めるものを除く[19]）であって金融商品取引所に上場されているもの等の発行者である。

①　社債券

②　協同組織金融機関の優先出資証券

③　株券・新株予約権証券

19）特別目的法人によって発行される資産担保社債及び主として不動産等に投資するもの以外の投資法人の発行する有価証券が除かれている（金商法施行令14条の15，重要情報公表府令２条）。

④　投資証券・新投資口予約権証券・投資法人債券・外国投資証券

⑤　①〜④と同等の性質を有する外国の者の発行する証券又は証書（指定外国金融商品取引所に上場されているものを除く）等（施行令14条の16）

（2）規制の対象となる情報提供者

本条による規制の対象となる情報提供者は，①上場会社等，②投資法人である上場会社等の資産運用会社，③①及び②の役員，代理人もしくは使用人その他の従業者である。

このうち③の類型の代理人もしくは使用人その他の従業者による情報提供については，「取引関係者に情報を伝達する職務を行うこととされている者が行う伝達」だけが規制対象となる。具体的には，証券会社のアナリストや機関投資家などへの対応を日常業務として行うIR（インベスター・リレーションズ）実務の担当者が想定されよう[20]。

一方，役員については代理人もしくは使用人その他の従業者の場合とは異なり，規制対象となる者の範囲に特に限定がない。ここで役員とは，取締役，会計参与，監査役若しくは執行役又はこれらに準ずる者をいうとされる（金商法21条1項1号）。実務上は執行役員，理事といった肩書の者が「取締役に準ずる者」に該当するのかどうかが問題となろう。

この点をめぐっては，FDルールに関するものではないが有価証券報告書虚偽記載等をめぐる裁判例で，「その者に，会社の全般についての業務執行決定及び業務執行の監督を行う取締役会の一員である取締役とほぼ同等の地位や権限が与えられている」場合には「取締役に準ずる者」として認められ

20）米国のFDルールでは規制対象となる情報提供者を「日頃から」アナリスト等に情報を伝達する者に限定している。この点をめぐって，日本の金商法についても，米国と同様に「日頃から」の要素を読み込んで，アナリスト等とときどき対話をすることを職務とする者（たとえば店長）や顧客や供給業者と接する業務を担当する者であって株主である顧客・供給業者と接することもある者までは含めるべきでないとの見解が示されている。飯田秀総「フェア・ディスクロージャー・ルールの法的検討（上）」『旬刊商事法務』2179号6頁以下，12頁。

るとの解釈が示されている[21]。

規制の対象となる情報提供者によって「取引関係者」に対して「重要情報」が意図的に伝達される場合，当該重要情報は，当該伝達と同時に公表されなければならない。ここでいう公表とは，①法定開示（EDINET），②適時開示（TDnet），③インサイダー取引規制におけるその他の公表の方法（２以上の報道機関への公開から12時間の経過），④上場会社等による自社ホームページへの掲載のいずれかの方法によらなければならない（本条４項，重要情報公表府令10条）。

規制対象となる情報伝達は，「その業務に関して」行われるものに限られる。このため，例えば，家庭内の会話で重要情報を伝達したといった場合については，本条による規制の適用除外となる場合が多いものと考えられる[22]。

（３） 規制の対象となる情報

FD ルールの規制対象となる情報は，「重要情報」と定義され，その内容は「当該上場会社等の運営，業務又は財産に関する公表されていない重要な情報であって，投資者の投資判断に重要な影響を及ぼすもの」と規定されている。

どのような情報が重要情報に該当するのかは，個々の事案に即して判断されるべきだが，FD ルールの基本的な枠組みを整理したタスクフォース報告書に示された考え方が，個別の判断にあたっての参考となる。

すなわちタスクフォース報告書は，重要情報の範囲について，「インサイダー取引規制の対象となる情報の範囲と基本的に一致させつつ，それ以外の情報のうち，発行者又は金融商品に関係する未公表の確定的な情報であって，公表されれば発行者の有価証券の価額に重要な影響を及ぼす蓋然性があるものを含める」とし，「工場見学や事業別説明会で提供されるような情報」な

21）東京地判平成21・５・21判タ1306号124頁。

22）齋藤馨・田原泰雅監修『逐条解説2017年金融商品取引法改正』商事法務（2018）64頁。

ど「他の情報と組み合わさることによって投資判断に影響を及ぼし得るものの，その情報のみでは，直ちに投資判断に影響を及ぼすとはいえない情報(いわゆるモザイク情報)」は，重要情報にあたらないとしている。

また，FDガイドラインは，FDルールを踏まえた情報管理について，次のような方法のいずれかをとることが考えられるとしている（問２）。

① 諸外国のルールも念頭に，何が有価証券の価額に重要な影響を及ぼし得る情報か独自の基準を設けてIR実務を行っているグローバル企業は，その基準を用いて管理する。

② 現在のインサイダー取引規制等に沿ってIR実務を行っている企業については，当面，インサイダー取引規制の対象となる情報，及び決算情報（年度又は四半期の決算に係る確定的な財務情報）であって，有価証券の価額に重要な影響を及ぼす情報を管理する。

③ 仮に決算情報のうち何が有価証券の価額に重要な影響を与えるものか判断が難しい企業については，インサイダー取引規制の対象となる情報と，公表前の確定的な決算情報を全てFDルールの対象として管理する。

このほかFDガイドラインは，中長期的な企業戦略・計画等に関する情報は基本的には重要情報に該当しないこと，タスクフォース報告書でも言及された，その情報のみでは直ちに投資判断に影響を及ぼすとは言えないモザイク情報も該当しないこと，などを明らかにしている（問４）。

いずれにせよ，FDルール法制化の端緒となった行政処分事案が，インサイダー取引規制上は軽微基準に該当して直ちに重要事実にあたるとは言えないような未公表の決算情報の取扱いに係るものであったことを踏まえれば，FDルールの規制対象となる重要情報は，インサイダー取引規制上の重要事実よりも幅広い情報を含むものとして，実務上の対応を図る必要があるだろう。

なお，ここでいう重要情報が「公表されていない」の意義については，明確な定義規定が存在しない。既に触れたように，本条の規定に基づいて重要情報を公表する場合の公表方法は明示されているが（本条４項，重要情報公表府令10条），当該公表方法以外の方法で公衆に情報が周知されていた場合にも「公表されていない」に該当するのかは明確でないと言わざるを得ない[23)]。

（4） 規制の対象となる情報受領者

本条による規制の対象となる情報受領者は，「取引関係者」と定義され，次のような者を指す。

① 金融商品取引業者，登録金融機関，信用格付業者若しくは投資法人その他の内閣府令で定める者（独立系アナリスト，高速取引行為者これらと同様の業務を行う外国の者等，重要情報公表府令４条）又はこれらの役員等[24)]

② 当該上場会社等の投資者に対する広報に係る業務に関して重要情報の伝達を受け，当該上場会社等の有価証券に係る売買等を行う蓋然性の高い者として内閣府令で定める者

①については，例えば銀行の融資担当者などのように登録金融機関の役員等であっても，金融商品取引業に係る業務に従事していない者が重要情報の提供を受けたとしても当該情報を適切に管理するための措置が講じられている場合には，規制の対象となる取引関係者には該当しないものとされる（本条１項１号，重要情報公表府令５条，６条）。

一方，②については，当該上場会社等の発行する上場有価証券等の保有者（すなわち株主や社債権者等），適格機関投資家，有価証券に対する投資を行うことを主たる目的とする法人その他の団体，特定の投資者等のみを対象とした説明会，すなわちIR情報を伝達する会社説明会への参加者が取引関係者に該当するものとされる（重要情報公表府令７条）。

ここで実務上の論点となるのが，新聞記者等の報道関係者に対して未公表

23） 飯田秀総「フェア・ディスクロージャー・ルールの法的検討（下）」『旬刊商事法務』2180号４頁以下，10頁。

24） 但し，投資法人である上場会社等とその業務委託先である資産運用会社の間で行われる情報の伝達は，規制の対象外である（重要情報公表府令４条１号，４号各かっこ書）。投資法人は資産運用会社によって運営されるものだからである。

の重要情報を伝達することが規制の対象なのかどうかである。原則として，報道機関は上の①及び②のいずれにも該当しないと言える。しかし，IR情報を伝達する会社説明会への参加者は規制対象となる情報受領者にあたるので，仮にそうした会社説明会に新聞記者等が参加しており，当該説明会の場において未公表の重要情報の伝達が行われた場合には，伝達の相手方が新聞記者等であっても，FDルールによる規制対象となるものと考えられる。

（5） 公表が不要となる場合

FDルールによる規制の対象となる情報提供者から未公表の重要情報の伝達を受けた取引関係者が，法令又は契約により，守秘義務等，すなわち，当該重要情報が公表される前に当該重要情報に関する秘密を他に漏らしてはならない義務及び上場有価証券等に係る売買等をしてはならない義務を負う場合には，当該重要情報の公表は求められない（本条1項但書）[25]。

ここで売買等をしてはならない義務の対象となる上場有価証券等とは，当該上場会社等の発行する社債券，株券，新株予約権証券，投資証券等であり，それらの有価証券に係るオプションを表示する有価証券や上場会社等の発行する株券等を表象する有価証券信託受益証券等が含まれる（金商法施行令14条の17）。但し，上場有価証券等に係るオプションを取得している者が当該オプションを行使することにより上場有価証券等を取得することその他重要情報の伝達を受けたことと無関係に行うことが明らかな売買，権利の行使その他これに類する行為等は，規制の対象となる売買等にあたらないものとされる（重要情報公表府令3条）。

なお，FDガイドラインでは，伝達した情報を公表する必要がないと考えられるケースとして，①証券会社の投資銀行業務を行う部門との間で組織再

25） なお，守秘義務を負う者に対する選択的開示を認めることが好ましいのかどうかについては，例えばライバル会社の未公表の重要情報を利用することで別の会社の株式等の取引で利益を得るといった可能性を生むので，政策論として疑問の余地があるとの指摘がなされている。飯田・前掲（注23）8頁。

編や資金調達等の相談をするために重要情報を伝達する場合，及び②信用格付業者に債券等の格付を依頼する際に重要情報を伝達する場合，の二つが具体的に掲げられている（問７）。これらのケースについては，法令で受領した情報の目的外利用や漏洩を防止する体制の構築が求められていることから，個別に守秘義務契約等を締結しなかったとしても，伝達した情報の公表は不要となるものと考えられる。

（6）　意図的でない情報伝達を行った場合

FDルールによる規制の対象となる情報提供者が，未公表の重要情報の意図的でない伝達を行った場合には，上場会社等は，速やかに当該情報を公表しなければならない（本条２項）。

ここで意図的でない伝達に該当する場合とは，①取引関係者に重要情報の伝達を行った時において伝達した情報が重要情報に該当することを知らなかった場合，②重要情報の伝達と同時にこれを公表することが困難な場合であり，後者の具体的な内容として，取引関係者に意図せず重要情報を伝達した場合であって伝達の相手方が取引関係者であることを知らなかった場合が規定されている（重要情報公表府令８条）。

より具体的には，例えば，上場会社等としては伝達する予定のなかった重要情報を，その役員等がたまたま話の流れで伝達してしまったような場合が考えられる（FDガイドライン問８）。これは一対一や少人数での会合の場だけでなく，多数の者を集めて行われる会社説明会等における伝達であっても同じである。

また，上場会社等としては重要情報を伝達したと考えていないにもかかわらず，取引関係者から伝達された情報が重要情報に該当するのではないかといった指摘を受けることも考えられる[26]。

26）機関投資家は，上場会社等から未公表の重要情報を受領した状況の下では，インサイダー取引規制等との関係から当該上場会社等の発行する株式等の売買を行うことができないため，当該情報の公表を発行者に対して求める場合がある。

この場合，上場会社等としては，取引関係者との対話を通じて，当該情報が重要情報に該当するとの見解に同意すれば速やかに公表する必要がある。但し，当該情報が重要情報に該当するが公表が適切でないと考える場合には，情報を伝達した取引関係者に対して守秘義務等を負ってもらい公表を行わないことも考えられる（FDガイドライン問3）。

（7）取引関係者による守秘義務等の違反

取引関係者が守秘義務等を負った上で，FDルールによる規制の対象となる情報提供者から未公表の重要情報の伝達を受けたにもかかわらず，当該守秘義務等に違反して，他の取引関係者に情報を伝達し，又は上場有価証券等に係る売買等を行うといった場合も想定される。

こうした場合，上場会社等は，情報の伝達や上場有価証券等に係る売買等が行われたことを知ったときは，速やかに当該重要情報を公表しなければならない（本条3項）。

但し，伝達された重要情報が，合併や事業譲渡，株式発行による資金調達等に関する情報である場合であって，当該情報を公表することにより，その遂行に重大な支障を生ずるおそれがある場合には，公表義務は課されない（重要情報公表府令9条）。

なお，取引関係者による守秘義務等に違反した情報伝達によって上場会社等の公表義務が発生するのは，「他の取引関係者」に対して情報が漏らされた場合に限られる。従って，取引関係者に該当しない者（例えば新聞記者等の報道関係者など）に対して情報が漏らされたことを上場会社等が知った場合は，本条による情報公表義務は発生しない。

2．金商法27条の37

内閣総理大臣は，公益又は投資者保護のため必要かつ適当であると認められるときは，重要情報を公表した者若しくは公表すべきと認められる者，又は参考人に対し，報告若しくは資料の提出を命じ，又は職員をしてその者の帳簿書類その他の物件を検査させることができる。

本条に基づく報告・資料提出命令に違反して報告・資料の提出をせず，又は虚偽の報告・資料の提出をした者に対しては，６月以下の懲役若しくは50万円以下の罰金に処し，又はこれを併科するとの罰則が定められている（205条第５号）。また，本条に基づく検査を拒み，妨げ，又は忌避した者に対しても同様の罰則が設けられている（205条第６号）。

３．金商法27条の38

内閣総理大臣は，FD ルールに基づいて公表されるべき重要情報が公表されていないと認めるときは，上場会社等に対して重要情報の公表その他の適切な措置をとるよう指示することができる（本条１項）。この指示を受けた者が，正当な理由がないのに指示に係る措置をとらなかったときは，内閣総理大臣は，その者に対し，その指示に係る措置をとるよう命令できる（本条２項）。

本条に基づく命令に違反した者に対しては，６月以下の懲役若しくは50万円以下の罰金に処し，又はこれを併科するとの罰則が定められており（205条第６号の５），両罰規定も適用される（金商法207条６号）。

Ⅳ．金商法の FD ルールの特色

１．緩やかな実効性確保措置

金商法の FD ルールの特徴の一つは，違反者に対する罰則などルールの実効性確保のための措置が，比較的緩やかなものとなっている点にある。

米国におけるレギュレーション FD の場合，違反者に対する刑事罰こそ科されないものの，機関投資家のファンドマネジャーとの電話会議で未公表の重要情報を漏らしたといった違反行為に対して将来の違反行為を禁じる排除措置命令が発出されたり，悪質性が高いと評価された事案に関しては民事制裁金が科されたりするなど，少なからぬ数の事案について，一定の制裁措置が講じられてきた[27]。

また，EU の FD ルールを規定する市場阻害行為規則は，FD ルール違反の行為に対して科されるべき行政上の制裁金の金額について，具体的な金額の決定は各構成国に委ねつつ，その上限を違反者個人については100万ユーロ以上，法人については250万ユーロ以上または年間売上高の２％以上とするよう求めている（同規則30条１項(i)，(j))。

これに対して金商法の FD ルールの場合，上場会社等が未公表の重要情報を取引関係者に意図的に伝達した場合や伝達した重要情報を公表しない場合に直ちに刑罰や課徴金を科すといった仕組みはとられず，既に触れたように，行政的な指示・命令に従わない悪質な違反者に対してのみ刑罰を科すこととしており，しかも罰則の内容は比較的軽微なものとなっている。違反者に対する課徴金の賦課もない。

このように，FD ルール違反に対する制裁が緩やかなものとなっている背景には，発行者である上場会社等と投資者との対話を促進するためには，発行者による積極的な情報提供が行われることが重要であり，そのための環境整備を行っていくことが重要な課題となっているという認識がある[28]。

日本では，機関投資家と発行者との建設的な対話を通じて上場会社等のコーポレートガバナンス（企業統治）の改善を促し，収益力を高めることが経済の活性化につながるとの考え方に立ちながら，2014年制定の金融庁のスチュワードシップ・コード，2015年制定の東京証券取引所のコーポレートガバナンス・コードの二つのコードを主軸としたコーポレートガバナンス改革が推進されてきた。

もとより機関投資家と発行者との対話は，公表情報に基づいて行われるべきものであり，未公表の重要情報の伝達がなければ実りある対話が行えない

27）米国におけるレギュレーション FD 違反の事案について詳しくは，大崎・前掲（注１）第３章第３節参照。

28）タスクフォース報告書３頁。

というようなことは決してない。とはいえ，発行者からすれば，FD ルール違反を100％防止するための最も単純な方法は機関投資家との一対一や少数の場でのやり取りを一切行わないことだというのも否定できない事実であり，FD ルール違反に対して厳しい制裁が科されるのであれば，発行者の情報提供に対する姿勢を後退させる懸念は大いにある。

事実，日本に先行して FD ルールが導入された米国では，ルール導入後にアナリストから発行者側の情報開示姿勢の後退が指摘されたほか，中小規模の上場会社を中心に開示される情報の量が減少したとか，株価にネガティブな影響を与える情報の積極的な開示が減るなど質の低下がみられるといった実証結果も示されているようである[29)]。金商法の FD ルールは，投資者間の情報アクセスの公平性を確保しつつ，発行者による法定情報開示以外の積極的な情報開示を促すという観点からあえて緩やかな実効性確保措置を用意したものと考えられる。

2．重要情報の定義

FD ルールの主な狙いは，上場会社等からの情報伝達をめぐる投資者間の公平性を維持して，市場に対する投資者の信頼を確保することである。このことは欧米と日本に共通しているが，加えて欧米の FD ルールでは，インサイダー取引規制との関連性が強調されている。

とりわけ EU の FD ルールは，インサイダー取引に利用される内部情報の公表に係るルールとして明確に位置付けられており，インサイダー取引規制においても FD ルールにおいても，規制の対象となる内部情報の範囲は同一のものとして定義されている（市場阻害行為規則７条）。

一方，米国では，FD ルールを定めたレギュレーション FD においては「未公表」や「重要情報」の定義はなされていないが，SEC は「これらの用語

29）cf. Fisch, Jill. E., “Regulation FD : An alternative Approach to Addressing Information Asymmetry”, Stephen Bainbridge, ed., *Research Handbook on Insider Trading* (Elgar, 2013, pp.112–129).

に関して判例法で確立された既存の定義に依拠する」と述べており，規制の対象となる重要情報の範囲は，判例法理として形成されてきたインサイダー取引規制と同一のものであるという認識を示している[30)]。

これに対して金商法のFDルールは，導入の経緯からも明らかなように，インサイダー取引規制における軽微基準を満たす公表直前の決算情報であっても，投資者の判断に重要な影響を及ぼす場合があるのでFDルールの対象とする必要があるという観点から，意識的にインサイダー取引規制の対象となる重要事実とは異なる「重要情報」が規制の対象とされることになった[31)]。

なお，どのような情報が重要情報となるかという点については，既に触れた通りである。上場会社等の実務という観点から言えば，既にインサイダー取引規制上の重要事実に該当するような情報の管理については社内規程等が整備され，管理の態勢も確立していただけに，重要事実よりは範囲が広いということが確かであるものの，その外縁がどこまでであるかが必ずしも明確とは受け取れない重要情報の取り扱いをどうするのかは，大きな課題となっている模様である。

3．情報受領者の範囲

従来のインサイダー取引規制が，一定の限定はあるものの，内部者から未公表の重要事実を直接伝達された者による取引を幅広く規制しているのに対し，金商法のFDルールは，規制の対象となる情報受領者の範囲をかなり限定的なものとしている。

これは，インサイダー取引規制の効果が，実際に取引を行った情報受領者や当該情報受領者に情報を伝達した者個人に対する刑事罰や課徴金の賦課であるのに対し，FDルールの場合，その効果が上場会社等に対する伝達された情報の公表の指示・命令であるということを考慮し，上場会社等以外の者

30）SEC, note6, op. cit..

31）齋藤＝田原・前掲（注22）65頁。

が情報伝達の主体となった場合については規制の対象となる情報伝達者の範囲を上場会社等の行為と同視し得るような程度に限定し，そうした規制対象者が通常の職務の遂行上情報を伝達することが想定されるような者に規制の対象となる情報受領者の範囲を限定するという趣旨だと考えられる。

換言すれば，上場会社等の行為とは同視し得ないような状況，例えば当該会社の従業員が通常の職務上は入手できないような未公表の重要情報を不正に入手して自分の友人に伝達したといったケースにまで，当該情報の公表義務を上場会社等に対して課さなかったとしても，市場に対する投資者の信頼を損ねることにはならないとの判断がなされているのである。

このようにFDルールの規制対象となる情報受領者の範囲を限定するという考え方は，米国のFDルールとも共通しているが，他方でEUのFDルールでは，上場会社等の通常の業務遂行の過程でなされた「第三者」への内部情報（未公表の重要情報）の開示を原則として禁じるというより幅広い規制が設けられている（市場阻害行為規則17条8項）。

この点をめぐって，日本のFDルール導入へ向けた検討過程では，新聞社等の報道機関への情報伝達を規制の対象とすべきかどうかが議論となった[32]。その背景には，有力経済紙に公表前の決算情報に関する記事がしばしば掲載され，そうした記事が市場に影響を及ぼすことに対する海外機関投資家からの不満の声があったのである。FDルールのあり方について議論した審議会の作業部会では，一部の委員が報道機関を規制対象とすることを求める意見を述べたが[33]，そうした規制は報道の自由を制約するといった見方もあり，最終的には報道機関への情報伝達はFDルールによる規制の対象とし

32）米国のFDルールでは，報道機関は規制対象となる情報受領者として明示されている者には含まれないが，他方で規制の適用除外となる者として明示されている者にも含まれない。しかし，通常は報道機関所属の記者等は，伝達された重要情報に基づいて株式等を売買することを「合理的に予見できる状況にある」とはいえないため，FDルールの規制対象となる情報受領者には該当しないものと解されている。

33）金融審議会「「ディスクロージャーワーキング・グループ」（第３回）議事録（2016年２月19日），黒沼委員，原田委員発言。
https://www.fsa.go.jp/singi/singi_kinyu/disclose_wg/gijiroku/20160219.html

ないこととなった。

V．おわりに

本稿の最終校正時点では，2018年4月の金商法FDルールの施行から5年近くを経ているが，これまでのところ金融庁による重要情報の公表指示や命令の実例はない。

FDルールの実施で先行した米国でも，当局が上場会社等の情報開示姿勢の萎縮を恐れたといったこともあり，これまでのFDルール違反の摘発は10数件にとどまっている[34)]。既に触れたように，FDルールの導入が上場会社等の情報開示姿勢にネガティブな影響を及ぼしたとの指摘がなされる一方で，投資者間の情報の偏りが少なくなり，株価のスプレッドが縮小するといったポジティブな影響がみられるようになったとの指摘もあるなど，FDルールが市場に及ぼした影響の評価は必ずしも一定しない[35)]。

今後金商法のFDルールをめぐっても，上場会社等の望ましい情報開示姿勢に関する健全な市場慣行が形成されることや投資者間の情報の偏りや市場の効率性にどのような影響が生じているかに関する実証研究が積み重ねられることを期待したい。

34）最近の事案としては，2019年8月，新薬の認可手続きをめぐるプレスリリースに関して，アナリストとの電話会議で一般に公表されていない詳細な情報を提供したとされた上場会社に対して20万ドルの民事制裁金が賦課されるとともに排除措置命令が出されたというものがある。*In re THERAPEUDICSMD, Inc.*, SEC Release No. 34-86708, August 20, 2019. この事案でSECは，当該上場会社がFDルールに対応するための手続き等を十分に整備していなかったことを問題視している。また，2022年12月に上場会社とそのIR担当者らが民事制裁金の支払いに応じることでSECとの和解が成立した事案（*SEC v. AT&T, Inc., et al.*, Case No. 1:21-cv-01951, US District Court, Southern District of New York）は，上場会社のIR担当者が，約20名の証券アナリストに対して個別に電話をかけ，一部の製品の売上高の会社予想値や顧客の買い替え率等の実績値・予想値を示しながらアナリストが作成した売上高予想値の下方修正を働きかけたというものである。

35）Fisch, note 29, op. cit..

監査報告書の見直し

弥　永　真　生

I．従来の監査報告書

金融商品取引法に基づく監査及び会社法に基づく監査が我が国の企業会計監査制度の中核をなしている。監査報告書の様式は，金融商品取引法監査との関連では財務諸表等の監査証明に関する内閣府令（昭和32年大蔵省令第12号）（以下，監査証明府令という）によって規律されており，会社法上の会計監査報告は会社計算規則によって規律されている。

他方，どのような監査手続を行うべきかについては，いずれの法律の下でも特段の規定が設けられておらず，非常に抽象的なルールが金融商品取引法に定められているにとどまっている。すなわち，金融商品取引法193条の２の第１項は，上場会社等が提出する財務書類については，「その者と特別の利害関係のない公認会計士又は監査法人の監査証明を受けなければならない」と規定し，同条第５項は，「第１項及び第２項の監査証明は，内閣府令で定める基準及び手続によって，これを行わなければならない」とのみ定めている。これをうけて定められた監査証明府令３条２項は，「前項の監査報告書，中間監査報告書又は四半期レビュー報告書は，一般に公正妥当と認められる監査に関する基準及び慣行に従って実施された監査，中間監査又は四半期レビューの結果に基いて作成されなければならない」と定めている。

これを，会計についての規律と比較すると，大きな違いがある。まず，財務諸表等規則や連結財務諸表規則などでは，「一般に公正妥当と認められる企業会計の基準」に従うものとすると定められているが，監査証明府令のこの規定には，「及び慣行」という語が含められている。

また，建前としては，財務諸表等規則や連結財務諸表規則などで財務諸表等・連結財務諸表などの用語，様式及び作成方法を定めることを前提とし，又は原則としたうえで，当該府令に規定のないものについて，一般に公正妥当と認められる企業会計の基準に従うものとするとされている（財務諸表等規則１条１項，連結財務諸表規則１条１項など)。これに対して，監査証明府令では，監査の基準及び手続を監査証明府令そのものでは定めずに，「一般に公正妥当と認められる監査に関する基準及び慣行」に全面的に委任しており，この点も，大きな違いの１つである。

さらに，監査証明府令３条３項は，一般に公正妥当と認められる監査の基準に含まれるものとして，『監査基準』，『中間監査基準』，『監査に関する品質管理基準』，『四半期レビュー基準』，及び，『監査における不正リスク対応基準』の５つを列挙している。すなわち，「前項に規定する一般に公正妥当と認められる監査に関する基準に該当するものとする」と定めており，これは，財務諸表等規則１条２項及び３項なども同じであるが，例示列挙しているにすぎない。実際，日本公認会計士協会の監査基準報告書は，「一般に公正妥当と認められる監査に関する基準」に該当すると解されている[1)]。

平成30年７月５日改訂前『監査基準』及びそれを前提とした（平成30年内閣府令第54号による改正前）監査証明府令の下での監査報告書には，まず，監査の対象となった財務諸表等を特定し，経営者の責任及び監査を実施した公認会計士又は監査法人の責任を記載した上で，監査の対象となった財務諸表等が，一般に公正妥当と認められる企業会計の基準に準拠して，当該財務諸表等に係る事業年度（連結財務諸表の場合には，連結会計年度）の財政状態，経営成績及びキャッシュ・フローの状況を全ての重要な点において適正

1）企業会計審議会「監査基準の改訂に関する意見書」（平成14年１月25日）の「監査基準の改訂について」では，「監査基準とこれを具体化した日本公認会計士協会の指針により，我が国における一般に公正妥当と認められる監査の基準の体系とすることが適切と判断した。」とされている（二改訂基準の性格，構成及び位置付け，２改訂基準の構成)。

に表示しているかどうかについての意見を記載すべきものとされていた。すなわち，無限定適正意見，除外事項を付した限定付適正意見又は不適正意見が表明されることとなっていた（４条６項）[2]。そして，追記情報（継続企業の前提に関する注記に係る事項及び会計方針の変更，重要な偶発事象，重要な後発事象等で，監査を実施した公認会計士又は監査法人が強調し，又は説明することが適当と判断した事項）がある場合には，それを記載すべきこととされていた（４条１項１号）。

（令和元年法務省令第54号による改正前）会社計算規則の下でも，会計監査人の会計監査報告には，会計監査人の監査の方法及びその内容，計算関係書類が当該株式会社の財産及び損益の状況を全ての重要な点において適正に表示しているかどうかについての意見があるときは，その意見[3]，その意見がないときは，その旨及びその理由，追記情報（継続企業の前提に関する注記に係る事項，会計方針の変更，重要な偶発事象，重要な後発事象その他の事項のうち，会計監査人の判断に関して説明を付す必要がある事項又は計算関係書類の内容のうち強調する必要がある事項）を記載すべきことが求められていた（126条１項）。

このように，わが国における現在の監査報告書は，監査意見として，無限定適正意見，除外事項を付した限定付適正意見又は不適正意見というような意見のみを述べ，それ以上の細かい意見を述べないというところに１つの大きな特徴があり，短文式の監査報告書と呼ばれている[4]。

追記情報が記載される可能性があるとはいえ，短文式の監査報告書は，それ自体の情報提供機能ではなく，監査の対象となった計算書類・財務諸表の

2）重要な監査手続が実施されなかつたこと等により，意見を表明するための基礎を得られなかつた場合には，意見を表明しない旨及びその理由を記載するものとされていた（４条18項）。

3）監査証明府令は，無限定適正意見，除外事項を付した限定適正意見及び不適正意見の３つと意見不表明しか認めていないが，会社計算規則はこの４種類の意見に限定する規定ぶりにはなっておらず，この４種類のいずれかに当たるときにはそれを記載すればよいということになっている。したがって，会社法上の会計監査報告にはこの４種類の意見とは異なる内容の監査意見を記載することができる仕組みになっているというたてつけになっている。

情報価値を高めるという機能に重点があると評価することができる。

Ⅱ．近年の提言

我が国では，粉飾決算を背景として，企業会計審議会が，平成25年３月26日に，『監査における不正リスク対応基準』を公表したが，その審議の過程では，国際監査基準の改正が予定されていたことを踏まえ，「監査報告書の記載内容の見直し……といった論点も議論されたところであるが，国際的な議論の動向や利用者のニーズに関する調査等を踏まえつつ，今後，当審議会において検討を行うこととしている。」と『監査基準の改訂に関する意見書』ではされた[5)]。

平成26年２月18日にも『監査基準』が改訂されたが，この際にも，『監査基準の改訂に関する意見書』では，「なお，監査部会の審議においては，監査報告書の記載内容に関し，国際的な見直しの動向についても議論されたところであり，引き続き検討を行うこととしている」と述べられた[6)]。

その後，金融庁は，会計監査の在り方懇談会を設置し，この懇談会の提言である『会計監査の信頼性確保のために』（平成28年３月８日）では，「企業の株主は，会計監査の最終的な受益者であり，株主総会において，監査人の選解任を最終的に決定する役割を担っている。このような株主の判断が適切に行われるためには，監査役会・監査委員会・監査等委員会（以下「監査役会等」という）による監査人の評価を含め，株主に必要な情報提供が行われることが前提となる。諸外国においてもこのような観点から様々な取組みが

4）短文式の監査報告書は，我が国では一般的なものであり，当然のものとして受け止められてきたが，諸外国を見ると，必ずしもこれが一般的だったわけではない。現在でも，たとえば，ドイツでは，長文式の監査報告書が監査役会に提出され（商法典321条）（オーストリアも同様。企業法典273条），EU 法定監査規則（Regulation (EU) No 537/2014）11条は，社会的影響度の高い事業体の監査委員会に対する追加的報告書の提出を要求している。

5）「監査基準の改訂について」，一経緯，２審議の経過等

6）「監査基準の改訂について」，一経緯，２審議の経過等

行われており，我が国においても，企業，監査法人，当局のそれぞれにおいて，会計監査に関する情報の株主等への提供の充実に取り組み，会計監査の透明性向上に努めるべきである。」とされ[7]，「現在の監査報告書は，財務諸表が適正と認められるか否かの表明以外の監査人の見解の記載は限定的となっている。一方，例えばイギリスでは，会計監査の透明性を高めるため，財務諸表の適正性についての表明に加え，監査人が着目した虚偽表示リスクなどを監査報告書に記載する制度が導入されている。EU も本年から同様の制度を導入する予定であり，アメリカにおいても，導入に向けた検討が進められている。このような，いわば「監査報告書の透明化」について，株主等に対する情報提供を充実させる観点から，我が国においても検討を進めるべきである。」とされた[8]。

この提言を踏まえて，金融庁は，平成29年６月26日に，「監査報告書の透明化について」という文書を公表し，そこでは，「「透明化」の導入が国際的に進められる中で，我が国においても会計監査の透明性向上は重要な課題であり，今後，企業会計審議会において，上記の実務上の課題についての検討を含め，「透明化」について具体的な検討を進めていくことが期待される。」と述べた。ここでは，監査報告書において，財務諸表の適正性についての意見表明に加え，監査人が着目した会計監査上のリスクなどを記載することを「監査報告書の透明化」（「透明化」）と呼び，「透明化」という語は，監査報告書において監査人が着目した会計監査上のリスク等（「監査上の主要な事項（Key Audit Matters：KAM）」）に関する情報が示されることとほぼ同義に用いられていた。

このような動きの背景には，会計監査の在り方懇談会報告書で指摘されていた国際監査基準（International Standards on Auditing）[9]及びアメリカ合

7）Ⅱ．会計監査の信頼性確保のための取組み，２．会計監査に関する情報の株主等への提供の充実
8）Ⅱ．会計監査の信頼性確保のための取組み，２．会計監査に関する情報の株主等への提供の充実，⑵会計監査の内容等に関する情報提供の充実，②監査報告書の透明化等。後掲注11）も参照。
9）国際監査基準701「独立監査人の監査報告書における監査上の主要な事項のコミュニケーション」

衆国における監査基準の動向があった。国際会計士連盟には国際監査・保証基準審議会が設置されており，国際監査基準などを公表している。

この国際監査基準は，会計のルールである国際会計基準ないし国際財務報告基準と比較すると，はるかに広く各国で受け入れられている。国際監査基準にほとんどの国（又はその監査人団体）は実質的に拠っており，先進国といわれる国ではアメリカ合衆国の公開会社監査基準（PCAOB 基準）及びフランス基準のみが例外である（もっとも，アメリカ公認会計士協会が定めている非公開会社の監査に関する基準は国際監査基準に準拠している）といっても過言ではない。とりわけ，欧州連合においては，国際監査基準が法定監査において適用されるべき国際的な監査基準として採択されることが想定されている[10)]。

日本においても，日本公認会計士協会の監査基準報告書が国際監査基準をおおむね取り込んでいるという状況にある。そして，上述したように，日本公認会計士協会の監査基準報告書が一般に公正妥当と認められる監査に関する基準にあたると解することに異論は見られない。

ただ，我が国が，他の国々と大きく異なっている点は，我が国では，上述したように，監査証明府令が５つの監査の基準を列挙しており，これらの基準が日本公認会計士協会の監査基準報告書より上位の規範であると位置づけられ，考えられていることである。すなわち，国際監査基準を取り込んだ監査の基準より上位の規範が我が国の場合には存在するという点で，異なった状況にある。このような監査規範の枠組みを背景として，日本公認会計士協会の監査基準報告書が国際監査基準を取り込むときに，それが上位規範である『監査基準』と齟齬しないようにしなければならない，上位規範である『監査基準』には規定されていないものを取り込むわけにはいかない，少なくと

10）法定監査指令（Directive 2006/43/EC of the European Parliament and of the Council of 17 May 2006 on statutory audits of annual accounts and consolidated accounts, amending Council Directives 78/660/EEC and 83/349/EEC and repealing Council Directive 84/253/EEC, OJ L 157, 9.6.2006, p.87）26条１項（ただし，欧州委員会は，国際監査基準をまだ採択していない）。

も，上位の『監査基準』で頭出しはしてもらわないと困るというような状況が生じる。企業会計審議会が公表する監査の基準に何らかの足がかりを設けてもらえば，あとは日本公認会計士協会の監査基準報告書に国際監査基準の規定を実質的に取り込んでくることができるという構造になっている。

Ⅲ．監査上の主要な検討事項の導入等

平成29年９月８日の企業会計審議会総会において，監査報告書の透明化については監査部会で審議をするという方針が決定され，同年10月17日から監査部会における審議が開始され，平成30年５月８日に『監査基準の改訂について（公開草案）』を公表し，意見募集を行い，その結果を踏まえて，同年７月６日に『監査基準の改訂に関する意見書』を公表し，『監査基準』を改訂した。

１．監査上の主要な検討事項

第１に，監査人は，監査の過程で監査役等と協議した事項の中から，特別な検討を必要とするリスクが識別された事項，又は重要な虚偽表示のリスクが高いと評価された事項，見積りの不確実性が高いと識別された事項を含め，経営者の重要な判断を伴う事項に対する監査人の判断の程度，当年度において発生した重要な事象又は取引が監査に与える影響等について考慮した上で特に注意を払った事項を決定し，当該決定を行った事項の中からさらに，当年度の財務諸表の監査において，職業的専門家として特に重要であると判断した事項を絞り込み，「監査上の主要な検討事項」（いわゆるKAM〔Key Audit Matters〕）として決定する。そして，監査人は，「監査上の主要な検討事項」であると決定した事項について，監査報告書に「監査上の主要な検討事項」の区分を設け，関連する財務諸表における開示がある場合には当該開示への参照を付した上で，「監査上の主要な検討事項」の内容，監査人が，当年度の財務諸表の監査における特に重要な事項であると考え，「監査上の

主要な検討事項」であると決定した理由，及び，監査における監査人の対応を記載するものとされた[11]。

監査人が「監査上の主要な検討事項」を記載するに当たり，企業に関する未公表の情報を含める必要があると判断した場合には，「経営者に追加の情報開示を促すとともに，必要に応じて監査役等と協議を行うことが適切である」とされている[12]。これは，企業に関する情報を開示する責任は経営者にあり，監査人による「監査上の主要な検討事項」の記載は，経営者による開示を代替するものではないからである。

2．監査報告書の記載順序の変更等

『監査基準』の平成30年改訂では，監査報告書の記載順序の変更及び継続企業の前提に関する事項の記載についても変更が加えられた。

まず，監査人の意見を監査報告書の冒頭に記載することとし，記載順序を変更するとともに，新たに意見の根拠の区分を設けること，及び，経営者の責任を経営者及び監査役等の責任に変更し，監査役等の財務報告に関する責

11）監査人が評価した重要な虚偽表示のリスクに関する情報に関する記載は，連合王国では，2012年から要求されており（ISA (UK and Ireland) 700, para.19 A）（詳細については，たとえば，林隆敏「イギリス上場会社の監査報告書における重要な虚偽表示のリスクの開示実態」同志社商学67巻４号（2016）60-61頁参照），国際監査・保証基準審議会が公表した国際監査基準701は，2016年12月15日以降終了事業年度から適用されたので，オーストラリア，香港，ニュージーランドなどでは，監査報告書にKAMに関する記載がされている。また，欧州連合構成国においては，2016年６月17日に関連規則の適用が開始され，たとえば，12月末決算の会社については2017年12月期からKAMに関する記載が要求されている。さらに，アメリカ合衆国においても，PCAOBが公表したAS 3101：The Auditor's Report on an Audit of Financial Statements When the Auditor Expresses an Unqualified OpinionをSECが承認したため（Securities and Exchange Commission, Release No. 34-81916, October 23, 2017），2017年12月15日以降終了する事業年度から監査報告書に一定の事項が追加記載され，さらに，――KAMといわず――CAM（Critical Audit Matters）の記載要求が，2019年６月15日から大規模早期提出会社について適用され，それ以外の会社については2020年12月15日以降終了事業年度から適用されている。

12）そして，「監査人が追加的な情報開示を促した場合において経営者が情報を開示しないときに，監査人が正当な注意を払って職業的専門家としての判断において当該情報を「監査上の主要な検討事項」に含めることは，監査基準に照らして守秘義務が解除される正当な理由に該当する」と指摘されている。

任を記載することとされた。

また，継続企業の前提に関する重要な不確実性が認められる場合に監査人が監査報告書に記載する要件は変更することなく，独立した区分を設けて継続企業の前提に関する事項を記載することが求められることになった[13)]。

この結果，監査の対象を明示した後，監査意見，監査意見の根拠を示し，続いて，継続企業の前提に関する注記に係る事項及び監査上の主要な検討事項，追記情報を記載した後に，経営者及び監査役等（監査役，監査役会，監査等委員会又は監査委員会）の責任ならびに監査を実施した公認会計士又は監査法人の責任を記載することを求めることとした（『監査基準』の改訂に対応して，平成30年改正後監査証明府令４条１項１号もこのような順序で記載を要求することとした。ただし，後述するように，令和３年改正により，監査上の主要な検討事項の後に，その他の記載内容に関する事項を記載すべきこととした）。

すなわち，かつての監査報告書では，監査の対象になっている財務諸表等を特定した後に，財務諸表に対する経営者の責任や監査人の責任が記載されていたが，これらは，すべての監査報告書で同じような文言が記載されることから，監査対象の財務情報の利用者にとっての情報価値は乏しいといっても過言ではなかった。

これに対して，平成30年改訂後は，利用者にとって最も重要な情報である監査意見という，監査報告書の中で一番コアになる情報を，まず記載させることとしている。また，改訂前には（継続企業の前提に関する重要な不確実性が認められる場合に限定されるが）継続企業の前提に関する注記に係る事項が追記情報の中に埋没してしまう（そもそも，監査報告書のほぼ末尾に記載されるということは，利用者が読まない可能性が高い）という問題があった。しかし，継続企業の前提が成り立つかどうかは財務情報の有用性に大きな影響を与え，しかも，監査人がどのような意見を表明するかにも重要な影

13）これは，会社計算規則の一部を改正する省令（令和元年法務省令第54号）による改正により会社計算規則上の会計監査報告でも求められることとなった。

響を与えることからすれば，監査意見と併せて読むことができることが，利用者の的確な理解のためには望ましいということができ，監査意見及びその根拠の後に，「独立の区分」を設けて記載しなければならないこととされた。これによって，この事項が目立つようになることが期待できる。

そして，監査上の主要な検討事項に関する記載がなされることによって，監査報告書の読者は監査人がどのような点に着目し，どのように対応をしたかを知ることがわずかかもしれないが，できるようになる。もっとも，監査上の主要な検討事項は，個別の意見を表明するものではない。つまり，意見表明ではなく，あくまでも監査のプロセスあるいは監査意見を形成するに当たって対応した事項であるという点には留意しなければならない。

逆に，改訂前には監査報告書の冒頭部分に記載されていたが，例文（ボイラープレート）で記載され，情報利用者にとっての情報価値が実質的にはほとんどないのではないかという事項の記載である，財務諸表に対する経営者及び監査人の責任は，監査報告書の最後の部分に記載されることになった。

14）継続企業の前提に関する評価を行い必要な開示を行う責任があることが追加された。これは，国際監査基準700の改訂に対応したものである。しかし，国際監査基準700では，当該評価に関する経営者の責任の説明に，どのような場合に継続企業を前提として財務諸表を作成することが適切であるかを記載することが求められていることに，日本の『監査基準』は的確に対応できていない。企業会計基準委員会は，「現在開発中の会計基準に関する今後の計画」（2020年３月31日改訂）において，「「財務諸表を継続企業の前提に基づき作成することが適切であるかどうかの判断規準の作成」について，基準諮問会議からの提言に基づき検討を行っている。」としつつも，「開発の目標時期は特に定めていない。」としていたが，2020年５月14日開催の第433回企業会計基準委員会において判断規準の開発を断念したため，経営者が「どのような場合に継続企業を前提として財務諸表を作成することが適切であるか」を判断する手がかりとなる企業会計の基準が日本にはいまだ存在していないためである。

なお，国際監査・保証基準審議会では国際監査基準570の改訂が検討されており，継続企業の前提についての経営者の評価を監査人がどのように評価したかを監査報告書に記載することを要求することなどを内容とする公開草案（Proposed ISA 570（Revised），Going Concern－IAASB Main Agenda（March 2023））が，2023年3月の審議会で承認された。

15）財務報告に係る過程を監視する責任があることが記載される。

16）監査証明府令４条９項では，継続企業の前提に関する経営者の評価について検討すること，監査役等と適切な連携を図ること，及び，監査上の主要な検討事項を決定して監査報告書に記載することが追加され，他方，「監査の結果として入手した監査証拠が意見表明の基礎を与える十分かつ適切なものであること」が削除された。国際監査基準700では，監査人の責任として，入手した監査証拠に基づき，継続企業の前提に重要な疑義を生じさせるような事象又は状況に関して

もっとも，これまでも経営者の責任の記載は求められていたものの，改訂後は，経営者の責任の記載[14]が増加し，かつ，監査役等の責任[15]が記載されることになった点が１つの特徴である。さらに，改訂前に比べると，監査人の責任についての記載[16]の詳細さが目を引く。

Ⅳ．監査役等とのコミュニケーション

平成30年『監査基準の改訂に関する意見書』では，監査上の主要な検討事項の記載により，監査人と監査役等（監査役，監査役会，監査等委員会又は監査委員会）との間の「コミュニケーションや，監査人と経営者の間の議論を更に充実させることを通じ，コーポレート・ガバナンスの強化や，監査の過程で識別した様々なリスクに関する認識が共有されることによる効果的な監査の実施につながること」等の効果が期待されると指摘されている[17]。

『監査基準』は「監査人は，監査の各段階において，監査役，監査役会，監査等委員会又は監査委員会（以下「監査役等」という。）と協議する等適切な連携を図らなければならない」と定めている（第三，一，７）。そして，『監査における不正リスク対応基準』は，監査証明を受けようとする者が監査証明府令３条４項に列挙された者である場合に適用されるが（監査証明府令３条３項柱書），『監査における不正リスク対応基準』は，「監査人は，監

重要な不確実性が存在しないかどうか結論付ける責任を有すること，監査人は，重要な不確実性が存在する場合は，監査報告書において財務諸表の開示に参照し注意喚起すること，又は，重要な不確実性に関する財務諸表の開示が適切でない場合は，財務諸表に対して除外事項付意見を表明することが求められること，及び，監査人の結論は，監査報告書日までに入手した監査証拠に基づいているが，将来の事象や状況により，企業は継続企業として存続できなくなる可能性があることを記載することが要求されているが，『監査基準』及び監査証明府令ではそれらの記載を求められていない。もっとも，監査基準報告書700『財務諸表に対する意見の形成と監査報告』36項⑵④により，それらの記載が求められている。

17）監査報告書に記載すべき「監査人の責任」には「監査役等と適切な連携を図ること，監査上の主要な検討事項を決定して監査報告書に記載すること」（圏点―引用者）が含められた（『監査基準』第四報告基準，三無限定適正意見の記載事項，⑷）。これをうけて，平成30年改正後監査証明府令４条９項８号が監査報告書の記載事項として定めている。

査の各段階において，不正リスクの内容や程度に応じ，適切に監査役等と協議する等，監査役等との連携を図らなければならない。監査人は，不正による重要な虚偽の表示の疑義があると判断した場合には，速やかに監査役等に報告するとともに，監査を完了するために必要となる監査手続の種類，時期及び範囲についても協議しなければならない。」とし（第二，17），「監査人は，監査実施の過程において経営者の関与が疑われる不正を発見した場合には，監査役等に報告し，協議の上，経営者に問題点の是正等適切な措置を求めるとともに，当該不正が財務諸表に与える影響を評価しなければならない。監査上の主要な検討事項に対して監査役等がより多くの注意を払うようになり，その結果，財務報告の品質の向上が図られることも期待できるかもしれない。とりわけ，監査上の主要な検討事項の記載は，監査役等の会計監査にとどまらず業務監査との関係で重要な内容を含んでいることがありうること，監査上の主要な検討事項の記載があると，監査役等は監査人からコミュニケーションされた事項に適切に対応しないとそれが株主等に知られてしまうことなどから，監査役等（及び経営者）の行動に影響を与えることも期待できる。」としている（第二，18）。

以上に加えて，監査人による監査役等とのコミュニケーションに関する実務上の指針である監査基準報告書260『監査役等とのコミュニケーション』では，コミュニケーションを行うことが要求される事項として，財務諸表監査に関連する監査人の責任，計画した監査の範囲とその実施時期，監査上の重要な発見事項，監査人の独立性及び品質管理のシステムの整備・運用状況を挙げている。会社法や金融商品取引法では明示的に要求されているわけではないが，監査役等及び監査人の職務が適切に遂行されるために重要と思われるのは，コミュニケーションの対象には，監査人により識別された特別な検討を必要とするリスクが含まれる点（13項），「監査人は，会計実務が，適用される財務報告の枠組みの下で受入可能であるが，企業の特定の状況においては最適なものではないと考える場合は，その理由を監査役等に説明しなければならない」とされている点（14項(1)），ならびに，監査上の重要な発見事項として，監査期間中に困難な状況に直面した場合は，その状況（14項(2)），監査の過程で発見され，経営者と協議したか又は経営者に伝達した重要な事項（14項(3)），監査人が要請した経営者確認書の草案（14項(4)）監査報告書の様式及び内容に影響を及ぼす状況（14項(5)）ならびに監査の過程で発見され，監査人が，職業的専門家としての判断において財務報告プロセスに対する監査役等による監視にとって重要と判断したその他の事項（14項(6)）をコミュニケーションの対象に含めることが要求されている点である。

以上に加えて，監査法人のガバナンス・コードに関する有識者検討会「監査法人の組織的な運営に関する原則≪監査法人のガバナンス・コード≫」(平成29年３月31日。令和５年３月24日改訂）の指針４－４は，「監査法人は，被監査会社のCEO・CFO等の経営陣幹部及び監査役等との間で監査上のリスク等について率直かつ深度ある意見交換を尽くすとともに，監査の現場における被監査会社との間での十分な意見交換や議論に留意すべきである」(圏点—引用者）としている[18]。

このように，金融商品取引法及び会社法[19]の下で，また，監査法人のガバ

18）監査上の主要な検討事項に対して監査役等がより多くの注意を払うようになり，その結果，財務報告の品質の向上が図られることも期待できるかもしれない。とりわけ，監査上の主要な検討事項の記載は，監査役等の会計監査にとどまらず業務監査との関係で重要な内容を含んでいることがありうること，監査上の主要な検討事項の記載があると，監査役等は監査人からコミュニケーションされた事項に適切に対応しないとそれが株主等に知られることなどから，監査役等（及び経営者）の行動に影響を与えることも期待できる。

19）会社法施行規則107条２項は，監査役は，その職務を適切に遂行するため，当該株式会社の取締役，会計参与及び使用人，当該株式会社の子会社の取締役，会計参与，執行役，業務を執行する社員，会社法598条１項の職務を行うべき者その他これらの者に相当する者及び使用人その他監査役が適切に職務を遂行するに当たり意思疎通を図るべき者との意思疎通を図り，情報の収集及び監査の環境の整備に努めなければならないと定めている（同107条２項も同旨)。同110条２項も，会計監査人は，その職務を適切に遂行するため，当該株式会社の取締役，会計参与及び使用人，当該株式会社の子会社の取締役，会計参与，執行役，業務を執行する社員，会社法598条１項の職務を行うべき者その他これらの者に相当する者及び使用人その他会計監査人が適切に職務を遂行するに当たり意思疎通を図るべき者との意思疎通を図り，情報の収集及び監査の環境の整備に努めなければならないと定めている。意思疎通を図るべき者として前者では会計監査人は列挙されておらず，後者では監査役が列挙されていない。これは，会計監査人と監査役等とは，当然に相互に意思疎通を図り，情報の収集及び監査の環境の整備に努めなければならないからである。

ナンス・コードにおいて，監査役等と監査人とのコミュニケーションが求められているが，監査上の主要な検討事項の記載により，その実効性が高まることが期待されている。

V. 会社法とKAM

監査上の主要な検討事項は，金融商品取引法の下での監査報告書においてはその記載が要求されているが，会社法の下での会計監査報告に記載することは求められていない[20]。この点につき，法務省は，「企業会計審議会においては，会社法に基づく会計監査報告における「監査上の主要な検討事項」の取扱いについても議論がされたが，適用当初においては，「監査上の主要な検討事項」の記載内容についての会計監査人と企業の調整に一定の時間を要すると想定されることから，現行の実務のスケジュールを前提とすれば，会計監査報告に「監査上の主要な検討事項」を記載することには課題があるという指摘等がされ，企業会計審議会における議論の結果，「監査上の主要な検討事項」は，当面は，金融商品取引法上の監査報告書においてのみ記載を求めるものとすることとされた。そこで，会社法に基づく会計監査報告において，「監査上の主要な検討事項」を記載しなければならないものとする会社計算規則の改正は行わないこととされた。なお，「監査上の主要な検討事項」は，「会計監査人の監査の方法及びその内容」（会社計算規則第126条第１項第１号）に含まれると解され，これを会社法に基づく会計監査報告に任意に記載することはできると考えられる。」としている[21]。

もっとも，会計監査報告に監査上の主要な検討事項が記載されていなくとも，株主総会において，取締役又は監査役等に対して，会計監査人からコ

20）実は，会計監査報告には，経営者及び監査役等の責任や監査人の責任を記載することも要求されていない。ただし，監査人の責任の記載には会計監査報告に含めるべき「会計監査人の監査の方法」が含まれているとみることができる。

21）「会社計算規則の一部を改正する省令案」に関する意見募集の結果について（2019年12月27日）＜https://search.e-gov.go.jp/servlet/PcmFileDownload?seqNo＝0000196092＞

ミュニケーションされた事項（しかも，株主総会の時点では，金融商品取引法上の監査報告書に記載される監査上の主要な検討事項についての情報も監査役等は有しているであろう）について，株主が説明を求めることは可能である。

すなわち，取締役，会計参与，監査役及び執行役は，株主総会において，株主から特定の事項について説明を求められた場合には，当該事項について必要な説明をしなければならないとされているが（会社法314条本文），会社法の規定に基づく会計監査人監査と金融商品取引法に基づく監査人監査とが一体的に行われていることからすれば，両者の間で監査上の主要な検討事項は異ならないと推測される。また，会計監査人監査においても監査上の主要な検討事項は存在するはずであり，それは監査役等の監査における会計監査人の監査の方法の相当性の評価において当然に考慮に入れられているはずである。そして，計算書類・連結計算書類の承認又は報告は定時株主総会の目的である事項であり，会計監査報告及び監査役等の監査報告が定時株主総会の目的である事項に関するものであることに疑問をさしはさむ余地はない。しかも，金融商品取引法監査の監査報告書に記載されている監査上の主要な検討事項を定時株主総会で「説明することにより株主の共同の利益を著しく害する」（会社法314条ただし書）ということは想定できない。また，金融商品取引法監査の監査報告書に記載されている監査上の主要な検討事項の説明は，「説明をするために必要な調査が著しく容易である」といわざるを得ないし（会社法施行規則71条１号ロ），「株主が説明を求めた事項について説明をすることにより株式会社その他の者（当該株主を除く。）の権利を侵害することとなる場合」（会社法施行規則71条２号）にも通常はあたらないであろう。あたるとしたら，そもそも，金融商品取引法監査の監査報告書にも記載できないはずだからである。

Ⅵ. KAMと民事責任

1. 監査人の民事責任に対する影響

金融商品取引法上の監査人は，会社との間の監査契約に基づいてなすべきことをしなければ，民法上の債務不履行責任を会社に対して負うことになるが，そこでは，監査契約に基づいてなすべきことが何なのかが問題となる。しかし，法定監査である以上，『監査基準』などの一般に公正妥当と認められる監査の基準[22]の下で要求される監査計画及び監査の実施が最低限を画することになり，当該監査契約において，それを軽減することはできないと考えられる（他方，当該監査契約において，公認会計士・監査法人がなすべきことを追加することは，監査人の独立性と抵触しない限りにおいては有効であるといえよう）。

ところで，監査上の主要な検討事項を監査報告書（金融商品取引法）に記載することが要求されることになっても，監査上の主要な検討事項の記載により監査人の任務に変更は生じないと考えられる。監査上の主要な検討事項は監査人の職業専門家としての判断において，当該年度の財務諸表監査で特に重要な事項をいうのであるが，これは，監査上の主要な検討事項の記載が要求されようがされまいが，監査人は当該年度の財務諸表監査で何が特に重要な事項であるかを把握し，監査上，適切に対応することが求められているからである（リスク・アプローチという観点からもこのようにいうことができる）。また，監査上の主要な検討事項は，ガバナンスに責任を負う者にコミュニケーションした事項の中から選択されるのであるから，監査上の主要

---

22) ただし，『監査における不正リスク対応基準』については，監査証明府令３条４項が「監査証明を受けようとする者が次のいずれか［同項各号―引用者］に該当する者であるときに限り，適用されるものとする。」と定めていることから，同項各号に列挙された者以外の者の金融商品取引法監査においては，監査人がなすべき監査手続等の最低限を画するものではないと解すべきことになり，会社法の下での会計監査人監査においてはなおさら，そのように考えられることになろう。

な検討事項を記載するためにのみ追加的な監査手続きが実施されるということはないと考えられるからである。

もちろん，監査上の主要な検討事項の記載が要求されることによっては監査人の任務に変更が生じないといっても，監査上の主要な検討事項への監査上の対応の記載が，一般に公正妥当と認められる監査の基準に照らして，監査人の監査手続が不十分であることを会社が発見する端緒となり，監査人の任務懈怠責任が追及されやすくなる[23]というような事実上の効果が生ずることはありうる。

そして，監査上の主要な検討事項の記載との関連でいえば，監査人に任務懈怠がないにもかかわらず，会社に対して不法行為責任を負うことも考えにくい。

他方，金融商品取引法上，投資家に対する責任は，財務書類の記載が虚偽であり又は欠けているものを，故意又は過失により，虚偽でなく又は欠けていないものとして証明したことを理由とする責任である。ところが，監査上の主要な検討事項として記載し，又は記載しなかった事項がどのようなものであっても，また，ある事項を監査上の主要な検討事項であると判断した理由及び当該事項に対する監査上の対応についてどのような記載がされたとしても，それらは，財務書類の適正性又は有用性についての意見の表明ではないのであるから，監査上の主要な検討事項の記載によって，財務書類の記載が虚偽であり又は欠けているものを，故意又は過失により，虚偽でなく又は欠けていないものとして証明することにはならない。したがって，監査上の

23）国際監査基準701は，監査上の主要な検討事項とされた事項への対応を説明するために適切である場合には，当該事項について行われた監査手続及び監査の結果を記載することができるとしているが，日本公認会計士協会は，国際監査基準701の公開草案に対して，監査上の主要な検討事項にあたると判断した個々の事項に関する監査手続やその実施結果を監査報告書に記載することは適当ではないとしていた。この理由としては，①監査手続やその実施結果を記載しなくても，当該事項が重要であると考えた理由は説明できること，②当該事項に対して個別の意見を提供しているとの印象を与えること，③特に困難な判断を伴う事項に対して実施された監査手続を簡潔に要約することは難しく，結果的に，実施された手続の内容について誤解を与える可能性が高いこと，及び，④監査の結果が記載されない監査上の主要な事項に関しては，何か問題があったものと誤解される可能性があることを挙げていた（日本公認会計士協会「『財務諸表に対する監査報告：提案する新規及び改訂版の国際監査基準』に対するコメント」（2013年11月21日）6頁）。

主要な検討事項の記載が不適切であることにより，監査人が金融商品取引法21条1項2項，22条，24条の424条の4の7第4項及び24条の5第5項に基づく損害賠償責任を負うことになるという帰結は想定しにくい。

ただし，監査上の主要な検討事項の記載をふまえて，監査報告書利用者は監査人の意見を解釈するのだとすれば，金融商品取引法上，監査上の主要な検討事項の記載は，監査人にとっての責任限定条項としての意味を有すること（利用者としては，監査上の主要な検討事項の記載がある以上，手放しで無限定適正意見に依拠してはならないこと）にすらなりそうである。さらにすすんで，利用者としては，監査報告書から，監査人が的確に監査上の主要な検討事項を選定していない，あるいは適切に監査上の対応を行っていないことが読み取れるのであれば，監査人の監査の失敗と財務書類利用者の損害との間の因果関係が弱まる，少なくとも監査人の責任は過失相殺によって減額されるという立論の余地すらあるのではないかと思われる。

2．監査役等の民事責任に対する影響

金融商品取引法上，監査役等は監査人の監査報告書の内容を検討する義務を負っていないと考えられるため，監査上の主要な検討事項が監査報告書に記載されることになっても，監査役等の民事責任に対する影響はないのではないかと考えられる。

他方，会計監査人設置会社の監査役等の監査報告には，会計監査人の監査の方法又は結果を相当でないと認めたときに，その旨及びその理由が記載される（会社計算規則127条から129条）。したがって，少なくとも，会社法上の会計監査報告に監査上の主要な検討事項が記載されるということになると，監査役等としては，それを考慮に入れて，会計監査人の監査の方法及び結果の相当性を判断しなければならないことになる。もっとも，監査上の主要な検討事項は監査役等にコミュニケーションした事項の中から選定されるのであるから，理念的には，会計監査については，これまでよりも監査役等の民事責任のリスクが高まるというわけではなさそうである。

他方，監査役等が金融商品取引法上の監査人又は会計監査人からコミュニケーションを受けた事項が外部から観察可能になるため，業務監査との関係では，コミュニケーションを受けた事項に適切に対応したかどうかが問われるようになり，それが，監査役等の民事責任のリスクを高めることになることはありえよう。

Ⅶ．その他の記載内容

会社法の下では，計算関係書類の監査と事業報告等の監査とは別個に規定されており，事業報告及びその附属明細書は会計監査人の監査の対象とはされていない[24)]。おそらく，会計監査人の監査の範囲を明確なものとすることが，このような会社法及びその委任に基づく法務省令における整理の１つの眼目であろう[25)]。

たしかに，会社法の下では，計算書類及びその附属明細書ならびに連結計算書類の監査と事業報告及びその附属明細書の監査とが分けて規定されているため，事業報告と計算関係書類との首尾一貫性について，監査の範囲外であると解されるおそれがあるが，事業報告と計算関係書類との首尾一貫性が欠けている場合には，そのような首尾一貫性は黙示的に会社法・会社計算規則・会社法施行規則において要求されていると解して，「法令」に従っていないという意見を監査役，監査役会，監査委員会又は監査等委員会は表明す

24）事業報告を会計監査人の監査の対象から除くために，事業報告を計算書類ではないと整理したものである（相澤哲＝葉玉匡美＝郡谷大輔（編著）『論点解説　新・会社法』（商事法務，2006）458頁，相澤哲＝郡谷大輔「新会社法関係法務省令の解説（４）事業報告〔上〕」商事法務1762号４頁（2006），相澤哲『一問一答　新・会社法』（商事法務，2005）155頁参照）。

25）昭和49年改正に至る過程で，営業報告書のうち，会計に関する記載の真実性について，会計監査人の監査の対象とすることが当初提案されたが（「民事局参事官室試案」（昭和43年９月）第十一，七，２㈢），営業報告書の記載事項が法定されていないため，どの部分が会計に関するかの判断が困難となり，監査の範囲，ひいては会計監査人の責任の範囲が不明確になるおそれがあるという理由で（味村治＝加藤一昶『改正商法及び監査特例法等の解説』（法曹会，1977）28頁），「商法の一部を改正する法律案要綱」（昭和45年）ではこの提案は盛り込まれなかったという経緯がある。

べきであるとも考えられる[26]。

ところで,『監査基準の改訂に関する意見書』(平成14年1月25日) では,「監査した財務諸表を含む開示書類における当該財務諸表の表示とその他の記載内容との重要な相違」が追記情報として例示されたにもかかわらず，監査証明府令4条6項も会社計算規則126条2項も，追記情報として,「監査した財務諸表を含む開示書類における当該財務諸表の表示とその他の記載内容との重要な相違」を例示していなかった。

ところが，企業会計審議会は，令和2年11月に,『監査基準』を改訂し，監査人は,「監査した財務諸表を含む開示書類のうち当該財務諸表と監査報告書とを除いた部分の記載内容（以下「その他の記載内容」という。）に関する事項」を「監査報告書に記載するに当たっては，別に区分を設けて，意見の表明とは明確に区別しなければならない。」とされ（第四　報告基準，二　監査報告書の記載区分，2(3)),「第四　報告基準」に以下のような規定が新設された。

八　その他の記載内容

1　監査人は，その他の記載内容を通読し，当該その他の記載内容と財務諸表又は監査人が監査の過程で得た知識との間に重要な相違があるかどうかについて検討しなければならない。また，監査人は，通読及び検討に当たって，財務諸表や監査の過程で得た知識に関連しないその他の記載内容についても，重要な誤りの兆候に注意を払わなければならない。

2　監査人は，その他の記載内容に関して，その範囲，経営者及び監査役等の責任，監査人は意見を表明するものではない旨，監査人の責任及び報告すべき事項の有無並びに報告すべき事項がある場合はその内容を監査報告書に記載しなければならない。ただし，財務諸表に対す

26) EU構成国の状況については，やや古くなったが，弥永真生『会計監査人論』(同文舘出版, 2015) 参照。

る意見を表明しない場合には記載しないものとする。

他方，追記情報の例示から，「監査した財務諸表を含む開示書類における当該財務諸表の表示とその他の記載内容との重要な相違」が削除された[27)]。

なお，前文では，まず，「従来と同様，監査人は「その他の記載内容」に対して意見を表明するものではなく，監査報告書における「その他の記載内容」に係る記載は，監査意見とは明確に区別された情報の提供であるという位置付けは維持」ていると説明されている（二　主な改訂点とその考え方，1　「その他の記載内容」について，(1)　監査報告書における「その他の記載内容」に係る記載の位置付け）。

また，「監査人は，「その他の記載内容」を通読し，「その他の記載内容」と財務諸表又は監査人が監査の過程で得た知識との間に重要な相違があるかどうかについて検討することを明確にした。」とされ，「監査人が監査の過程で得た知識には，入手した監査証拠及び監査における検討結果が含まれるが，「その他の記載内容」の通読及び検討に当たって，新たな監査証拠の入手が求められるものではない」とされている（同(2)　「その他の記載内容」に対する手続）。「新たな監査証拠の入手が求められるものではない」とされている点は，監査人の法的責任の成否との関係ではきわめて重要な点である。

さらに，「監査人は，「その他の記載内容」の通読及び検討に当たって，財務諸表や監査の過程で得た知識に関連しない内容についても，重要な誤りの兆候に注意を払うこととなる。その結果，監査人が，上記の重要な相違に気付いた場合や，財務諸表や監査の過程で得た知識に関連しない「その他の記載内容」についての重要な誤りに気付いた場合には，経営者や監査役等と協議を行うなど，追加の手続を実施することが求められる。」とされている（同(2)　「その他の記載内容」に対する手続）。これも，監査人の法的責任の成否

27）なお，中間監査との関係では，「監査した財務諸表を含む開示書類における当該財務諸表の表示とその他の記載内容との重要な相違」は追記情報という位置づけのままである（『中間監査基準』第三，13(4)）。また，四半期レビューとの関係でも同様である（『四半期レビュー基準』第三，13(4)）。

との関係で，きわめて重要な意義を有する。すなわち，追加の手続を実施することが求められるとされているが，ここでいう追加の手続とは，監査証拠に匹敵するような証拠を入手する手続を意味するのではなく，「経営者や監査役等と協議を行う」というような手続にとどまることが示されていると理解できるからである。なお，監査基準報告書720『その他の記載内容に関連する監査人の責任』では，監査人は，その他の記載内容を通読しなければならず，通読の過程において，①その他の記載内容と財務諸表の間に重要な相違があるかどうか検討し（当該検討の基礎として，財務諸表とその他の記載内容の整合性を評価するため，監査人は，その他の記載内容の数値又は数値以外の項目のうち，財務諸表の数値又は数値以外の項目と同一の情報，要約した情報又はより詳細な情報を提供することを意図した情報から選択したものを，財務諸表における当該数値又は数値以外の項目と比較しなければならない），②監査において入手した証拠と到達した結論の観点から，その他の記載内容と監査人が監査の過程で得た知識の間に重要な相違があるかどうか検討しなければならないとされている（13項）。そして監査人は，重要な相違があると思われる場合（又は重要な誤りがあると思われるその他の記載内容に気付いた場合）には，当該事項について経営者と協議し，その他の記載内容に重要な誤りがあるとき，財務諸表に重要な虚偽表示があるとき，又は，監査人の企業及び企業環境に関する理解を更新する必要があるときに該当するかどうかを判断するために，必要に応じてその他の手続を実施しなければならないとされている（15項）。しかし，「その他の手続」は具体的には示されておらず，「その他の記載内容には様々な情報が含まれるため，起こり得る重要な誤りは多岐にわたる。したがって，監査人がその他の記載内容に重要な誤りがあるかどうかの判断のために実施するその他の手続の種類及び範囲は，その状況における監査人の職業的専門家としての判断に関する事項である。」と指摘されている（A42項）。

ところで，その他の記載内容について，監査報告書に必ず記載させるということになると，監査人の責任にどのような影響を与える可能性があるのかという点が問題となりうる。

金融商品取引法は有価証券届出書，有価証券報告書，半期報告書又は四半期報告書のうちに「重要な事項について虚偽の記載があり，又は記載すべき重要な事項若しくは誤解を生じさせないために必要な重要な事実の記載が欠けているときは」，当該有価証券を取得し又は処分した者がその取得等の申込みの際記載が虚偽であり，又は欠けていることを知っていたときを除き，当該書類に係る「第193条の２第１項に規定する監査証明において，当該監査証明に係る書類について記載が虚偽であり又は欠けているものを虚偽でなく又は欠けていないものとして証明した公認会計士又は監査法人」は，当該有価証券を取得等した者に対し，「記載が虚偽であり又は欠けていることにより生じた損害を賠償する責めに任ずる」と定めている（21条１項３号，22条１項，24条の４，24条の４の７第４項，24条の５第５項）。監査人は，その他の記載内容については意見を表明しないのであるから，（『監査基準』第四　報告基準，八，２，監査証明府令４条６項３号）「監査証明に係る書類について記載が虚偽であり又は欠けているものを虚偽でなく又は欠けていないものとして証明」したという要件に該当しない。また，「監査証明に係る書類」とは，金融商品取引法193条の２第１項によれば，金融商品取引法の規定により提出する貸借対照表，損益計算書その他の財務計算に関する書類で内閣府令で定めるものをいい，財務諸表，連結財務諸表，中間財務諸表，中間連結財務諸表，四半期連結財務諸表などをいうとされているから（監査証明府令１条），その他の記載内容は，これに含まれない。したがってかりに，その他の記載内容に重要な虚偽記載があり，又は，監査済財務諸表とその他の記載内容との間に重要な相違があるにもかかわらず，「報告すべき事項はない」旨を監査報告書に記載したとしても，監査人は有価証券を取得等した者に対して，金融商品取引法上の損害賠償責任を負わないということになる。

他方，会社法上の会計監査人については，「会計監査報告に記載し，又は記録すべき重要な事項についての虚偽の記載又は記録」をしたときは，これをすることについて注意を怠らなかったことを証明したときを除き，これによって第三者に生じた損害を賠償する責任を会計監査人は負うものとされており（会社法429条２項４号），「虚偽の記載又は記録」には記載等すべき重要な事項の不記載も含まれると解されている。ところが，令和３年法務省令第１号による改正により，「第二号の意見があるときは，事業報告及びその附属明細書の内容と計算関係書類の内容又は会計監査人が監査の過程で得た知識との間の重要な相違等について，報告すべき事項の有無及び報告すべき事項があるときはその内容」が会計監査報告の内容に含められた（会社計算規則126条１項５号）。したがって，事業報告又はその附属明細書に重要な虚偽記載があり，又は，事業報告及びその附属明細書の内容と計算関係書類の内容又は会計監査人が監査の過程で得た知識との間に重要な相違があるにもかかわらず，それを記載しなければ，会計監査人は第三者に対して損害賠償責任を負うことがありうる[28]。そこで，「注意を怠らなかったことを証明」するために，会計監査人はその他の記載内容に関してどのような手続を実施すべきかが重要な問題となる。

他方，公認会計士法30条は公認会計士又は監査法人が「虚偽，錯誤又は脱漏のある財務書類を虚偽，錯誤及び脱漏のないものとして証明した場合」の公認会計士の処分を，同31条の２は「公認会計士が会社その他の者の財務書類について証明をした場合において，第30条第１項又は第２項に規定する場合に該当する事実があるとき」の課徴金納付命令を，同34条の21第２項１号及び２号ならびに第３項は，監査法人が「虚偽，錯誤又は脱漏のある財務書類を虚偽，錯誤及び脱漏のないものとして証明した場合」の監査法人に対する処分を，同34条の21の２第１項は「監査法人が会社その他の者の財務書類について証明をした場合において，当該監査法人が前条［34条の21―引用者］第２項第１号又は第２号に該当する事実があるとき」の課徴金納付命令を，

28）もっとも，そのような不記載によって損害が第三者に生ずることは必ずしも多くはないのかもしれない。

それぞれ定めている。その他の記載内容は財務書類の一部を成すものではなく，また，公認会計士又は監査法人はその他の記載内容について証明を行うわけではないので，その他の記載内容に重要な虚偽記載があり，又は，監査済財務諸表（計算書類）とその他の記載内容との間に重要な相違があるにもかかわらず，それを監査報告書に記載しなかったとしても，これらの（懲戒）処分又は課徴金納付命令の対象とはならないものと考えられる。

Ⅷ．今後の課題

社会の制度として，その他の記載内容を単に通読する，又は虚偽記載もしくはその兆候があることにたまたま気づいたときにのみ監査人が一定の役割を果たすということで十分なのかという問題がある。

たとえば，役員報酬等は，我が国でも開示が求められていて，会社法上は事業報告で開示され，金融商品取引法上も，財務諸表，連結財務諸表及びその注記で開示されているのではなく，一種の非財務情報として有価証券報告書などにおいて開示されている。立法論として考えた場合，この開示情報の内容を監査人の監査の対象としなくてよいのかという点が気になるところである。

たとえば，イギリスやフランスでは，取締役報酬報告書の監査可能部分などは監査人が監査することになっており[29]，役員報酬等が財務諸表本体又はその注記で開示されていなくても監査人の目が入るのに対して，我が国の場合には，公認会計士・監査法人である監査人の監査報告の外側に置かれている。

理論的には，役員報酬等は関連当事者との取引の典型であり，関連当事者

29）この点については，弥永真生「諸外国における非財務情報の開示の在り方と我が国への示唆（下）」月刊監査役707号（2020）51頁及び54頁，フランスについては，内田千秋「フランスにおける会計監査役の任務と民事責任⑵　会計監査役のフォート（faute）に関する判例の分析を通じて」早稲田法学81巻２号（2006）108頁参照。

との取引の注記は会計監査人及び金融商品取引法上の監査人の監査の対象とされている。ところが，役員に対する報酬，賞与，退職慰労金の支払いという役員報酬等が関連当事者との取引の注記の対象でないために，監査の対象になっていないということが果たして適切なのかという問題意識をもってもよいように思われる。役員報酬等が注記の対象から外されているのは，指名委員会等設置会社にはあてはまらないのであるが株主総会において取締役の報酬等の上限なり総額なりを定めていることを主要な根拠としていると推測されるものの，監査人の監査対象から当該情報を外すべき合理的な理由はないように思われる。すなわち，注記の対象外としたことにより，反射的に会計監査人の監査対象から外れる結果となっているにすぎないのではないか。

役員報酬等に限らず，いわゆる非財務情報の中には，会計監査人又は金融商品取引法上の監査人の監査になじむような情報がある。他方，ある情報が，会社が一方的に作成したまま，監査等を受けることなく提供されるというのでは，開示させることの意義が減殺されるという懸念が残る。たしかに，監査役等がそのような情報について徹底的に監査をしているというのであれば別であるが，そうでないとすると問題がある。このように考えると，公認会計士・監査法人による監査の対象を，現時点では非財務情報と位置付けられているものの一部分に広げることも将来的には検討されてもよいのではないかと考えられる。

外国為替証拠金取引のレバレッジ規制

飯 田 秀 総

Ⅰ．はじめに

外国為替証拠金取引（FX 取引）の取引金額は巨額である。2017年度４半期（2018年１月～３月）において，外国為替証拠金取引の店頭取引の取引金額は1,164兆円である[1)]。同時期の店頭証券 CFD 取引の取引金額は5.7兆円[2)]，東京証券取引所の株式の売買代金は214兆円[3)]であるから，外国為替証拠金取引の市場の大きさは顕著である。

もちろん，外国為替証拠金取引は，実際には差金決済されているので，取引金額の大きさは若干割り引いて理解する必要がある。投資家は，取引金額の数％程度の証拠金を預託し，取引を行う。たとえば，１万米ドルを１米ドル100円で新規に買うという取引の場合，取引の額（想定元本）は100円×１万＝100万円，必要証拠金額（約定時必要預託額）は100万円×４％＝４万円である。つまり，４万円の元手で100万円分のポジションをとることができる（レバレッジ25倍）。レバレッジが効いている分だけ，取引金額も大きくなる。

必要証拠金率とレバレッジの上限は，一対一対応の関係にある。必要証拠金率の逆数がレバレッジの上限である。必要証拠金率が４％であれば，レバレッジの上限は１÷４％＝25倍となる。

１）データの出典は金融先物取引業協会のウェブサイトである。
２）データの出典は日本証券業協会のウェブサイトである。
３）データの出典は日本取引所グループのウェブサイトである。

この外国為替証拠金取引の証拠金率については規制がある（以下「レバレッジ規制」という。）。レバレッジ規制は，2009年（平成21年）８月３日公布の金融商品取引業等に関する内閣府令（以下「業等府令」という。）の改正によって初めて導入された（業等府令117条１項27号・28号，７項・８項）。証拠金率は，施行日の2010年（平成22年）８月１日から１年間は２％以上（つまりレバレッジ50倍まで），2011年（平成23年）８月１日からは４％以上（つまりレバレッジ25倍まで）となり，今日に至っている。

レバレッジ規制は顧客が個人の場合に限定されていた。しかし，2016年（平成28年）６月14日公布の業等府令の改正により，顧客が法人である場合についても，レバレッジ規制が導入され（業等府令117条１項39号・40号，31項・32項），2017年（平成29年）２月27日に施行された。法人顧客の場合の証拠金率の規制は，証拠金率の計算方法が個人顧客の場合と異なり，通貨ペアごとに設定され，かつ，ヒストリカル・データに基づいて少なくとも週に１回見直しがされる[4)]。

このレバレッジ規制は何を目的にしているのか。金融庁の説明では，顧客の保護，業者の財務的な健全性の確保，過当投機の防止が指摘されている（後掲注８）参照）。しかし，個人顧客の場合と法人顧客の場合とで，レバレッジ規制をかけること自体は共通するものの，その規制の内容がかなり異なる。これをどのように理解すべきだろうか。この問題を検討するのが本稿の目的である。

これらの問題を解明することは，第１に，外国為替証拠金取引の規制のあり方[5)]を考える際に重要である。特に，2018年（平成30年６月13日）に金融庁の設置した「店頭FX業者の決済リスクへの対応に関する有識者検討会」

4）なお，個人顧客の場合は店頭取引と取引所取引の両方ともレバレッジ規制の対象になるのに対し，法人顧客の場合は店頭取引のみが規制の対象であり，取引所取引は規制の対象外である。もっとも，取引所の規則によって法人顧客の場合もレバレッジの倍率は制限されている。

5）立法論としてレバレッジ規制の廃止を主張するものとして，畠山久志＝林康史＝歌代哲也「外国為替証拠金取引規制：わが国におけるFX取引の沿革と現状（その３・完）」経済学季報65巻３号（2016）99頁，109頁がある。

の報告書が公表され，レバレッジ規制のあり方も論点の一つとなっていた。そこでは，直ちにレバレッジ規制を見直すのではなく，金融商品取引業者等にストレステストを実施して，必要に応じて自発的に自己資本が増強されるかどうかの様子を見ることとされている。また，2018年，EUでは，金融商品市場規則（Markets in Financial Instruments Regulation：MiFIR）40条に基づき，欧州証券市場監督局（ESMA：European Securities and Markets Authority）が一時的な規制（３か月ごとに見直される。）によって，レバレッジ規制が導入された[6]。このように立法論としての関心が高まっている。

第２に，他の取引にも共通する理論的な基礎を提供することとなる。外国為替証拠金取引のレバレッジ規制の導入後，証券CFD取引にもレバレッジ規制が導入されており，レバレッジの上限は，対象資産が個別株の場合は５倍，株価指数の場合は10倍，債券の場合は50倍とされていて（業等府令117条１項29号・30号，21項・22項）[7]，規制の構造は外国為替証拠金取引のレバレッジ規制にそろえられている。そのため，FX取引におけるレバレッジ規制の意義の解明は，FX取引のみならず，他のデリバティブ取引との関係でも有意義である。たとえば，2020年（令和２年）３月31日公布の業等府令の改正で，暗号資産を用いた証拠金取引にも，レバレッジ規制が導入された（業等府令117条１項47号～50号，41項・42項，51項・52項）。暗号資産の証拠金取引のような最近の新たな動きに対して，金商法などの法規制はどのように対応すべきであるかを考える際にも，本研究を応用することもできるだろう。

以下では，Ⅱで現在の規制を概観する。個人顧客の場合と法人顧客の場合のレバレッジ規制を概観する。また，関連する規制としてロスカットルールの整備と，証拠金の区分管理方法についての規制についても概観する。Ⅲで

6）ESMA Decision（EU）2018/796, OJ L136, 1.6.2018, p.50. その後３回延長された。加盟国の国内法でESMAの規制と同等以上の規制が導入されたので，ESMAの規制は2019年７月31日で終了した。

7）平成21年12月28日公布，平成23年１月１日施行。

信用取引におけるレバレッジ規制と比較する。信用取引の規制は，日本法において歴史が長く，また，発想がやや異なるため，比較検討することで参考になると考えられるからである。Ⅳで米国のFX取引のレバレッジ規制を概観する。ⅤでEUのFX取引のレバレッジ規制を概観する。Ⅵで外国為替証拠金取引のレバレッジ規制の意義を検討する。

Ⅱ．現在の規制

1．個人顧客を相手とする場合

(1) 規制の根拠

金融庁の説明によると，個人顧客に対するレバレッジ規制が導入された理由は，高レバレッジのFX取引には次の３つの問題があるからである。第１は，顧客保護である。すなわち，ロスカット・ルールが十分に機能せず，顧客が不測の損害を被るおそれがある。第２は，業者のリスク管理である。すなわち，顧客の損失が証拠金を上回ることにより，業者の財務の健全性に影響が出るおそれがある。第３は，過当投機である[8)]。

なお，レバレッジ規制の導入に先立つ平成21年４月24日に，証券取引等監視委員会から「金融庁設置法第21条の規定に基づく建議について」が公表され，その建議３において，顧客保護と業者のリスク管理が指摘されていた[9)]。これをうけてレバレッジ規制が導入されたともいえる。

(2) ４％・25倍

レバレッジ規制は，業規制として行われている。すなわち，金融商品取引業者等又はその役員若しくは使用人は，投資者の保護に欠け，若しくは取引

8）金融庁「コメントの概要及びそれに対する金融庁の考え方（平成21年７月31日）」No. 1-8。
9）https://www.fsa.go.jp/sesc/news/c_2009/2009/20090424-2.htm.

の公正を害し，又は金融商品取引業の信用を失墜させるものとして内閣府令で定める行為をしてはならない（金商法38条９号）。そして，金商法38条９号を受ける業等府令117条１項27号と28号が次の２つのレバレッジ規制を定めている。

第１は，新規取引時における規制である。すなわち，通貨関連デリバティブ取引[10]（決済のために行うもの[11]を除く）に係る契約を締結する時において個人顧客が証拠金等預託先[12]に預託した証拠金等（委託証拠金その他の保証金）の実預託額[13]が約定時必要預託額に不足する場合に，当該契約の締結後直ちに当該顧客にその不足額を証拠金等預託先に預託させることなく，当該契約を継続する行為が禁止される。

第２は，証拠金率判定時刻における規制である。すなわち，その営業日ごとの一定の時刻における通貨関連デリバティブ取引に係る証拠金等の実預託額が維持必要預託額に不足する場合に，速やかに当該通貨関連デリバティブ取引に係る個人顧客にその不足額を証拠金等預託先に預託させることなく，当該通貨関連デリバティブ取引に係る契約を継続する行為が禁止される。

ここでいう約定時必要預託額・維持必要預託額とは，取引の額（いわゆる想定元本）に４％を乗じた額又は当該額に外国為替相場の変動を適切に反映させた額である。裏を返せば，証拠金等の額の25倍までは取引を行うことができる。

４％という基準が設定されたのは，一番取引量の多い米ドル－円について，

10）通貨関連デリバティブ取引とは，通貨関連市場デリバティブ取引，通貨関連店頭デリバティブ取引又は通貨関連外国市場デリバティブ取引をいう（金商業等府令123条１項21号の２）。

11）決済のために行うものとは，顧客の建玉を解消するために行う反対売買を指すとされている。金融庁「コメントの概要及びそれに対する金融庁の考え方（平成21年７月31日）」No. 45-46。

12）証拠金等預託先とは，金融商品取引業者等又は金融商品取引所若しくは金融商品取引清算機関（外国におけるこれらに相当するものを含む。）をいう（金商業等府令117条１項27号）。

13）実預託額とは，証拠金等の額に，評価益を加え，評価損を減じて得た額をいう（金商業等府令117条１項27号）。評価益とは，当該通貨関連デリバティブ取引を決済した場合に顧客に生ずることとなる利益の額である。評価損とは，当該通貨関連デリバティブ取引を決済した場合に顧客に生ずることとなる損失の額である。

半年間ごとにみて最も変動の激しかった平成20年下半期を基準に1日の為替の価格変動をカバーする水準を勘案したとされている[14)]。また，通貨ペアごとに証拠金率を設定するのではなく，一律の規制としたのは，規制の簡明性の観点にあるとされている[15)]。

2．法人顧客を相手とする場合

（1） 規制の根拠

法人顧客[16)]に対しては，従前は店頭FX業者が任意で証拠金率を設定していたところ，相場急変時における未収金発生リスクへの対応など，店頭FX業者の適切なリスク管理の観点から，法人顧客を相手方とする店頭FX取引について，証拠金規制が導入された[17)]。その背景事情として，金融先物取引業協会のウェブサイトには，「平成27年1月に起きたスイスフランの大幅な相場変動により，一部の法人顧客に証拠金を大きく上回る損失が生じ，その結果，業者等において多額の未収金が発生するという事態が発生」[18)]したことが指摘されている。

個人顧客と異なり，通貨ペアごとの証拠金率を設定する理由は，店頭FX業者のリスク管理の観点からの規制として導入されているからである。毎週の見直しをする理由は，時々の相場の変動率等をふまえた必要証拠金率とすることが店頭FX業者のリスク管理の観点から望ましいからであるとされている[19)]。

個人顧客の証拠金規制は，過去の相場の変動率等をふまえつつ，上述の顧客保護・業者のリスク管理・過当投機防止の観点から定められたものである

14） 金融庁「コメントの概要及びそれに対する金融庁の考え方（平成21年7月31日）」No. 57。

15） 金融庁「コメントの概要及びそれに対する金融庁の考え方（平成21年7月31日）」No. 58。

16） なお，条文においては法人顧客という文言はなく，顧客のうち，個人，金融商品取引業者等または外国において店頭デリバティブ取引を業として行う者を除くとされている。金商業等府令117条1項39号。

17） 金融庁「コメントの概要及びコメントに対する金融庁の考え方（平成28年6月14日）」No. 1。

18） 金融先物取引業協会のウェブサイト（http://www.ffaj.or.jp/regulation/03_2.html）。

19） 金融庁「コメントの概要及びコメントに対する金融庁の考え方（平成28年6月14日）」No. 1-4。

とされており[20]，法人顧客の証拠金規制とは規制の観点がやや異なると整理されている。

また，法人顧客を相手とする取引所取引を規制の対象外[21]とする理由は，清算・振替機関等向けの総合的な監督指針Ⅲ－２－５において，金融商品のリスク特性等を踏まえた証拠金制度の整備が明記されており，これを踏まえた取引所規則の見直しが予定されているからとされている[22]。現に，東京金融取引所の「取引所為替証拠金取引に関する証拠金及び未決済取引の引継ぎ等に関する規則」22条の３（平成29年２月27日変更）に，業等府令117条１項39号・40号と類似のルールが定められている。

（2） 証拠金率

法人顧客のレバレッジ規制は，個人顧客の場合と同様に，約定時必要預託額・維持必要預託額という概念を用いて定められている。個人顧客の場合と異なるのは，その証拠金率の規定の仕方であり，為替リスク想定比率という概念によって規定されている[23]。為替リスク想定比率とは，当該通貨にかかる為替相場の変動により発生し得る危険に相当する額の元本の額に対する比率として金融庁長官が定める方法により算出した比率をいう。そして，金融庁長官が定める方法は，定量的計算モデルを用いる方法とされている[24]。定量的計算モデルの基準は，片側99％の信頼区間を使用し，特定通貨関連店頭デリバティブ取引の保有期間[25]を１日以上とするものとされている[26]。データの抽出要件は，①直近26週の期間を対象とした数値または直近130週の期

20） 金融庁「コメントの概要及びコメントに対する金融庁の考え方（平成28年６月14日）」No. 5-6。
21） 規制の対象となる取引は，特定通貨関連店頭デリバティブ取引という概念によって規定されている。金商業等府令117条１項39号。
22） 金融庁「コメントの概要及びコメントに対する金融庁の考え方（平成28年６月14日）」No. 20。
23） 金商業等府令117条27項１号２号，28項。
24） 金融庁告示25号（平成28年６月14日）１条。
25） ここでいう保有期間とは，為替リスク想定比率を算出する際に，特定通貨関連店頭デリバティブ取引に係る資産を保有すると仮定する期間をいう。金融庁告示25号（平成28年６月14日）２条。
26） 金融庁告示25号（平成28年６月14日）２条。

間を対象とした数値のいずれか高いものを採用すること，②各数値に掛目を乗じて得た数値でないこと，③少なくとも毎週１回更新されることという３つの条件の全てを満たすヒストリカル・データ[27)]を使用するものとされている[28)]。

この計算方法に基づき，金融先物取引業協会が計算し，公表している。その概要は次のとおりである。すなわち，各営業日における東京時間15時の前後２分30秒の取引データに基づいて出来高加重平均価格（VWAP）を算出し，直近26週又は130週の各営業日における変化率（自然対数をとる）を計算してその標準偏差を求め，片側99％の信頼区間をカバーするためにその標準偏差に2.33をかけ算し，26週又は130週のその値のうち大きい方の値を為替リスク想定比率（％表示で，小数点第３位の切り上げた数字）としている。そして，この為替リスク想定比率の逆数を％表示で，小数点第３位以下を切り捨てた数字が最大レバレッジとされている[29)]。

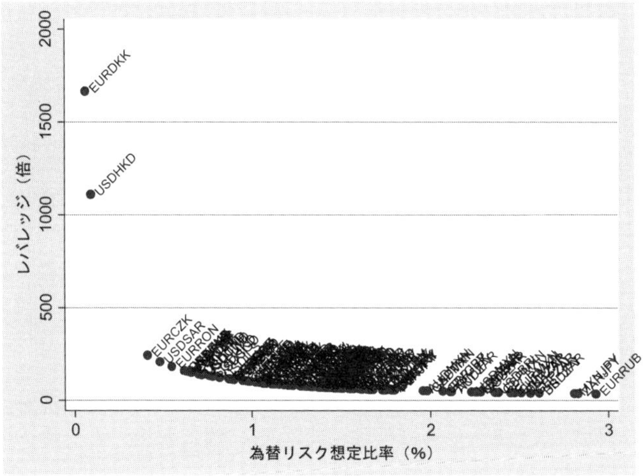

27）ヒストリカル・データとは，過去に実際に発生した価格変動を表す数値をいう。
28）金融庁告示25号（平成28年６月14日）３条。

上記の散布図は，金融先物取引業協会が公表している，2018年５月４日を基準日とする各通貨ペアの証拠金率・レバレッジの一覧である。香港ドルと米ドルの関係のように，ペッグ制（固定相場制）をとっている通貨についてはレバレッジ1,000倍以上（為替リスク想定比率0.1％以下）だが，多くはレバレッジ50倍から100倍（為替リスク想定比率１～２％）となっている。米ドル・日本円はレバレッジ67.56倍（為替リスク想定比率1.48％），ユーロ・日本円はレバレッジ70.42倍（為替リスク想定比率1.42％）である。

（３） 業者のレバレッジの設定の状況

業者等は，為替リスク想定比率の数値以上に証拠金率を設定すればいいので，その規制の範囲内のどのレベルに設定するかは各業者等の裁量に委ねられている。業者等の多くは，金融先物取引業協会の算定する証拠金率を用いている。その場合であっても，証拠金額を10円単位で切り上げる例などもあるし，あるいは，金融先物取引業協会の数値ではレバレッジを100倍以上に設定できる場合であっても100倍を上限とする例もある。さらには，業者の中には，法人顧客のレバレッジの上限を個人顧客と同じ25倍とし，金融先物取引業協会の公表するレバレッジの方が低くなれば（証拠金率が高くなれば）そちらを採用すると定めているケースもある。このように，法人顧客のレバレッジの設定状況は，業者によって様々である[30)]。

（４） レバレッジ規制導入の影響

次頁図は，金融先物取引業協会の公表しているデータに基づいて計算した，個人顧客と法人顧客の取引金額の四半期ごとの推移を示している。2012年度ころ以降，両者はほぼ平行的に推移している。個人も法人も，その時々の環

29）なお，東京金融取引所の法人顧客に適用するレバレッジ規制も同様の計算をしているが，データサンプルの期間の取り方が異なり，直近の８週間と104週間の数値を用いて算出される。東京金融取引所の「取引所為替証拠金取引に関する証拠金及び未決済取引の引継ぎ等に関する規則」22条の３。

30）2018年５月現在で，各社のウェブサイトを調査した。

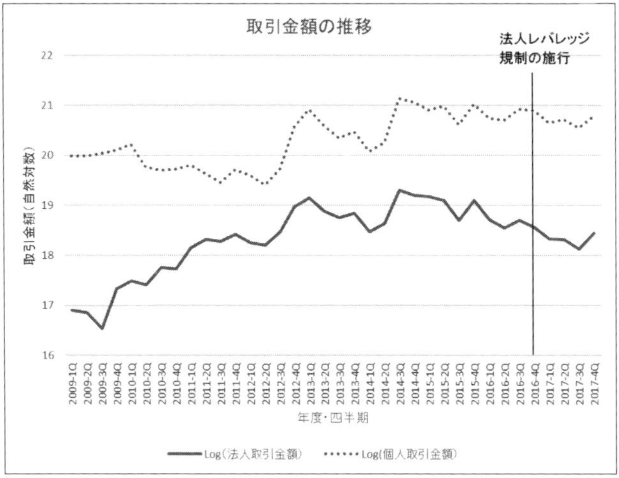

境に応じて取引量を増やしたり減らしたりしていることがわかる。

そこで，法人顧客に対するレバレッジ規制の前後で，取引金額がどれだけ変化したかをみることで，レバレッジ規制の導入の影響によって取引金額が減少したかどうかがわかる。FX 取引の取引金額はその時々の経済状況等の環境によって変動するが，環境による影響は個人顧客の取引金額の変化率によってコントロールできるので，法人顧客の変化率から個人顧客の変化率を差し引くことで，法人顧客に対するレバレッジ規制の導入の影響がわかるはずである。法人顧客に対するレバレッジ規制が導入されたのは，2016年度の第４四半期（2017年２月27日）であるから，その前後の四半期である2017年度第１四半期（2017年４月～６月）の取引金額を2016年度第３四半期（2016年10月～12月）と比較すると，法人は変化率がマイナス31.34%，個人は変化率がマイナス23.40%で，法人の変化率から個人の変化率を控除するとマイナス7.94%となる。つまり，法人顧客に対するレバレッジ規制の導入は，取引金額を引き下げたことを示している[31)]。

差の差（Difference-in-difference）の回帰分析を行った結果は下表のとおりである。

法人レバレッジ規制の効果の推定

	(1) 取引金額の自然対数
法人×規制後	−0.6440266 ***
	[.0682034]
顧客種別固定効果	Yes
年度四半期固定効果	Yes
顧客種別・年度四半期観測数	46
Adj R-squared	0.9687

注：データは，金融先物取引業協会の公表する四半期統計（店頭外国為替証拠金取引の状況）による。法人は法人顧客であれば１をとるダミー変数，規制後は法人レバレッジ規制の施行後であれば１をとるダミー変数，*法人×規制後*はこの２つの交差項である。括弧内の数字は顧客種別と年度四半期のクラスタリングありの標準誤差である。***は，１％水準での統計的有意を意味する。

サンプルは，2012年度第１四半期から，2017年度第四半期まで（ただし2016年度第四半期は除く）である。この分析において注目すべき交差項「法人×規制後」の係数は１％水準で有意にマイナスであり，法人レバレッジ規制の施行後の法人顧客の取引金額は有意に減少した（約47％の減少[32]）。

３．ロスカット・ルールの整備・遵守の義務づけ

（1） 規制の導入の経緯

ロスカット・ルールに関する規制は，金商法40条２号を受けて，業等府令123条１項21号の２，および，同項21号の３において規定されている。ロスカット・ルールの規制は，レバレッジ規制に先立って導入された。業等府令

31）さらにいえば，上図のとおり，2012年度以降，法人顧客と個人顧客の取引金額の変化率はほぼ平行的に推移しているところ，法人顧客の変化率は個人顧客の変化率の約３分の２程度である。にもかかわらず，レバレッジ規制の導入の前後の取引金額の変化率は，法人顧客の方がむしろ大きい。このことは，レバレッジ規制の導入の影響が大きかったという理解を支えるものである。

32）被説明変数は自然対数をとっているので，パーセントの変化を計算するには，$100\times(e^{-0.6440266}-1)$とすれば求まる。

が改正されたのは平成21年である[33]。ロスカット・ルールの整備・遵守の義務付けの規制を導入する目的は，「顧客が証拠金を上回る損失を被ることや業者の財務に影響を与えることを防止するため」[34]とされている。この規制目的は，レバレッジ規制の目的と共通するところがある。

(2) 規制の概要

金融商品取引業者等は，業務の運営の状況が次の状況に該当することのないように，その業務を行わなければならない（金商法40条2号)。すなわち，第1に，個人顧客が，その計算において行った通貨関連デリバティブ取引を決済した場合に顧客に生ずることとなる損失の額が，当該顧客との間であらかじめ約した計算方法により算出される額に達する場合に行うこととする通貨関連デリバティブ取引の決済（ロスカット取引）を行うための十分な管理体制を整備していない状況である（業等府令123条1項21号の2)。第2に，個人顧客との通貨関連デリバティブ取引について，ロスカット取引を行っていないと認められる状況（業等府令123条1項21号の3）である。

これを受けて，金融商品取引業者等向けの総合的な監督指針Ⅳ-3-3-5⑷は，業者のリスク管理が重要であることから，リスク管理態勢の整備及び業務運営の遂行について，次の点に留意し監督するものとされている。すなわち，①顧客の損失が，顧客が預託する証拠金を上回ることがないように，価格変動リスクや流動性リスク等を勘案してロスカット取引を実行する水準を定めているか。②ロスカット取引に関する取決めを明確に定めた社内規程等を策定し，顧客との契約に反映しているか。③取引時間中の各時点における顧客のポジションを適切に把握し，上記①の水準に抵触した場合には，例外なくロスカット取引を実行しているか。④ロスカット取引を実行した状況を，定期的に又は必要に応じて随時に，取締役会等に報告しているか。

33）公布されたのは平成21年7月3日，施行されたのは同年8月1日である。
34）金融庁「コメントの概要及びそれに対する金融庁の考え方（平成21年7月3日)」No. 1-7。

(3) ロスカット取引の実態

もっとも，ロスカット取引を行えば，証拠金以上の損失が発生しないわけではないし，そのような決済をすることまでは業等府令の条文上も要求されていない。日本の実務で一般的なロスカット取引では，ロスカットの基準値を超えた場合，当該ポジションを決済するために必要な反対売買の注文が自動的に発注される[35]。この場合，原則として，その時点で業者等が配信している価格（レート）で約定する。そのため，右肩下がりの相場であれば，ロスカットのための注文もその右肩下がりの価格で成立することになるため，ロスカットのトリガーの時点よりもさらに不利な価格で決済されることがある。さらに，複数のカバー先からの配信レートの中から，約定の可能性が高いと考えられるレートを適用することがあり，顧客にとって不利なレートで約定することがあり得る。また，有効なレートが配信されていなければ，ロスカット処理に時間がかかる[36]。さらに，値洗いの間隔（秒間隔から数分間隔）で相場急変が起きてロスカット水準を上回る変動があれば，値洗いのタイミングでの価格で決済されたとしても，証拠金を上回る損失が発生してしまうこともあり得る。

なお，ロスカット取引の決済や，そもそもの価格形成のルールなどの内容は，必ずしも明確ではない。原則としては時間優先・価格優先の原則に依拠してマッチングしているようであるが，例外的な取扱いも行われる可能性があることが約款や取引説明書において記載されている例が多い。

4．証拠金の区分管理方法の金銭信託一本化

顧客の保護および業者のリスク管理との関係では，証拠金等の管理が適切

35）ひとたびロスカットがトリガーされると，その後に相場が戻ったとしても，ロスカット取引が実行される。

36）この点が問題となった例として，東京地判平成20年７月16日金融法務事情1871号51頁（レバレッジ100倍の顧客について，コンピュータシステムの不具合によりロスカットの発注がなされなかった事例），東京地判平成28年12月21日金融法務事情2067号76頁（相場急変時にレート配信が行われなかった事例）参照。

に行われていることが重要である。さもなければ，金融商品取引業者等が破綻した場合などに，顧客が預託した証拠金が毀損されてしまうからである。

代用有価証券については，業等府令144条の規定に基づいて，区分管理が義務付けられる。

また，金銭については，業等府令143条１項１号で，信託会社又は信託業務を営む金融機関への金銭信託により，当該金銭を業者等の固有財産と区別して管理しなければならない（顧客区分管理信託）。この顧客区分管理信託は，業等府令143条の２に従う必要がある。

Ⅲ．信用取引のレバレッジ規制

１．概要

日本法において，信用取引のレバレッジ規制は従来から存在してきた。現在の規制は，金商法161条の２が規定する。すなわち，信用取引の委託を受けた金融商品取引業者は，顧客から，内閣府令で定めるところにより，所定の率を乗じた額を下らない額の金銭の預託を受けなければならない。内閣府令（金融商品取引法第百六十一条の二に規定する取引及びその保証金に関する内閣府令。以下「信用取引府令」という。）では，保証金率は30％で（信用取引府令２条１項１号），最低30万円以上でなければならない（信用取引府令３条）。

２．信用取引制度の経緯

徳川時代の堂島米会所における帳合米取引の流れを受けて，戦前においては取引所における取引は実物取引よりも投機取引の方が盛んだった。戦後はGHQの指図に基づき，実物取引一本に限られることとなった。もっとも，証券市場の安定した発展のために仮需給の導入が必要であった。そこで，信用取引の制度によって，健全な投機取引を導入するものとしてこの制度が定着したとされている[37]。

3．保証金率の規制

証券取引法の立法当時から，保証金率の規制はあったが，当初は顧客に供与できる信用の額は，大蔵大臣が定める率を超えてはならず，その率は55%を超えてはならないとされていた（証取法49条１項２項）。この規制の仕方は，米国の1934年証券取引所法７条にならうものであり，その主な目的は，有価証券の買入に全国の信用が過度に利用されることを防止することにあった[38]。しかし，当時の米国のように証券市場と金融市場との結びつきが当時の日本では密接でなく，証券金融会社による信用供与が行われていて，信用統制を行うために信用供与率を上下することは当時の日本では意味が薄かった[39]。

そこで，昭和28年改正で保証金率規制の下限を定める条文に改正され，30%を下らない範囲で定めるとされた。なぜならば，「過当投機化の抑制と損害の担保を目的として信用取引を規制することができる形にする方が，わが国の実情に即している」[40]からである。今日においても，信用取引の保証金制度の趣旨として，証券会社の財務の健全性の確保と過当な投機の抑制が指摘されている[41]。要するに，過当投機の抑制，業者の保護という，外国為替証拠金取引のレバレッジ規制の根拠とされた要素の２つがここで登場している。

ここでいう過当投機の意義は必ずしも明らかではないが，信用が過剰に供与されて，その信用を用いて投機取引が行われることをいうと解される。な

37）鈴木竹雄＝河本一郎『証券取引法』（有斐閣，1984）30-33頁参照。
38）ことにつき，鈴木＝河本・前掲注37）502頁参照。
39）鈴木＝河本・前掲注37）502頁。
40）鈴木＝河本・前掲注37）502頁。鈴木＝河本・前掲注37）34頁は，「保証金の面から，顧客の過当投機を抑制することと，証券業者が顧客によりこうむる損害を補てんすることとを目的とする法の趣旨を明らかにするとともに，信用取引を円滑に運用していくため，保証金率の最低限度を従来の一〇〇分の四五から一〇〇分の三〇に引き下げた。」としている。
41）黒沼悦郎『金融商品取引法』（有斐閣，2016）351頁。

ぜならば，差金決済による先物取引（清算取引）は，「融資または貸株の制限がないため，無限の投機に導く可能性がある」[42]と指摘されていることから，このように読み取ることができるからである。信用取引の場合，第三者（証券金融会社）による信用供与が行われるので，全体の信用量は制限されるが，信用取引は投機取引であるその本質上，それが過当投機に利用されることを防ぐ必要があり[43]，委託保証金制度は，信用取引の過度の利用を防止してその運営の適正化を図るものとされる[44]。運営の適正化という表現の背後には，もしも信用取引が無制限無秩序に行われると証券市場の価格の騰落を激化し，投資者に不測の損害を与え，証券市場の機能そのものを破壊する危険を内蔵している[45]という認識があると考えられる。

4．業者の最低資本金制度と株式会社要件

信用取引制度の実現のためには，証券業者の顧客に対する信用供与が必要であり，そのためには業者の資産充実が前提条件になるので，昭和25年改正で法人証券業者の最低資本金制度が創設され（当時の証取法31条９号），昭和28年改正で証券業者は株式会社でなければならない（当時の証取法31条１号）こととされた[46]。

5．最低委託保証金制度

昭和42年（1962年）に最低委託保証金制度が導入され，信用取引を行う者は一口座につき少なくとも15万円以上の委託保証金を必要とすることとされた。その目的は，少額投資者層の信用取引への参加を抑制することである。信用取引への参加資格を認められるのは，株価に対する的確な判断を下しうる知識と経験を有し，かつ相場の変動に十分対処しうるだけの資力的余裕を

42）鈴木＝河本・前掲注37）33頁。
43）鈴木＝河本・前掲注37）489頁。
44）鈴木＝河本・前掲注37）500頁。
45）鈴木＝河本・前掲注37）499頁。
46）鈴木＝河本・前掲注37）34頁。

持つことが望ましいという判断が前提にある。この資格の判断方法として，知識・経験の有無，深浅を制度的にチェックすることは現実問題として極めて難しいことから，最低委託保証金制度を採用した。もちろん，最低委託保証金制度のみで十分なわけではなく，これとあわせて，証券会社の顧客に対する勧誘態度，受託に対して行う顧客調査等の面から補完することが想定されていた[47]。なお，昭和50年に最低委託保証金が15万円から30万円に引き上げられた[48]。

Ⅳ．米国におけるFX取引のレバレッジ規制

1．外国為替証拠金取引の規制の経緯

米国では，1970年代に，規制されていない商品オプションの取引が広まった[49]。その背景事情の一つとして，ブレトン・ウッズ協定の終了により，外国為替のオプション取引を通じた投機が広まったとされている[50]。そして，このオプションの一般投資家に対する販売に際してたくさんのスキャンダルが発生した[51]。そこで，SECがのりだし，これらのオプションは連邦証券法において規制される証券だとして差止などを行い，これらの詐欺の多くを止めた[52]。しかし，CFTC（Commodity Futures Trading Commission：商品先物取引委員会）が1975年に設立されて，これらについての排他的な管轄がCFTCに与えられたものの，CFTCは当初は十分な規制をする態勢が整わず，店頭商品オプションを販売する企業による詐欺が復活した[53]。そこで，

47）佐久間景義「改正信用取引制度の概要と今後の問題点」ジュリスト380号（1967）25頁，26頁。
48）鈴木＝河本・前掲注37）490頁。
49）Jerry Markham, *Regulating the Moneychangers*, 18 UNIVERSITY OF PENNSYLVANIA JOURNAL OF BUSINESS LAW 789, 838-839 (2016).
50）*Id.*, at 839.
51）*Id.*, at 839.
52）*Id.*, at 839.
53）*Id.*, at 839.

1978年に，CFTCは，すべてのリテール向けの商品オプションを差し止め，取引所において取引されるオプションだけを認めるようになった[54)]。

ところが，店頭ディーラーは，これらの手段を現物契約（cash contract）や先渡契約（forward contract）と称して，CFTCの管轄の及ばないものだと構成した[55)]。CFTCは，これらは先物取引またはオプションの偽装であり，規制された取引所でしか取引できないと主張して，訴訟を展開した[56)]。しかし，なお詐欺は行われた[57)]。たとえば，1983年，投資家に対して，インターバンク市場での外国為替取引の40％のリターンを約束した，２億ドル規模のネズミ講が発覚した[58)]。インターバンク市場での外国為替取引についてはCFTCの管轄外だったので，CFTCはこれに対応するため，一般投資家が関与する外国為替取引についてはCFTCの管轄内だと主張した[59)]。しかし，連邦最高裁は，外国通貨を取得するオプションの店頭取引はCFTCの管轄外であると解釈した[60)]。その結果，通貨関連の店頭の先物取引・オプション取引における詐欺に対して，CTFCが対処できなくなった[61)]。

そこで，2000年の商品取引所法の改正によって，リテールの店頭の先物取引またはオプション取引の販売が規制の対象となった。ただし，カウンターパーティーが一定の類型のものについては，規制の対象外である。すなわち，規制の対象外となるのは，カウンターパーティーが，金融機関，SECに登録したブローカー・ディーラー，CFTCに登録した先物取引業者（futures commission merchant：FCM），保険会社，規制された金融持株会社または投資銀行持株会社である場合である[62)]。

しかし，この改正は，通貨の引渡が必要な現物契約や先渡契約については

54）*Id.*, at 839.
55）*Id.*, at 839.
56）*Id.*, at 839.
57）*Id.*, at 839.
58）*Id.*, at 839-840.
59）*Id.*, at 840.
60）Dunn v. CFTC, 519 U.S. 465 (1997).
61）Markham, *supra* note 49, at 841.

規制の対象としていなかった[63]。そのため，現物契約として契約を締結し，しかし実際には差金決済しかせず，現物を引き渡すことはない運用をしていたとしても，あくまでもこれは現物契約であると性質決定され，規制の対象外となる[64]。

2001年から2007年の間に，約２万6,000人の投資家が詐欺にあい，店頭デリバティブを使った外国為替取引の詐欺の結果として４億6,000万ドルの被害が発生したとされている[65]。そのような詐欺は，レバレッジを売り文句に投資家に持ちかけられていたようである[66]。

そこで，2008年の商品取引法の改正によって，リテール向けの外国為替証拠金取引に対する管轄がCFTCに与えられた。そして，リテール外国為替ディーラー（retail foreign exchange dealers：RFEDs）という新しい登録類型が創出され，最低資本金規制（1,000万ドル。2009年から2,000万ドル）が課された。同様の商品を販売するFCMに対しても，同様の最低資本金規制が課された[67]。

すると，業者は，この規制を免れようと，SECが規制するブローカー・ディーラーに移行するようになった。なぜならば，これらに対してはCFTCの管轄が及ばないからである。そこで，金融取引業規制機構（Financial Industry Regulatory Authority：FINRA）は，リテール向けの外国為替取引に従事するブローカー・ディーラーはFINRAの規則に従わなければならない旨の規制通知（regulatory notice 08-66）を出した。その中で，FINRAは，多くのFXディーラーはレバレッジを400倍以上に設定しており，為替のわ

62）その後のドット＝フランク法で，保険会社と金融持株会社と投資銀行持株会社が削除された。また，金融機関は米国企業でなければならなくなった。Markham, *supra* note 49, at 841頁.

63）*Id*., at 842.

64）CFTC v. Zelener, 373 F.3d 861 (7th Cir. 2004)；CFTC v. Erskine, 512 F.3d 309 (6th Cir. 2008).

65）Markham, *supra* note 49, at 843.

66）Foreign Exchange Currency Fraud：CFTC/NASAA Investor Alert, available at https://www.cftc.gov/ConsumerProtection/FraudAwarenessPrevention/ForeignCurrencyTrading/cftcnasaaforexalert.html.

67）Markham, *supra* note 49, at 844.

ずかな変動で顧客に大きな損失が発生することがあることを警告した。

2010年のドッド＝フランク法を受けて，CFTCは，リテール向け店頭外国為替取引についての規則を制定した。詐欺禁止規定（5.2条），リスクの説明書（5.5条），継続的な最低資本金規制（2,000万ドル以上の維持が必要。5.7条），レバレッジ規制（5.9条），リスク評価の記録保存と報告（5.10条，5.11条）などが規定されている[68]。また，先物協会（futures association）への加入が義務づけられている（5.22条）。

2．2010年のCFTC規則の改正での導入

CFTC規則5.9条は，リテールFX取引（retail forex transactions[69]）の保証金（security deposit）について，先物協会の定める適用割合以上の保証金を顧客から集める義務を，業者に課している。協会の定める割合は，メジャー通貨ペアについては２％以上，それ以外の通貨ペアについては５％以上でなければならない[70]。何がメジャー通貨ペアに該当するかは協会が決定し，また，年に１回以上は，メジャー通貨ペア・証拠金率の見直しをしなければならない[71]。

この規制は2010年に導入された。その理由は，顧客に対して最大限の保護を与えるためである。また，CFTCは，顧客はレバレッジの最大値のみに基づいてカウンターパーティーを選んでいるわけではないと考えていた。なぜならば，さもなければ，顧客は規制のない国の市場に移転していたはずだからである[72]。つまり，レバレッジ規制を導入しても，顧客の取引の機会を減らすわけではないということだと思われる。ただし，上記のとおり，日本

68）*Id.*, at 846.

69）リテールFX取引とは，商品取引所法２条(c)項(2)号(B)または２条(c)項(2)号(C)に規定された口座，合意，契約または取引をいう（17 CFR 5.1(m)）。

70）17 CFR 5.9(a).

71）17 CFR 5.9(e).

72）CFTC, Regulation of Off-Exchange Retail Foreign Exchange Transactions and Intermediaries, 75 FR55410, 55411-55412 (2010).

の法人顧客に対するレバレッジ規制の導入は，法人顧客の取引を減少させた可能性があり，この点のCFTCの認識が正しいものであるかについては疑問の余地はある。

3．NFAの規制

（1） 現行ルール

全米先物協会（National Futures Association：NFA）が，唯一の協会である。そして，上記のCFTC規則の改正を受けて，2010年にNFA規則のレバレッジ規制も改正され，メジャー通貨ペア[73]については２％，その他については５％とされた[74]。また，異常な市場状況の場合には，保証金率を一時的に引き上げることもできることとされた[75]。

（2） 2003年改正での導入

NFAの規則においてレバレッジ規制が導入されたのは，CFTC規則改正に先立つ2003年である。すでに業者は自発的に保証金を設定し，これは健全な実務慣行だと考えられていた。NFAは，メジャー通貨ペア[76]については２％，それ以外は４％を保証金率とした。

このルールは，取引所において取引される先物取引の証拠金（margin）規制とよく似ているが，あえて保証金（security deposit）規制と呼ぶこと

73）ここでいうメジャー通貨ペアとは，英ポンド，スイスフラン，カナダドル，日本円，ユーロ，豪ドル，ニュージーランドドル，スウェーデンクローナ，ノルウェークローナ，デンマーククローナである。

74）NFA, Proposed Amendments to NFA Bylaws 306 and 1301, NFA Compliance Rules 1-1, 2-13, 2-23, 2-24, 2-36, 2-38, 2-39, 2-41, 2-42 and 2-44, Code of Arbitration Sections 1, 2, 3, and 6, Member Arbitration Rules Section 6, Financial Requirements Sections 1, 3, 4, 8, 10, 11 and 12, and the Interpretive Notices entitled NFA Financial Requirements：The Electronic Filing of Financial Reports；Forex Transactions；and Bulk Assignments and Transfers (Effective October 18, 2010).

75）NFA Rulebook, Financial Requirements, Sec.12.

76）ここでいうメジャー通貨ペアとは，英ポンド，スイスフラン，カナダドル，日本円，ユーロ，豪ドル，ニュージーランドドル，スウェーデンクローナである。

とされた。なぜならば，証拠金規制の場合，預託された証拠金の分別管理が求められ，破産法において優先権が与えられるのに対し，このNFAが導入する保証金の場合はいずれも該当しないので，顧客がこれと誤解することを防ぐためである。また，取引所の証拠金規制は頻繁に変更されるが，NFAは，より固定された規制にすることで，業者がそれを計算する責任を最小限にすることを目的としたためである。

そして，保証金規制の目的は，顧客保護ではなく，業者の保護にあるとされた。すなわち，顧客が債務不履行に陥ると，業者が倒産し，他の顧客の口座を危険にさらすことがあるので，債務不履行に陥った顧客の損失を吸収できるようにすることに目的があるとされた[77]。

（3） 2004年改正

NFA規則はその後も改正された。2004年改正では，メジャー通貨ペアの保証金率が２％から１％に引き下げられた。さらに，同規則における最低維持資本金規制の額（25万ドルまたは外国為替取引の取引額合計の１％の大きい方の額）の２倍[78]以上の，調整された純資産額を継続的に維持している業者については，レバレッジ規制の適用対象外とした（規制緩和）。

その際の考え方としては，レバレッジ規制は規制目的（業者の保護）との関係で必ずしも効果的ではないことが指摘された。すなわち，店頭FX取引のように，ディーラー・マーケットにおいては，ディーラー自身が取引の相手方にたつのであって，第三者や清算機関が存在するわけではない。ディーラーの財務の健全性に問題が生じて困るのは，他の顧客であり，他の顧客を

77） NFA, Explanation of Proposals (2003)
（https://www.nfa.futures.org/news/newsProposedRule.asp?ArticleID=1104）.

78） 2008年10月31日施行の改正において，２倍から1.5倍に変更された。同年の改正で商品取引所法による最低資本金規制が2,000万ドル以上となったことを受けて，これまでのNFA規則における最低資本金規制の額が大幅に増加するため，レバレッジ規制を免除する業者の基準が２倍だと高すぎると考えられたからである。NFA, Increases to the Forex Dealer Member Capital Requirements : Proposed Amendments to NFA Financial Requirements Sections 1, 11 and 12 and the Interpretive Notice Regarding Forex Transactions (Effective October 31, 2008).

保護するためにはディーラーの資本規制の方がより効率的かつ効果的な規制だと整理された。さらに，リテール顧客は，ポジションが相対的に小さく，これらの顧客の債務不履行は，より広範囲の債務不履行をもたらすような壊滅的な出来事でもない限りは，業者の資本に重大な影響を及ぼす可能性が低いことも指摘された[79)]。

（4） 2009年改正

上記のとおり，メジャー通貨ペアについては１％，それ以外は４％だが，十分に資本のある企業についてはこの規制の適用免除規定があった。2009年のNFA規則改正において，適用免除規定が削除された。それまで，レバレッジ規制の適用が免除された企業は，レバレッジを200倍（２社），400倍（４社），700倍（１社）に設定していた。また，レバレッジを50倍にしていた企業はNFAやCFTCのエンフォースメントの訴訟の対象となったケースはなかったのに対し，より高いレバレッジを設定していた企業は対象となったケースが多数あったことが指摘されている[80)]。

４．実証研究

HeimerとSimsekは，2010年の米国のレバレッジ規制の導入を差の差分析によって実証分析を行い，レバレッジ規制の導入の影響として，取引高が減少したこと，FXトレーダーのネットリターンが増加したこと，および，FX業者の資本が減少したことを明らかにした[81)]。彼らの実証結果と整合的な仮説は，高いレバレッジの取引を行う者は，取引高も多く，FX業者の売

79）NFA, Explanation of Proposed Amendments (2004)（https://www.nfa.futures.org/news/newsProposedRule.asp?ArticleID=1287）.

80）NFA, Forex Security Deposits - Proposed Amendments to NFA Financial Requirements Section 12 and Interpretive Notice Regarding Forex Transactions (Effective November 30, 2009).

81）Rawley Z. Heimer & Alp Simsek, *Should Retail Investors' Leverage Be Limited?*, 132 JOURNAL OF FINANCIAL ECONOMICS 1 (2019).

上高を増やす存在だったが，同時に当該トレーダー自身の利益を犠牲にしていたというものである（自信過剰バイアス）。自信過剰なトレーダーは，高レバレッジの取引で利益を獲得しようとして大失敗するケースが少なくないということである。

5．CFTC の管轄権・商品取引所法の適用範囲

CFTC は，原則として，外国為替に関する取引について管轄権を有しない[82)]。しかし，次のものについては外国為替に関する合意，契約または取引について CFTC は管轄権を有する。すなわち，①将来の引渡しをする商品の販売契約（またはそのような契約のオプション）またはオプション（1934年証券取引所法６条(a)項にしたがって登録された国法上の証券取引所において執行または取引されるオプションを除く。），および，②プロ投資家（eligible contract participant：ECP）ではない者との契約については，CFTC の管轄権が及ぶ。ただし，②の場合であっても，カウンターパーティーが米国の金融機関，1934年証券取引所法で登録したブローカー・ディーラー，先物取引業者（修正純資本 adjusted net capital が2,000万ドル以上を維持している者），金融持株会社，または，リテール外国為替ディーラー（修正純資本が2,000万ドル以上を維持していて，CFTC に登録していて，かつ，先物取引業協会の会員である者）場合は，CFTC の管轄権は及ばない[83)]。

また，CFTC の管轄権は，次の外国為替に関する合意，契約または取引についても及ぶ。すなわち，顧客がプロ投資家でなく（ただし，上記と同様に，カウンターパーティーが上記の類型に該当する場合は除く），かつ，その契約の提供または締結が，レバレッジもしくは証拠金に基づいているか，または，同様にレバレッジ若しくは証拠金に基づいて販売者によって融資される契約の場合には CFTC の管轄権が及ぶ。

82）Commodity Exchange Act sec. 2(c)(1).

83）Commodity Exchange Act sec. 2(c)(2)(B).

V．EUにおけるFX取引のレバレッジ規制

1．規制の概要

EUでは，ESMA Decision（EU）2018/796（以下「ESMA規制」という。）によってFX取引について次のような規制が導入された。

第1に，レバレッジ規制である（initial margin protection）。メジャー通貨[84]は30倍，マイナー通貨[85]は20倍である。レバレッジ20倍は，金および主要なインデックス（FTSE100，DAX30，DJIA，S & P500，NASDAQ，Nikkei225など）と同じである。ちなみに，レバレッジ規制の他の倍率としては，10倍（その他の商品），5倍（個別のエクイティ），2倍（暗号通貨）となっていた（Art. 2(a)，Annex I，ESMA規制）。これらの倍率が段階的になっているのは，原資産のボラティリティに従っているからである。ESMAは，過去10年のデータから，ランダムにサンプルをとり，スプレッドも考慮に入れて，ロスカット取引の発動する確率が5％になるレバレッジをシミュレーションして算出したものである[86]。

第2に，必要証拠金の50％をトリガーとするロスカット取引の強制である（margin close-out protection）（Art. 2(b)，ESMA規制）。

第3に，ネガティブバランスプロテクションである（negative balance protection）。これは，顧客が負担する損失を証拠金を限度とする規制である（業者が未収金のリスクを負担する）（Art. 2(c)，ESMA規制）。

第4に，警告文の掲示である。そこでは，損をした顧客の割合を開示して

84）具体的には，米ドル，ユーロ，日本円，スターリング・ポンド，カナダドル，スイスフランである。

85）通貨ペアにメジャー通貨が含まれていなければ，マイナー通貨として20倍のレバレッジ規制の対象になる。

86）ESMA, Product Intervention Analysis, Measures on Contracts for Differences, ESMA50-162-215 (1 June 2018).

警告することが求められている（Art. 2(e), AnnexⅡ, ESMA 規制）。

2．ESMA の分析

この背景として，ESMA は，次の点を指摘する。第1に，平均的に，CFD において顧客が損失を被っている。第2に，レバレッジが大きければ大きいほど，重大な損失のリスクも大きくなり，商品がハイリスクである。たとえば，高レバレッジの場合，取引量が増えて，ポジションを立てたり手じまったりすることを繰り返すことに伴う費用が増加する。第3に，顧客は，問題となっている商品のリスクと投資コストを適切に理解していないことが多いことである[87)]。

3．規制の理由

レバレッジ規制を含め，上記のような規制が導入された理由について，ESMA の公式理由書[88)]を簡単に紹介する。

近年，ESMA およびいくつかの国家管轄当局（NCA：National Competent Authorities）は，欧州連合におけるリテール顧客に対する CFD のマーケティング，流通または販売が急速に増加したと観察している。たとえば，英国の FCA によると，2016年から2017年において，CFD の販売業者数が117社から143社に増加した。ESMA の推定では，顧客の口座数は2015年の150万から2017年の220万に増加した[89)]。

また，顧客の苦情申立件数も増加している。また，各国の当局の調査によれば，リテール顧客の大半が CFD 取引で損をした。損をした顧客の割合は，

87）ESMA, Product Intervention Analysis, Measures on Contracts for Differences, ESMA50-162-215 (1 June 2018).

88）European Securities and Markets Authority Decision (EU) 2018/796 of 22 May 2018 to temporarily restrict contracts for differences in the Union in accordance with Article 40 of Regulation (EU) No 600/2014 of the European Parliament and of the Council, OJ L 136, 1.6.2018, p.50-80の前文。

89）ちなみに，日本の店頭 FX の顧客口座数は730万，取引実績口座数は77万である。出典は，金融先物取引業協会のウェブサイトによる。

キプロスでは76%，スペインでは82%，フランスでは89%，イタリアでは78%，英国では82%などである。調査対象の期間中の株式市場のリターンは変動があるのに，CFD のリターンは安定してマイナスである。このことは，CFD のリターンプロファイルの構造的な特徴を示している。

CFD は複雑な製品だが，投資アドバイスやポートフォリオ管理を提供することなく，最も一般的には電子取引プラットフォームを介してリテール顧客に提供されている。そのような場合には，MiFID II の25条３項に従って妥当性（appropriateness）の評価が求められる。しかし，この評価は，CFD 提供者，顧客または潜在顧客が取引を進めるのを妨げるものではない。ただ，顧客に対する警告が与えられるだけである。これは，その商品がクライアントにとって適切でないとプロバイダーが結論づけた場合と同様に，特定の種類の商品に関連する投資分野の知識と経験に関する情報が，プロバイダーに全く提供されないまたは不足している場合に発生する可能性がある。これにより，リテール顧客は，その特徴によって供給されるべきではない CFD などの商品にアクセスすることができる。

また，積極的すぎるマーケティング実務や，誤解を招くマーケティング・コミュニケーションが行われている。中には，商品のリスクを適切に開示していないものもある。顧客口座のスパンが比較的短いので，新顧客を確実に維持しようとする圧力がプロバイダーにかかるため，顧客の最大の利益にならない積極的すぎるマーケティング・販売を行うインセンティブが生じてしまう。

Ⅵ. 検討

１．個人と法人の区別

現在のレバレッジ規制は，顧客が個人か法人かで区別して異なる規制内容としている。しかし，この線引きに合理性はあるだろうか。個人顧客であれば，その者がたとえ特定投資家であっても，個人顧客に対するレバレッジ規制が適用される。その理由は，レバレッジ規制の趣旨には，業者のリスク管理（財務の健全性）と過当投機への対応という要素が含まれているからだとされている[90]。この規制の趣旨をいうのであれば，規制の対象を個人だけに限定して規制を導入したことは，やや整合性を欠くのではないかという批判がある[91]。

また，法人顧客の規制に際しては，業者等のリスク管理のみが指摘されていた。もちろん，レバレッジ規制を導入することには，顧客保護の機能もあるわけだから，顧客保護の観点が無視されているわけではないだろうが，個人顧客よりも顧客保護の要求を減らす規制緩和がなぜ許されるのだろうか。顧客が法人だから投資判断の能力が高いという理由なのかもしれない[92]。けれども，特定投資家に該当する個人の方が，投資経験のない素人が役員を務めている法人よりも顧客保護の必要性が高いとは考えにくい。

同様に，過当投機についても，個人か法人かでレバレッジの水準を区別する理由があるのか疑問である。

これらの疑問があるため，現在のレバレッジ規制の目的を整合的に理解することは容易ではない。

2．顧客保護

（1） 疑問

レバレッジ規制導入の１つの理由として顧客保護が指摘された。しかし，これが理由として適切なのだろうか。米国において，NFA の規則において，

90）金融庁「コメントの概要及びそれに対する金融庁の考え方（平成21年７月31日）」No. 15。

91）神田秀樹＝黒沼悦郎＝松尾直彦編『金融商品取引法コンメンタール２――業規制』（商事法務，2014）325頁〔梅本剛正執筆〕。

92）デリバティブ取引に対する不招請勧誘規制等のあり方についての考え方として，金融庁は，「法人は一般に一定の投資判断力を有…」（金融庁「デリバティブ取引に対する不招請勧誘規制等のあり方について（概要）」https://www.fsa.go.jp/news/22/syouken/20100913-1/02.pdf）すると整理していることが本文の見方を裏付ける。

レバレッジ規制が顧客保護ではなく業者保護を目的とする制度として導入されたことは，このような疑問の検討の必要性を示唆する。

(2) レバレッジ規制とネガティブバランスプロテクションは異なること

レバレッジ規制が導入されても，顧客が不測の損害を被る程度が小さくなるとはいえても，そのおそれがなくなるわけではない。つまり，程度の問題である。なぜならば，ロスカット・ルールが機能しないことが問題だとしても，そもそもロスカット・ルールはロスカットのために顧客の建玉を決済するために必要な取引の発注を強制的に業者が出すものに過ぎないからである。つまり，顧客の損害が証拠金よりも大きくなる可能性があることは，外国為替証拠金取引において当然の前提となるはずだからである。

もしも，一定割合以上の損失を顧客は負担せずに，業者等が負担するとしてしまうと，これは損失補填契約であって，日本法では認めていない（金商法39条)。この点で，EU において導入されているネガティブバランスプロテクションとは異なる[93]。

(3) リスクの説明

すると，ロスカット取引の仕組みがどのようなものであるかについて，十分な説明がされているかだけが問題となるはずである。たしかに，米国やEU の規制では，この商品のリスクの説明として，記載すべき文章を指定しており[94]，現在の日本法の契約締結前交付書面や広告の規制で十分なのかについては検討の余地はある。しかし，そのこととレバレッジ規制は直接的な関係があるとはいいがたい。

---

93) なお,「店頭 FX 業者の決済リスクへの対応に関する有識者検討会　報告書」13頁は，ドイツ及びフランスでは，顧客の預託した証拠金を上回る損失は店頭FX業者に転嫁する規制（negative balance protection）が導入されていることに言及している。

（4） 投資者の保護

また，伝統的に，金商法における投資者保護は，投資者に損失を与えないという意味ではないと考えられてきた。したがって，ロスカット・ルールが十分に機能せずに，顧客が不測の損害[95]を被るおそれがあるということの意味が，顧客が損害を被ることを防止する趣旨だとすると，金商法における投資者保護として伝統的に理解されてきた内容と整合しない。

少なくとも，伝統的な投資者保護で語られてきた意味とは違う位置づけとして，レバレッジ規制による顧客保護の意味を理解する必要がある。すなわち，高レバレッジの取引を行う者は，自信過剰バイアスに陥っている可能性があるので，パターナリスティックな規制としてレバレッジ規制を位置づけることもできる。ここでいうパターナリズムは，たばこやギャンブルの依存症があるがゆえに行われる規制と同趣旨のものである。注94）で指摘した，米国やEUで，過去に損失を被った顧客の割合などの説明義務があることは，損失を被るおそれが高いけれども，それでも本当に取引をするかについて顧客に考え直すきっかけを与えるものである。このような規制の仕方は，たばこは健康を損なうおそれがある旨を記載させる規制（たばこ事業法39条）と類似するところがある。FX 取引については，株式等の投資とは異なる要素がある規制が行われることは，このような比較法からも裏付けられる。デリ

94）米国については，17 CFR §5.5 が規定する。記載すべき事項の概要として，①取引は規制された市場・取引所のものではないこと，②FX 取引の電子取引プラットフォームは取引所ではなく，ディーラーとの電子的な接続システムであること，③顧客がディーラーに預ける保証金は，規制に基づく保護の対象ではないこと，④取引のポジションを相殺又は清算できるかどうかは，ディーラー次第であることなどである。さらに，直近の四半期におけるリテール顧客の利益を得た顧客の割合と損失をこうむった顧客の割合をも記載しなければならない。

EU については，European Securities and Markets Authority Decision (EU) 2018/796 of 22 May 2018 to temporarily restrict contracts for differences in the Union in accordance with Article 40 of Regulation (EU) No 600/2014 of the European Parliament and of the Council, OJ L 136, 1.6.2018, p.79の Annex II が規定する。記載事項として，過去に損失をこうむった顧客の割合の開示が求められる。

95）金融庁「デリバティブ取引に対する不招請勧誘規制等のあり方について（概要）」(2010) の「投資金額を超える損失が発生するなど，思いがけない損失発生のおそれ。」という記述からすると，証拠金を上回る損失が発生することを意味しているものと考えられる。

バティブ取引に関して，金商法の制定のころあたりから，法，裁判所および金融行政において，投資者のパターナリスティックな姿勢を強化する流れがあるとの指摘があるが[96]，そこでいうパターナリズムとはやや異質なものがレバレッジ規制には含まれている。レバレッジ規制には，このような自信過剰バイアスに対応するためのパターナリスティックな規制としての側面があるという視点からすると，顧客が個人の場合の方がこのような規制の必要性が高いということはできるだろう。そのため，個人顧客と法人顧客とに違いがあることも，この視点から理解することはできる。

（5） 適合性の原則

高レバレッジの外国為替証拠金取引は，商品それ自体として，一般の投資家との関係で適合性を類型的に欠くので，レバレッジ規制によって市場から排除しているという考え方もあり得る。EU において，FX 取引に限らず CFD 一般に投資家は平均的に損をしていることや[97]，ハイリスクであることや，顧客が商品のリスク・コストを理解していないことが指摘されていることは，このような考え方と整合的である。個人顧客は，法人顧客と比べれば，高レバレッジの取引をする適合性を欠くケースが相対的に多いといえるだろうから，この視点からも現在の規制を理解することは可能である。

また，日本法においては，不招請勧誘の禁止（金商法38条４号・９号，業等府令117条１項８号）は外国為替証拠金取引が社会問題化したことを受け

96）志谷匡史「投資者保護の現代的課題」旬刊商事法務1912号（2010）４頁，松尾直彦「店頭デリバティブ取引等の投資勧誘の在り方：「悪玉論」への疑問」金融法務事情60巻３号（2012）70頁，74-75頁。志谷・前掲12頁は，「裁判所の判旨にみえる業者への厳しい姿勢は，ややもすると投資家保護というよりも，むしろ消費者保護の色彩が強くなる懸念を払拭できない」とする。不招請勧誘規制（金商法38条４号等）を消費者保護の視点から論じるものとして，河上正二「消費者委員会 金商法改正による総合取引所構想と不招請勧誘禁止ルールのゆくえ」ジュリスト 1464号（2014）88頁，89頁参照。

97）ただし，岩壷健太郎「FX 証拠金取引の投資戦略とパフォーマンス―保有期間・リスクと収益率の関係―」金融先物取引業協会会報114号（2017）39頁は，日本の2015年のデータを分析し，「個人投資家の収益率は平均すると負であるが，収益率の中央値は正であり，投資家の半数以上はプラスの収益を上げている」とする。

て導入された規律であり，現在でも，店頭金融先物取引と個人顧客の店頭デリバティブ取引にしか適用されず，FX 取引に対してかなり厳しい規制を課している。レバレッジ規制はその一環であると理解することもできる。

（6） 詐欺の代理変数としてのレバレッジ

米国の歴史においては，高レバレッジと詐欺が相関的関係があったことも，類型的な商品の市場からの排除の必要性を示唆している。日本においても，外国為替証拠金取引をめぐっては，悪徳業者により，高齢者等に大きな損失を与えるといったトラブルが社会問題となった[98)]。米国でそうだったように，これらのトラブルに際して，悪徳業者はレバレッジの高さを強調して甘言を弄していた可能性がある。学説の中には，このような悪徳業者の参入を防止するには，詐欺罪を適用することが最も有効な解決策であるという見解もあった[99)]。しかし，警察・検察がこれらの悪徳業者を詐欺罪で立件してきたのかは疑問である。また，2005年に当時の金融先物取引法の改正がなされ，同法では，業者の登録制度，最低資本金規制，自己資本比率規制，不招請勧誘の禁止などの規制が導入されたが[100)]，悪徳業者を完全に排除できなかった可能性はある。そこで，特に個人顧客に対するレバレッジ規制は，このような悪徳業者を排除するための次善の策としての規制だった可能性がある[101)]。

98） 畠山久志＝林康史＝歌代哲也「外国為替証拠金取引規制：わが国における FX 取引の沿革と現状（その１）」経済学季報65巻１号（2015）１頁，16-17頁参照。

99） 大山徹「外国為替証拠金取引と詐欺罪」柴田潤子＝籠池信宏＝溝渕彰＝肥塚肇雄編『企業と法の現代的課題：市川兼三先生古稀祝賀論文集』（成文堂，2014）53頁。

100） 金融先物取引法による規制を概観するものとして，野村稔「外国為替証拠金取引の規制について――先物取引に関する犯罪――」斉藤豊治＝日高義博＝甲斐克則＝大塚裕史編『経済刑法 神山敏雄先生古稀祝賀論文集』（成文堂，2006）197頁，199-209頁，川瀬庸爾「特殊な債権者を擁する破産事件（V）――外国為替証拠金取引会社の破産」園尾隆司＝西謙二＝中島肇＝中山孝雄＝多比羅誠編『新・裁判実務大系 第28巻　新版　破産法』（青林書院，2007）364頁，367-370頁参照。FX 取引をめぐる規制の経緯については，畠山久志＝林康史＝歌代哲也「外国為替証拠金取引規制：わが国における FX 取引の沿革と現状（その１）～（その３・完）」経済学季報65巻１号（2015）１頁，65巻２号（2015）25頁，65巻３号（2016）99頁参照。

もっとも，FX 取引をかたる悪徳業者は，登録業者でないこともあり得るから，レバレッジ規制を業規制として追加したところで，そのような悪徳業者を排除できる保障があるとまではいえない[102)]。けれども，レバレッジがたとえば1,000倍であることを売りにした詐欺は，レバレッジ規制があるときの方がだまされない客が増える可能性がある。

3．過当投機

過当投機という概念が具体的に何を指しているのかは，明らかではない。信用取引と異なり，FX 取引のレバレッジは，規制がなければ無限に大きくなり得るものである。過当取引がこのような意味だとすれば，FX 取引は一般的に過当取引のおそれがある。しかし，もしもそうだとすると，過当投機を防止すべきだとすれば個人顧客のみならず法人顧客についても同様に取り扱うべきこととなるが，現行法では個人と法人とで規制が区別されている。そのため，このように理解できるのか，疑問がある。

あるいは，高レバレッジの取引は賭博であって，公序良俗に反する取引だという意味で過当投機と呼んでいるのかもしれない[103)]。現に，裁判例においては，外国為替証拠金取引は賭博に当たるとしたものが複数存在する[104)]。しかし，このような意味だとすれば，高レバレッジの取引はその客観的な性質上賭博であるということになるから，顧客が個人か法人かで区別する理由はない。区別する理由があり得るとすれば，法人の場合は外国為替レートの

101）業等府令の改正による区分管理の金銭信託一本化は，財務基盤の弱い業者をふるい落とす機能があったとする見解もある（畠山久志＝林康史＝歌代哲也「外国為替証拠金取引規制：わが国における FX 取引の沿革と現状（その３・完）」経済学季報65巻３号（2016）99頁）。業者数の推移を見ると，2000年度以前は400社，金融先物法の改正がされた2005年度で102社，2009年度が88社，2010年度（レバレッジ50倍）で78社，2011年度（レバレッジ25倍）で68社となっている（畠山久志＝林康史＝歌代哲也「外国為替証拠金取引規制：わが国における FX 取引の沿革と現状（その２）」経済学季報65巻２号（2015）25頁，37頁）。

102）たとえば，東京高判平成26年７月10日先物取引裁判例集71号264頁は，FX 取引の証拠金名目の金員を詐取した事案であるが，レバレッジ規制はこのような事案の発生を完全には阻止できなかった。

変動をヘッジする目的があることが少なくないから[105]，社会通念上合理的な経済活動であって賭博にはあたらないという理由が考えられる。もしそうだとしても，法人顧客がヘッジ目的以外の投機目的で外国為替証拠金取引を行うと，賭博を行っていると評価すべきこととなるから，法人顧客か個人顧客かで規制の程度に差をつける合理性はない。したがって，賭博という観点から現行法を論理一貫して説明できるようになるわけではない。

なお，最近は金融商品取引業者等と顧客との間で行われる外国為替証拠金取引が賭博にはあたらないとする考え方が有力である。たとえば，東京地判平成24年３月21日（平成23年（ワ）19787号）は，金商法等の関係法令による諸規制を遵守している限り，FX 取引を行うこと自体が違法との評価を受けるものではないとして，賭博にあたらないとした[106]。

103）レバレッジの高さが，賭博に該当するかどうかの考慮要素となるとする見解として，金融法委員会「金融デリバティブ取引と賭博罪に関する論点整理」（1999）６頁参照。

外国為替証拠金取引は，射倖行為であるから，破産免責不許可事由に該当することがあることにつき，平井直也「東京地裁破産再生部における近時の免責に関する判断の実情（続）」判例タイムズ65巻10号（2014），５頁，７－８頁（「消費者金融に100万円の負債があった状況で，パチンコ，競馬，FX 取引を行い，負債額を1,240万円に増大させた」事例，「出会い系サイトの収益を原資に，株式取引，FX 取引，先物取引を行い，通算して8,467万円程度の損失を出した」事例の存在を紹介する）参照。

104）外国為替証拠金取引が金融先物取引法による規制の対象となる前の事案において，賭博に該当するとしたものとして，札幌地判平成15年５月16日金判1174号33頁（レバレッジ33倍），東京地判平成17年11月11日判時1956号105頁（レバレッジ16倍），仙台地判平成19年９月５日判タ1273号240頁，東京高判平成18年９月21日金判1254号35頁（レバレッジ10倍ないし20倍）。これに対して，賭博に当たらないとしたものとして，大阪地判平成16年４月15日判時1887号79頁がある。学説においては，賭博に該当するとの結論に賛成する見解もあるが（李小龍「外国為替証拠金取引の公序良俗違反と取締役の第三者責任」ジュリスト1373号（2009）135頁，136-137頁），問題の核心は賭博かどうかではなく詐欺賭博かどうかであるとする見解もある（本多正樹「外為証拠金取引につき賭博性を有し公序良俗違反とされた事例」ジュリスト1411号（2010）144頁，145頁）。

105）金融庁「デリバティブ取引に対する不招請勧誘規制等のあり方について（概要）」（2010）にも，「法人は…事業に伴うリスクをヘッジするために取引を行う場合もある。」との記載がある。

106）学説においても，大山・前掲注99）75頁は，「取引が賭博罪の構成要件に該当するとしても刑法三五条で違法性は阻却されると解するのが自然」だとする。

野村・前掲注100）215頁は，より一般的に，外国為替証拠金取引は賭博にあたらないとする。なぜならば，「外国為替証拠金取引は，通貨の為替相場の変動によって生じた売買損益を取引主体に帰属させるものであって，為替相場の変動それ自体の的中の有無を持って勝敗を決しその勝敗に関して財物をもって賭事をするものではないから」である。

4．業者の財務的健全性

（1） 破綻リスクと負の外部性

業者等が経済合理的に行動すれば，利益が最大になるように取引の仕組みを設計するはずである。そうだとすると，業者等が，適切なレベルのレバレッジとロスカット・ルールを設定することが期待できる。すると，レバレッジ規制がそもそも必要なのかということにも疑問の余地はある。

この問題に対する回答としては，業者等が株式会社の場合，株主有限責任原則により，破綻時に生じるコスト（外部コスト）を株主が十分に考慮しないので，社会的に見て最適なレバレッジ・ロスカットルールの設定がなされないおそれがあるから規制するというものが考えられる。

裁判例では，他の顧客から預託を受けた証拠金を，業者の関連会社の証拠金として流用して関連会社の建玉を立てたが，カバー取引先から全ての建玉を強制決済され，当該関連会社の損失を業者が負担することとなり，当該業者が破産した事案において，当該業者の役員等に会社法429条１項の責任を認めたものがある[107]。役員等の対第三者責任を課すことには，たしかに株主有限責任原則による弊害（過剰なリスクテイク）[108]を予防・緩和する機能はある。しかし，これが完璧ではないことは，当該事案のような行為がなされたことそれ自体が示している。

（2） 業規制の補完としてのレバレッジ規制

外国為替証拠金取引の業者は，第一種金融商品取引業者としての登録が必要である[109]。そのため，いくつかの規制に服することになる。

第１に，最低資本金規制（5,000万円以上）[110]がある。しかし，5,000万円

107）東京地判平成22年４月19日判タ1335号189頁。

108）後藤元『株主有限責任制度の弊害と過少資本による株主の責任：自己資本の水準から株主のインセンティブへ』（商事法務，2007）参照。

109）金商法28条１項２号。

110）金商法29条の４第１項４号，金商法施行令15条の７第１項３号。

以上という金額は，米国の2,000万ドル以上と比較すると，かなり少額である。もっとも，資本金額は，過去にそれだけの出資があった事実を表示するにとどまり，現在の時点での資産の存在を裏づけるものではないから，業者の財務的な健全性の規制としての意義はあまりない[111]。

第2に，第一種金融商品取引業者は，株式会社であって，かつ，取締役会設置会社であって，監査役設置会社，監査等委員会設置会社または指名委員会等設置会社でなければならない[112]。一般的な説明としては，第一種金融商品取引業は，公共性の要求される業務であり，そのような業務を安定的・継続的に行うためには株式会社が適切であると考えられているからであると説明される。しかし，この説明はかなり疑問がある。株式会社であれば適切であるとされるが，たとえば上記のように株主有限責任原則の弊害もあり得るところであり，株式会社であれば破綻リスクを減少できるわけでは全くない。また，監査役設置会社・監査等委員会設置会社・指名委員会等設置会社のいずれかのガバナンス形態であることが，業者の財務的な健全性に有益であるのかは疑わしいし，違法な業務が行われないようにすることにこれらのガバナンス形態が特に有益であるのかも疑わしい。

第3に，純財産額が最低資本金規制と同様の額を下回ることが規制される[113]。これは5,000万円の純資産が会計上存在することを要求するルールである。最低資本金規制よりは有意義な規制であるが，5,000万円では低すぎるおそれがある。

第4に，自己資本規制比率が120％を下回ることが規制される（金商法46条の6）。この規制が最も有意義だろう。ただし，相場の急変時に予期せぬ

111）なお，過去に一定規模以上の出資を集めた事実は，一定の出資者の信用を集めたものであることを意味するところ，詐欺をもくろむ業者にはこのような信用が集まらないのであれば，悪徳業者をスクリーニングする機能があるといえる。ただし，会社法上の大会社の基準の5億円（会社法2条6号）と比較すると5,000万円は10分の1に過ぎず，これで十分なスクリーニングとして機能するかは疑問もある。

112）金商法29条の4第1項5号イ。

113）金商法29条の4第1項5号ロ，施行令15条の9第1項。

リスクが具体化して業者が破綻することを完全に防げるとは考えにくい。

このように，既存の業者規制だけでは，相場急変時の破綻リスクの対応として完璧とまではいいにくい。レバレッジ規制は，業者リスクの対応として，やはり完璧ではないのはもちろんだが，これらの他の規制と補完・協調して機能することが期待されているといえよう。ただし，このことは，個人顧客と法人顧客との規制の違いの存在を基礎づけるものではない。

（3） レバレッジ規制の限界

法人顧客の証拠金率の計算方法における定量的計算モデルにおいて，保有期間を１日以上とするものとされていることは，前述のとおりである。しかし，これでは，１日の中で大きく下げて戻すような相場の動きや，大きく上げて戻すような相場の動きがあったとしても，考慮しないこととなる。たとえば，2016年10月７日英通貨ポンドが数十秒で約９％下落して，直後にかなり戻すような相場の動きをしたことがある[114)]。

しかし，レバレッジ規制の計算に際して，保有期間を１日以上として算定するので，このような相場の変動は証拠金率の算定の対象となるサンプルデータに反映されない。反映されるのは，東京時間15時の前後２分30秒の間にたまたまこの急落のタイミングが重なったときだけである。そうだとすると，１日の中での変動についてはレバレッジ規制では十分に対応できないおそれがある。

このような相場変動に対して，ロスカット規制で対応するということかもしれない。しかし，それが可能なのかは疑問である。各業者等が定めているロスカット・ルールは，通常，顧客のポジションを時価で値洗いして，その損失額と顧客の証拠金等の額の割合を比較して設定される（証拠金維持率があるパーセンテージを下回るとロスカット取引が発動するなどと定められて

114) "Flash crash: Pound plunges to $1.18 and FTSE 100 heads for record high as fears over hard Brexit intensify," available at https://www.telegraph.co.uk/business/2016/10/07/flash-crash-pound-plunges-to-118-and-ftse-100-heads-for-record-h/#

いることが多い[115])。つまり，ロスカット・ルールは，レバレッジ規制によって左右される証拠金の額に依存するものである。上記のような１日の中での相場急変時の変化率は，レバレッジ規制で用いる為替リスク想定比率よりもかなり大きいものである。したがって，１日の中での相場急変を考慮しない形で算定されるレバレッジ規制を前提にすると，ロスカット・ルールでフラッシュ・クラッシュのような相場急変に対応できるのだろうかという疑問がある。

もとより，レバレッジ取引の場合，顧客には証拠金を上回る損失が発生するリスクがある。顧客がその損失分を支払えなければ，業者等がその分の損害を被る関係にあり，レバレッジ規制・ロスカット規制は，業者等が破綻するリスクを低減させるための規制にとどまり，およそ業者等の破綻を完全に防止するための規制というわけではない。業者等の破綻を防止するのであれば，当初からレバレッジ取引を認めなければいいだけでもある。しかし，レバレッジ取引をある程度の範囲で認める以上，業者の破綻等のリスクが大きくなりすぎないようにする必要があるものの，完璧なコントロールまでは目的としていない。こう考えれば，上記のような相場急変に対応できない規制でも特に問題視する必要がないともいえる。

Ⅶ．むすび

レバレッジ規制の目的とされてきた顧客保護，過当投機の防止，および，業者の財務的な健全性の確保という３つの要素について分析を行った。本稿においては，各要素の意味の内実に迫ろうとした。そして，現行法が個人顧客と法人顧客とでレバレッジ規制の内容を少し変えている点を理解するとすれば，顧客保護の視点のうち，パターナリスティックな規制としての側面，

115）金融先物取引業協会の制定する「金融先物取引業務取扱規則第25条の３に関する細則（外国為替証拠金取引に係るロスカット取引関係）」参照。

適合性原則の視点，および，詐欺の防止といった要素から基礎づけることが考えられることを明らかにした。諸賢のご批判を仰ぎたい。

一般的不公正取引規制に関する一考察

松　井　秀　征

1．はじめに

(1)　わが国金商法における不公正取引規制の構造とその理解

わが国の金融商品取引法（以下，「金商法」という）は，その第６章に「有価証券の取引等に関する規制」と題する章を設けている。これは，いわゆる不公正取引規制と呼ばれるもので，資本市場の機能の十全な発揮に向けた，開示規制，業者規制と並ぶ金商法の柱となる規制である[1)]。この章は，平成４年の証券取引法改正の際に設けられたものである。

①　一般的不公正取引規制としての金商法157条

この金商法における不公正取引規制の内容及び構造を確認していくと，まず157条に「不正行為の禁止」と題する規定が置かれている。これはよく知られるとおり，詐欺的行為を一般的に規制する米国の1934年連邦証券取引所法（The Securities Exchange Act of 1934. 以下，単に「連邦証券取引所法」という）10条(b)及びその下位規則である規則10b-5（Rule 10b-5）を範として導入された規定である。現在のわが国でも，有価証券の取引等についての不正行為を一般的に禁止する規定として理解され[2)]，一応，不公正取引規制に関する包括的規制として位置づけられている。

もっとも金商法157条を子細に見ると，同条は１号から３号まで３つの号から構成され，それぞれにいささか異なる内容が規定されている。したがっ

1）山下友信＝神田秀樹編・金融商品取引法概説〔第２版〕６～７頁［山下友信］(2017)。
2）松尾直彦・金融商品取引法〔第５版〕567頁（2018)。

て，同条の「一般性」を説くにしても，その内容や意味合いは，各号で異なりうる。たとえば同条１号は，有価証券の売買その他の取引またはデリバティブ取引等（以下，これらを併せ「有価証券の売買等」という）について，「不正の手段，計画又は技巧をすること」を禁じている。これは，その文言の抽象度の高さを見ても，「一般性」のある禁止行為規制と評価できそうである。

これに対して２号は，有価証券の売買等について，「重要な事項について虚偽の表示」のある文書，または「誤解を生じさせないために必要な重要な事実の表示が欠けている」文書の使用を禁じている。重要事項について虚偽の表示がある文書，あるいは誤解防止に向けた表示が欠けている文書を意図的に用いれば，通常の場合，これは「不正の手段，計画又は技巧」を用いたと評価できようから，２号は１号に包含される関係，もしくは１号の例示としての関係だと評価することができるだろう。

また３号は，有価証券の売買等を「誘引する目的」をもって「虚偽の相場を利用する」ことを禁じている。これも，有価証券の売買等に関する「不正の手段，計画又は技巧」を用いたと評価しうるであろうし，同時に金商法159条の相場操縦規制との関係性も問題となりうる。いずれにしても，ある程度具体的な行為が念頭に置かれている。

このように考えた場合，同法157条が一般的不公正取引規制であって，包括的規制だというとき，そこで念頭に置かれるべきは同条１号である。同条２号及び３号は，１号の定める「不正の手段，計画又は技巧」の例示であって，個別性，具体性の強い規律である。したがって本稿において，一般的不公正取引規制としての同法157条に言及する場合，基本的に１号を対象とする。そして２号及び３号については，必要に応じて触れることとしたい。

②　個別的不公正取引規制と金商法158条

金商法は，157条に引き続いて，158条から171条の２に至るまで，各種の不公正な行為に対する個別の規制条文を設けている。これらの規定は，母法を異にするものがあるほか，個別の不祥事に対応するために導入されるなど，それぞれに固有の沿革を有している[3)]。それゆえ，全体として理論的な体系性や統一性を有しているかといえば，それははなはだ怪しい。

ただし，その中で若干特異な位置を占めるのは，その冒頭に位置する金商法158条である。同法158条は，「風説の流布，偽計，暴行又は脅迫の禁止」という表題の下，有価証券の募集等のため，あるいは相場変動目的で表題に掲げられた行為をなすことを禁じている。この規定は，その沿革を戦前の取引所法に有し，同法157条よりも古くから存在する。そして，当該規定を漫然と見る限り，その規制対象とする領域は相当に広範である。とりわけ，禁止される行為に有価証券取引等のための「偽計」を含むことから，同法158条も，不公正取引に関する包括的規制として機能し得る余地を持っているように見える[4)]。

(2) 問題の所在

わが国金商法の不公正取引規制は，以上のとおり157条，そして158条と，一般的規制を2か条も設けているように見える。それはとりもなおさず，金商法157条，158条それぞれが，どのような行為を規制対象としているのか，という問題を惹起することにもなる。

しかし近年に至るまで，金商法157条と158条の関係性は，あまり大きな問題とされてこなかった。その理由の一つは，言うまでもなく，同法157条を具体的事案に適用した例が実務上ほとんどなかった，という点にあるだろう[5)]。実務的にほとんど用いられない条文について，他の条文との関係性を

3）たとえば本文でも述べるとおり，金商法158条は，戦前の取引所法32条の4に淵源を有するものである。また同法159条の相場操縦規制は，米国の連邦証券取引所法9条を母法としているし，同法166条以下のインサイダー取引規制は，バブル期の問題行為（とりわけ1987（昭和62）年のタテホ化学工業事件がよく知られている。この点については，山下＝神田編・前掲注（1）304頁［松井秀征］参照）に基づき，わが国固有の形式で規定が設けられている。

4）金商法158条について，一般的な詐欺禁止規定の機能を果たしているとの理解を示す見解として，武井一浩＝石井輝久「日本版10b-5としての金商法158条〔上〕〔中〕〔下〕」商事法務1904号16頁（2011），1905号44頁（2011），1906号104頁（2011）。また，同様に同条に一般的禁止規定としての位置づけを与えるものとして，松尾・前掲注（2）565頁。

論ずる必要性は，あまりない。あるいは同法158条も，過去の執行例が風説の流布にほぼ限られていたため，同条が個別的な不公正取引規制の条文として機能していたという事情もあるかもしれない。同法158条が個別的な不公正取引規制の条文であるならば，一般的な不公正取引規制として同法157条と158条とがどのような関係に立つのかという問題は，そもそも問いの立て方としておかしい。

だが最近は，この状況に変化が生じている。わが国における資本市場が発展し，資本市場への参入者が多様化する中，そこにおいてなされる行為ないし取引も，かつて想定しなかった形態をとるようになっている。そのような中，従前からの個別的な不公正取引規制では想定していなかったタイプの行為や規制についても対処を迫られる可能性が常に生じている。とりわけ注目すべきは，金商法158条の執行例として，偽計を適用する例がみられるようになったことである[6]。そしてこのような状況をとらえて，同条を包括的な不公正取引規制として位置づけていくべきだとの見解も示されるようになっている[7]。そうなると，いよいよ先の問い――不公正取引に関する一般的規制２か条の関係いかん――が改めて浮上することになる。

（3） 検討の順序

以上の問題意識の下，本稿は，金商法157条及び158条が相互にどのような関係に立つのか，すなわちこれらの規定が不公正取引に関する一般的規制な

5）金商法157条に関しては，法定刑の重さに比して構成要件の規定ぶりが非常に抽象的であり，それゆえに同条の具体的な適用について消極的になってきたのではないか，と指摘されてきたところである（近藤光男＝吉原和志＝黒沼悦郎・金融商品取引法入門〔第４版〕360～361頁(2015)）。

6）公刊裁判例として，東京地判平成23・2・7判タ1353号219頁，東京地判平成22・2・18判タ1330号275頁，東京地判平成19・3・16判タ1287号270頁。その他にも，公募増資等における虚偽文書の開示事案を中心に，偽計で告発され，裁判所にて有罪判決が下される例が相次いでいる。これら新しい事案については，証券取引等監視委員会HP「平成29年度証券取引等監視委員会の活動状況（平成30年７月）」171頁以下（告発事件の概要一覧表）を参照。

7）武井＝石井・前掲注（4）1906号107頁。

のか否か，そしてそれぞれがどのような行為を規制対象とし，どのような機能を果たし得るのか，といった点について考えていくこととしたい。

この検討に当たっては，各規定の立法経緯にさかのぼって確認するところから開始する（2）。なぜなら，金商法157条及び158条の２か条は，それぞれ淵源を異にしており，その趣旨を正確に確認することが，各条文の果たしうる機能を検討するにあたって有益だと考えられるからである。順序としては，戦前の取引所法に淵源を有する同法158条の経緯をまず検討し，次いで第二次世界大戦後，アメリカ合衆国の連邦証券規制から導入された同法157条の経緯について検討を加える。そして，これらの規定の体系的整序を行った平成４年証券取引法改正まで，議論を追っていくこととする。

以上を確認した後，金商法157条及び158条をめぐるこれまでの執行例，そしてこれらの規定に関する学説の考え方を簡単に整理する（3）。これらの規定に関する執行例，ないし従前の議論は必ずしも多くはないが，しかし相応の議論の蓄積はあり，本稿でもその内容を踏まえて議論を進めたい。

最後に，以上の議論をふまえて，金商法157条及び158条相互の関係，そして各条文が対象としている行為ないし期待すべき機能について，その解釈論や立法論も交えつつ，筆者の関する考え方を明らかにし，まとめとしたい（4）。

2　金商法157条及び158条の趣旨

（1）　金商法158条

① 大正３年取引所法改正

金商法158条の淵源は，第二次世界大戦前の取引所法32条の４にある[8)]。

明治26（1893）年に制定された取引所法は，取引所の組織及び取引についての一般的な規律を行うことを目的としつつも，その当初の規定に取引所に

8）この立法については，西川義晃「相場変動目的に係る風説の流布・偽計の意義――取引所法と刑法が支えた戦前取引所法制における解釈の例――」早法94巻３号227頁（2019）に詳しい。

おける不公正取引に対する規制を有していなかった。しかし，明治中期から投機的な株式取引が過熱するようになり，明治後期には取引所取引に関与する仲買人（現在の証券業者）の活動の適正化，そして公定相場を形成する組織としての取引所の機能の適正化を図るべきだとの声が上がるようになる[9)]。とりわけこの時期に問題とされていたのは，投資家の不正行為や仲買人の呑み行為であった[10)]。特に投資家の不正行為については，新聞紙を買収して虚偽の報道をさせる，あるいは複数の仲買人と懇意になり，自らの希望価格で売りと買いの注文をそれぞれ別の仲買人に出して仮装取引を行う，といった問題が指摘されている[11)]。

取引所法改正に向けた動きは，以上のような状況下で生じたものであった。帝国議会の審議における政府委員の説明によれば，取引所において価格の高騰や暴落が起こる際には，往々にして虚偽の風説が流布されたり，偽計が用いられたり，あるいは暴行脅迫等が行われたりする例がある。そのような方法によって相場の変動を図るならば，これは対処する必要があることから，新たに規定を設けるのだ，というわけである[12)]。その結果として実現したのが大正３（1914）年の取引所法改正（以下，この改正法を「大正３年改正取引所法」という）であった。すなわち，この改正において不公正取引に対処するための規定が設けられ，現在の金商法158条の原型となる規定も置かれたわけである（大正３年改正取引所法32条の４[13)]。なお，仲買人の呑み行為

9）このような声は，すでに明治42（1909）年ごろまでには上がっていた。第25回帝国議会（明治41年12月～明治42年３月）においては「取引所改善建議案」が提出され，その調査研究が行われるに至っている。この点については，日本証券経済研究所編・日本証券史資料戦前編第１巻証券関係元老院・帝国議会審議録（１）441頁（2000）参照。

10）この点については，佐野善作・取引所投機論246頁以下（1904）。ここでは，本文に掲げた問題のほか，取引所役員にまつわる問題，相場を用いて行われる賭博の問題が指摘されている。

11）佐野・前掲注（10）250～251頁。

12）株式取引ではそれほどでもないが，米の取引については特にそのような問題があることが指摘されている。この点については，日本証券経済研究所編・前掲注（７）512頁（原典：取引所法並取引所税法制定及び改正議会速記集上巻［岡実政府委員発言］）参照。

13）大正３年改正取引所法32条の４は，以下のとおりである。
「取引所ニ於ケル相場ノ変動ヲ図ル目的ヲ以テ虚偽ノ風説ヲ流布シ偽計ヲ用ヒ又ハ暴行脅迫ヲ為シタル者ハ二年以下ノ懲役又ハ五千円以下ノ罰金ニ処ス」

については同法25条で禁止された)。

当時の問題意識からもわかるとおり，大正３年改正取引所法32条の４の目的は，抽象的には，まさに「公定相場を形成する組織としての取引所の機能の適正化」を目指す点にある[14]。より具体的には，取引所における公定相場の変動について，それを恣意的に惹起する行為を取り締まるものであって，今日的な説明でいえば，相場操縦の手段となる行為を規制対象としたものだ，ということになるわけである[15]。その行為類型として，虚偽の風説の流布，偽計，及び暴行脅迫が挙げられているのは，先に述べたとおり，明治末期の投資家が，人為的に相場を作出する目的をもってそのような行為を現に行っていたからである。したがって大正３年取引所法32条の４は，その規制の名宛人を「何人も」としてはいるけれども，そこで主に念頭に置かれていたのは市場参加者たる投資家だったといえよう。また，相場変動を目的とする行為については，虚偽の風説の流布，偽計，そして暴行・脅迫というかなり広範な手段が掲げられているが[16]，これは公定相場の形成機能の保護を図るため，これに反する行為を包括的に規制対象としていることがわかる。

② 昭和22年証券取引法の制定

第２次世界大戦の末期に閉鎖されていた取引所は，終戦後も連合国軍総司令部（GHQ）による許可が与えられなかったため[17]，再開されない状況におかれていた。他方で，財閥解体後の証券民主化の流れの中で，証券取引所の再開による証券流通市場の整備は必要不可欠であった。当時の金融制度調査会第５部会（証券関係部会）でも，すでに昭和20（1945）年12月の時点において，取引所の自主運営と証券取引の民主化のため，特殊法人日本証券取

14) この点については，山田敬太郎・取引所法註解154頁（1923)。
15) 黒沼悦郎〔判批〕商事1557号25頁（2000)。
16) 同時期（明治40（1907）年）に制定された刑法典の業務妨害罪の構成要件を参照したものとみてほぼ間違いないだろう（この点に関しては，西川・前掲注（8）228～229頁)。
17) 昭和20（1945）年９月の時点で，GHQより取引所の再開を禁止する命令が出されていた（日本証券経済研究所編・日本証券史資料戦後編第１巻証券関係帝国議会・国会審議録（1）14頁（1981))。

引所の廃止と会員組織の証券取引所の設置に関する試案が取りまとめられる，という状況にあった[18]。

このような状況の中，取引所における取引再開に向けて取りまとめられ，制定されたのが昭和22（1947）年の証券取引法（以下，これを「昭和22年証券取引法」という）である。当時の日本政府は，取引所法の改正という方向性での対応を早々に断念し，アメリカ型の規制を積極的に導入しようとの考えからこの立法を行った[19]。以上のような考え方の下に制定された昭和22年証券取引法は，発行開示制度の整備，証券業者の免許制，会員制による証券取引所制度，そして証券取引委員会の設置といった内容を包含していた。

もっとも不公正取引規制に関しては，もともと取引所法改正の方向性で議論が進められていたこともあって，従前の取引所法に設けられていた規制内容がほぼそのままの形で昭和22年証券取引法に引き継がれた。その結果，大正３年改正取引所法32条の４に相応する規定が，昭和22年証券取引法86条１号として置かれている[20]。この昭和22年証券取引法86条１号は，その規定の内容において，大正３年改正取引所法32条の４を大きく改めるものではない。

ただし一点，目的にかかる文言に「有価証券の募集若しくは売出のため」という表現が付された点には注意が必要である。大正３年改正取引所法32条の４の保護法益は，取引所の公定相場形成機能保護にあった。もちろん昭和22年証券取引法でもこれは維持されているが，以上の文言が付加されたことにより，以上に加えて有価証券の募集・売出しという発行市場の機能保護が保護法益として明確化されたことになる。それはとりもなおさず，昭和22年証券取引法86条１号の適用が相場変動目的に限定されなくなり，一般的不公

18）日本証券経済研究所編・前掲注（17）13頁。

19）この点の事情に関しては，鈴木竹雄＝河本一郎・証券取引法20～21頁（1968）を参照。

20）昭和22年証券取引法86条１号は，以下のとおりである。

「左の各号の一に該当する者は，これを二年以下の懲役又は二万円以下の罰金に処する。

一　有価証券の募集若しくは売出のため又は有価証券市場における相場の変動を図る目的を以て，虚偽の風説を流布し，偽計を用い又は暴行若しくは脅迫した者」

正取引規制としての性格をより強く帯びることとなったことを意味しよう。

このことと相まって，筆者が昭和22年証券取引法86条１号に関して興味深く思う点は，これが罰則に関する規定の冒頭に掲げられている点である。昭和22年証券取引法は，アメリカ合衆国の連邦証券規制を参照して制定されたにもかかわらず[21]，現行の金商法157条に相応する規定（一般的不公正取引規制）も，159条に関する規定（相場操縦規制）も，設けられなかった。その意味するところは，昭和22年証券取引法の段階において，有価証券の募集・売出しにおける不正行為，あるいは相場変動を恣意的に生じさせる不正行為を取り締まる同法86条１号について，まさに不公正取引に対する基幹的取締規定として位置づけられていた，ということではあるまいか。

③　昭和23年証券取引法の制定

昭和22年３月に公布された証券取引法は，証券取引委員会に関する規定のみ同年７月から施行されたが，その後早々に全面改正されることとなる。その理由としては，当時のGHQの占領政策が日本経済の自立化に向けて強く舵を切られるようになったこと，あるいは連邦証券規制に比して昭和22年証券取引法の不備がみられたことなどが指摘されるものの，いずれにしてもその理由は必ずしも詳らかではない[22]。

ともあれ昭和23（1948）年に全面改正された新たな証券取引法（以下，これを「昭和23年証券取引法」という）は，証券取引委員会の権限強化，発行開示制度の改正，証券業者・証券取引所の免許制度から登録制度への変更，あるいは証券業協会に関する規定の創設等を主たる改正点として立法されることとなった。そして罰則に関しては，証券取引法を徹底的に自治的性格のものに改正する反面，罰則の全般にわたり整備強化するとして，昭和22年証券取引法から改められることとなった[23]。もっとも，国会審議のレベルで確認する限り，この罰則の全般にわたり整備強化した点に関する議論はほとん

21）鈴木＝河本・前掲注（19）20～21頁。
22）この点については，日本証券経済研究所・前掲注（17）13頁。

どなく，わずかに罰則の刑の軽重の基準について質疑がなされたにとどまる。

さて，昭和22年証券取引法86条1号は，昭和23年証券取引法においても基本的に維持され，197条1号に置かれることとなった[24]。規定の文言には「売買その他の取引のため」という表現が付加され，発行市場のみならず流通市場の取引一般がその対象となり，一般的な不公正取引規制としての性格がより強められている。ただ，昭和23年証券取引法の制定に際して，当該条文に関する特段の議論がなされた形跡はないことから，それ以上に当該規定の趣旨に変更を加える特段の意図はなかったように見える。

だが，この点に関しては留保が必要である。それは，とりもなおさず昭和23年証券取引法において，現行金商法157条に相当する条文――米国の連邦証券取引所法10条(b)を母法とする条文――が設けられ（58条），またこれに対応する罰則規定が罰則の章に197条2号として置かれるに至ったからである。さらに，昭和23年証券取引法においては，相場操縦の禁止規定も正面から設けられたから（125条・126条・197条2号），197条1号の規定は当該規定との関係でも緊張関係をはらむこととなった。

（2）　金商法157条

①　1934年連邦証券取引所法10条

現行の金商法157条は，昭和23年の証券取引法全面改正の際に導入された。繰り返すとおり，当該規定の淵源は，同条3号を除き[25]，米国の連邦証券取引所法10条(b)及び規則10b-5にある。そこで以下では，わが国における当該規定の立法過程やその趣旨を確認するに先立ち，同条に関して，簡単に立法

23）以上については，日本証券経済研究所・前掲注（17）195～197頁（原典：第2回通常国会議事録）。

24）昭和23年証券取引法197条1号は，以下のとおりである。

「左の各号の一に該当する者は，これを三年以下の懲役又は十万円以下の罰金に処する。

一　有価証券の募集，売出若しくは売買その他の取引のため又は有価証券の相場の変動を図る目的を以て，風説を流布し，偽計を用い，又は暴行若しくは脅迫した者」

の経緯や趣旨を確認することとしたい。

米国の連邦証券取引所法は，1933年連邦証券法（The Securities Act of 1933）と並び，1929年から始まる大恐慌を契機として，当時の不正行為に対処すべく実現したものである[26]。この点に関しては，わが国でもすでに紹介がなされているが[27]，その中核にあるのは徹底した強制的情報開示（mandatory disclosure）である[28]。そして，証券取引における情報開示の完全性（informational integrity）を確保するための手段として，詐欺防止規定が置かれたわけである[29]。このことからもわかるとおり，米国の連邦証券規制における詐欺防止規定は，適切な情報開示に向けられたものであり，これら情報開示と詐欺防止規定を通じて健全な証券取引市場の創設が目指されていた[30]。

連邦証券取引所法10条(b)は，証券取引所又は取引所外における有価証券売買等に関し，SEC が公益又は投資家保護のために必要又は適切と考えられる規則に反して，相場操縦的（manipulative），または詐欺的手段・計略（deceptive device or contrivance）を行うことを禁じている。その下位規則である規則10b-5では，より具体的に

(a)　欺罔のための手段，計画，または技巧を用いること

(b)　重要な事実に関して虚偽の表示をすること，またはその表示が行われた状況の下において，当該表示が誤導的にならないようにするために必要な重要事実を省略すること

(c)　何人に対しても欺罔となる，もしくはなりうる行為，実務，または業

25）金商法157条３号に相応する規定は，連邦証券取引所法10条(b)にはなく，その淵源が必ずしもはっきりしない。一つの考え方として，証券業者をその名宛人とした同法15条(c)(2)を参考にしているのではないか，という指摘がある（この点については，証券取引法研究会「第３章　証券業者〔13〕」インベストメント16巻３号123頁［福光家慶］（1963））。

26）J.D. Cox, R.W. Hillman, et al., Securities Regulation, Cases and Materials, 9th ed., 5 (2020).

27）たとえば，黒沼悦郎・アメリカ証券取引法〔第２版〕３頁以下（2004）。

28）J.D. Cox, R.W. Hillman, et al., supra note 26, at 7-9.

29）J.D. Cox, R.W. Hillman, et al., supra note 26, at 669.

30）この点については，J.D. Cox, R.W. Hillman, et al., supra note 25, at 669-70のほか，萬澤陽子「『不正行為』を禁ずる一般的規定である金商法157条を考える」証券レビュー48巻12号115～116頁（2008）を参照。

務に従事すること

を禁じている。

以上の連邦証券取引所法の規定は，とりわけ有価証券の売買の買主による詐欺を射程に収めるために設けられたものとされているが[31]，その文言の抽象度が高いことは米国においても同様であった[32]。ただし，有価証券をめぐる詐欺に関する議論の蓄積がすでに存在していた米国では，連邦証券取引所法10条(b)及び規則10b-5の解釈においてもこれを援用することができ，それが抽象度の高い文言であっても盛んに利用されるに至った一つの理由であるとされている[33]。

② 昭和23年証券取引法58条・197条２号

前節で確認したとおり，昭和23年証券取引法の改正内容――とりわけ不公正取引規制に関する改正内容――は，昭和22年証券取引法に比して，圧倒的に連邦証券規制の影響下にあった。昭和22年証券取引法の不公正取引規制の内容は，基本的に戦前の取引所法のそれを引き継いでいたのに対し[34]，昭和23年証券取引法は，連邦証券規制を母法とする一般的な不正行為禁止規定（58条・197条２号），そして相場操縦禁止規定（125条・126条・197条２号）を導入しているからである。

本節での主たる関心は，一般的な不正行為禁止規定である昭和23年証券取引法58条にある。ただ，なぜ昭和23年証券取引法に58条が設けられるに至っ

31）有価証券の売主の詐欺を取り締まるだけであれば，すでに1933年証券法17条(a)項で対応することが可能であったが，買主による詐欺は同条では対応することができず，これと連邦証券取引所法10条を組み合わせて，規則10b-5を設けたとされている。この点については，萬澤・前掲注（30）117頁。

32）その結果，米国においては，同規定に基づいて頻発する訴訟，それによって生じる発行体等への萎縮効果にどのように対応するかが一つの大きな課題となったわけである。これはいわゆる証券訴訟改革（Securities Litigation Reform）の議論につながるのだが，ここではJ.D. Cox, R.W. Hillman, et al., supra note 26, at 736-38を紹介するにとどめたい。

33）有価証券をめぐる詐欺に関する州レベルでの立法（blue sky law）が存在し，これをめぐる解釈論が先行していたことを指す（萬澤・前掲注（30）118～122頁）。

34）具体的には，虚偽相場の公示の禁止に関する規定（昭和22年証券取引法87条９号・10号（旧取引所法32条ノ３）），そして相場の変動を目的とする風説の流布等の禁止（昭和22年証券取引法86条１号（旧取引所法32条ノ４））がそれであり，ほぼそれに尽きていた。

たかについては，同法の制定趣旨がはっきりしないのと同様——投資家保護を求めるGHQの影響という抽象的な説明はできるが——はっきりしない。そうなるとこの規定は，証券民主化が進められる過程において，連邦証券取引法10条(b)の考え方を前提として，投資家に対する十分な保護を与えるために導入された，という程度のことしか言えない。

さらにわかりにくいのは，昭和23年証券取引法において，一般的な不正行為禁止規定である昭和23年証券取引法58条が「第３章　証券業者」の章に設けられたことである[35]。同章に関する国会審議は，もっぱら同法65条の銀証分離規定に集中し，上記不正行為禁止規定に関する議論は見当たらない。

そこでここでは，当時の立法者が当該規制をどのように位置づけようとしていたのか，少し考えてみることとしたい。まず注目したいのは，昭和23年証券取引法において，現行の金商法158条に連なる規制と同法157条に連なる規制とは，規定の置かれ方に明らかに差がある点である。すなわち，現行の金商法158条に連なる197条１号は，端的に罰則規定に置かれた。これに対して現行の金商法157条に連なる58条は，証券業者に対する章にその規定が置かれ，これに加えて罰則規定において，58条違反があった場合に罰則を科すという形で規定が置かれている。これは，単なる規定の置き場所というテクニカルな問題に見えるかもしれない[36]。だが私には，GHQから「降ってきた」であろう一般的な不正行為禁止規定について，当時の立法者の工夫の跡が垣

35）昭和23年証券取引法58条は，次のとおりである。
「何人も，左の各号の一に掲げる行為をしてはならない。
一　有価証券の売買その他の取引について，不正の手段，計画又は技巧をなすこと
二　有価証券の売買その他の取引について，重要な事項について虚偽の表示があり，又は誤解を生ぜしめないために必要な重要な事実の表示が欠けている文書その他の表示を使用して金銭その他の財産を取得すること
三　有価証券の売買その他の取引を誘引する目的を以て，虚偽の相場を利用すること」
そして，同条に違反した場合，197条２号において「第58条……の規定に違反した者」として，罰則が科せられるものとされていた。

36）昭和23年証券取引法58条が証券業者に対する章に置かれたのは，「他に適当な場所がなかったことを理由とするのではないかとも推測される」との評価もあったところである（森本滋「不公正取引の規制」商事1294号13頁（1992））。

間見えるように思われる。

第二次世界大戦前より，証券取引をめぐる不正行為の少なからぬ部分は，仲介業者（仲買人，ないし取引員[37]），又は投資家によって行われてきた[38]。その不正行為が相場の変動を目指すものである限り，大正３年改正取引所法32条の４が規制対象としてきたわけである。そしてこの規定は，昭和22年証券取引法86条１号（及び昭和23年証券取引法197条１号）を経て，有価証券の募集，売出し（もしくは売買その他の取引）のための不正行為をも規制対象とし，一般的な不正行為禁止規制として機能しうる状況となっていた。だが，これに加えて，連邦証券取引所法10条(b)及び規則10b-5に由来する一般的な不正行為禁止規制が導入されるとなると，昭和22年証券取引法86条１号との関係が正面から問題とならざるを得ない。そこで当時の立法者は，立法上の工夫，すなわち米国由来の規制については証券業者の章に置いて，主に仲介業者たる証券業者を対象とした監督的規定として位置づけることとしたのではないか。むろん，昭和23年証券取引法58条の名宛人は，「何人も」であって，特に証券業者に限定されたものではない。しかし，戦前の仲介業者に対する不信感と当局がこれへの対応に腐心してきた歴史を考えた場合，一般的な不正行為禁止規制の実質的な名宛人として証券業者を念頭に置き，これをそのための章においたということは不自然ではない。とりわけ同条３号は，連邦証券取引所法10条(b)に対応する規定が存在しないが，虚偽の相場が存在していることを前提に，有価証券の売買等の誘引目的でこれを利用するというのは，いかにも仲介業者たる証券業者が念頭に置かれているように思われる[39]。

かくして昭和22年証券取引法86条１号も，これに伴って再定義が行われ，投資家による相場変動に向けた一般的な不正行為禁止規定として純粋な罰則

37）大正11年取引所法改正によって，仲買人は取引員と改称された（大正11年改正取引所法17条）。
38）明治末年の状況について，前掲注（10）の文献を参照。
39）ただしこの３号が，業者規制である連邦証券取引所法15条に由来するのではないか，との考え方があることは，すでに前掲注（25）で触れたとおりである。

規定に位置づけられたのではないか（昭和23年証券取引法197条１号）。この再定義も，当該規定が投資家の不正行為を念頭に置いて立法された経緯に鑑みれば，さほど不自然ではない。もとより，この規定も名宛人は「何人も」とされているので，条文上，特に投資家に限定されたものでない。ただ，主たる適用対象として想定している客体が明確にあり，それを念頭に置きつつ規定上の整理を行った，というのが実際ではあるまいか。

（3） 平成４年改正証券取引法における体系的整序

金融制度改革の下で行われた平成４（1992）年の証券取引法改正（以下，この改正法を「平成４年改正証券取引法」という）は，その内容として不公正取引規制に関する体系的整序を行っている[40]。とはいっても，不公正取引規制に関する実質的内容を変ずるものではなく，従来から証券取引法の中に散在していた不公正取引に関する規定を特定の章（第６章「有価証券の取引等に関する規制」）にまとめ，整序した，というのが当時の理解である[41]。

このような体系的整序は，不公正取引に関する各規定の趣旨を明確化するという側面を有している[42]。それと同時に，従前の昭和23年証券取引法58条と同法197条１号との間で図られていた微妙なバランスを大きく変ずる面もあった。すなわち平成４年証券取引法改正によって，昭和23年証券取引法58条は平成４年改正証券取引法157条となり，昭和23年証券取引法197条１号は平成４年改正証券取引法158条として同法157条に並んで置かれることとなった。その結果，筆者の理解によれば，証券業者を主たる適用対象として整理した前者と投資家を主たる適用対象として想定した後者の棲み分けという，一応の整理が取り払われることとなった。そして，まさにこのゆえに，**1**で示した本稿の問題関心――不公正取引に関する一般的規制であるこれら２か

40）この取組自体は，当時大きな問題となっていたインサイダー取引への対応の検討を端緒として，昭和62（1987）年以来設置されていた証券取引審議会不公正取引特別部会における議論を経てなされたものである。

41）森本・前掲注（36）11頁。

42）森本・前掲注（36）13頁。

条の関係性の問題――が生じることとなったわけである。

かくして平成４年改正証券取引法157条は，無条件に一般的な不公正取引規制としての意味づけを与えられることとなった。そして同法158条は，発行市場・流通市場における，又は相場変動目的による，風説の流布，偽計，そして暴行・脅迫を規制対象とする個別的な不公正取引規制として，新たな位置づけを与えられるに至ったわけである。

3　金商法157条及び158条をめぐる従前の議論

（1）　従前の執行例

①　金商法157条

金商法157条については，過去の裁判例が極めて少ない。実際に同条が適用された公刊裁判例としては，古い刑事事件で，無価値に等しい株式に偽装の株価を付けるために権利移転を伴わない売買を行った，という事案があるにとどまる[43]。当該事案において最高裁は，金商法157条１号にいう「『不正の手段』とは，有価証券の取引に限定して，それに関し，社会通念上不正と認められる一切の手段をいう」と判示している。

その後は，不当な取引勧誘・推奨をめぐる民事事件で主に金商法157条２号違反が，あるいは事後の損失補塡をめぐる民事事件等で同条１号違反が主張されたが，裁判所は同条の適用に触れないか，あるいはその適用がないとしたうえで事案の解決を行っている[44]。

金商法157条は，課徴金納付命令の対象ともされていないこともあり，一般に明らかになっている執行例は，ほぼ以上に尽きる。

43）最決昭和40・5・25集刑155号831頁。

44）このタイプの事案として，たとえば大阪地判平成５・10・13判時1510号130頁（断定的判断を伴う株式取引の勧誘），東京地判平成10・2・23金判1051号49頁（投資信託の勧誘），東京地判平成10・5・14判時1650号145頁（損失補塡に関する株主代表訴訟），東京高判平成11・1・27金判1064号21頁（損失補塡に関する株主代表訴訟。東京地判平成10・5・14の控訴審），福岡地判平成11・3・29判タ1026号227頁（過当取引がなされたとの主張）東京地判平成17・7・29判時1909号87頁（株式分割），大阪地判平成19・7・27証券取引被害判例セレクト30号285頁（投資信託の勧誘），東京高判平成27・3・5金法2032号76頁（通貨オプション取引の勧誘）がある。

② 金商法158条

金商法158条については，行為類型として風説の流布，偽計，そして暴行・脅迫がある。この条文は大正３年改正取引所法から存在するものの，同法の時代はもとより[45]，第二次世界大戦後もしばらくはほとんど適用例がない[46]。現実に執行例が見られるようになったのは平成に入って以降のことであり，その適用例の多くは，風説の流布に関する事案である[47]。

もっとも近時，証券取引等監視委員会の法執行が積極的になされた結果，偽計に関する事案がみられるようになった点は特徴的である。具体的には，虚偽の説明により投資家に債券を売り付けた事案[48]，組織再編における虚偽の事実（架空の売上げ・虚偽の業績等）の公表事案[49]，あるいは架空増資の事案[50]などが挙げられる。これらの事案においては，いずれも投資家に対する「虚偽の事実の公表」という要素が含まれている。したがって，文書の使用があれば金商法157条２号によることが可能であったろうし，もちろん同条１号に該当すると理解することもできただろう。しかし証券取引等監視委

45）取引所法時代の判例については，西川・前掲注（８）241頁以下に判例集未登載の事案が１件紹介されている（米穀取引にかかる偽計の事案）。

46）筆者の知る限り，風説の流布に関する事案として，東京地判昭和40・4・5判例集未登載（鶴田六郎「証券取引をめぐる刑事判例の動向」ジュリ920号15頁）があるのみである。

47）前掲注（46）に掲げた事案のほか，公刊裁判例としては，東京地判平成８・３・22判時1566号143頁，東京地判平成14・11・８判時1828号142頁，東京地判平成19・３・16判時2002号31頁，東京高判平成20・７・25判時2030号127頁（東京地判平成19・３・16の控訴審），東京地判平成20・９・17判タ1286号331頁がある。その他の事案として，証券取引等監視委員会「平成29年度証券取引等監視委員会の活動状況」171頁以下に告発の対象となった若干の事案が掲載されている。

48）東京地判平成14・10・10判例集未登載（証券取引等監視委員会・前掲注（47）177頁）。

49）前掲注（47）東京地判平成19・３・16，東京高判平成20・７・25（東京地判平成19・３・16の控訴審）。東京地裁は，偽計の判断について，次のように述べている（下線は筆者が加えたものである）。

「証券市場は公正で自由な市場でなければならず，不公正な行為による人為的な相場が作り出されてはならない。証券取引法において，風説の流布及び偽計が禁止されているのも（証券取引法158条），公正で自由な証券市場を維持して，投資家を保護するためであり，したがって，同条に規定する風説の流布及び偽計における虚偽といえるか否かは，投資家の判断を誤らせ，公正な相場の形成が阻害されるかどうかという観点で判断されなければならない」としている。

50）東京地判平成22・２・18判タ1330号275頁。当該事案においても，東京地裁は「虚偽の事実を公表」した点をもって，偽計に該当するとしている。

員会は，この「虚偽の事実の公表」を同法158条の「偽計」に該当するとして，積極的に法執行したわけである[51]。

（2）従前の学説の議論

① 金商法157条

金商法157条の趣旨については，すでに前節で明らかにしたとおりであるが，不公正取引規制全体の中での位置づけ方，あるいは他の個別的不公正取引規制との関係について，従前の学説の議論を整理するとおおむね次のとおりであろう。

金商法157条に関しては，法定刑の重さに比して構成要件の規定ぶりが非常に抽象的であることから，その活用が難しい。しかし，金融商品をめぐる取引は複雑であって変化も激しく，立法当時予想もしなかった不正行為が現れる可能性もある。そこで同法157条は，不正行為を包括的に禁止する一般的規定として，また新たなタイプの不公正な取引を規制するものとして理解することができる，というのである[52]。

金商法157条については，執行例が極めて限られ，またその機能に過大な期待はかけられないけれども[53]，個別的不公正取引規制で包摂できないタイプの不正行為のためになお意義があるという議論は，それなりに支持を得ているものと思われる。

② 金商法158条

では，このような金商法157条を前提とした場合，金商法158条はどのように位置づけられるべきか。

一つの考え方は，金商法158条について，一般的な不公正取引規制ではなく，個別的な不公正取引規制の類型であるとして，特定の限られた局面で機

51）その他に課徴金納付命令の対象となった近時の事案について，証券取引等監視委員会・前掲注（47）171頁以下参照。
52）近藤＝吉原＝黒沼・前掲注（5）361頁。
53）近藤＝吉原＝黒沼・前掲注（5）361頁。

能させる，というものであろう。おそらく平成４年改正証券取引法において，条文の配置が整理された際の考え方――不公正取引規制の冒頭に157条を置き，その次に158条を配置するという考え方――は，そのようなものであったと理解してよい。

これに対して，金商法157条が執行されない現状，そして158条の現実の執行例――とりわけ偽計による執行例――がみられるようになっている状況を踏まえ，後者を連邦証券規制における規則10b-5と同様の包括的規定としてとらえる議論が現れている[54)]。その趣旨は，まさに金商法157条について説明されてきたことが妥当するとし，あらかじめ個別的な不正行為を列挙することができないため，包括的な禁止規定が必要であって，それが金商法158条の果たし得る機能なのだ，という[55)]。そうなると，金商法157条と158条の役割分担が問題となる。以上の議論は，この点について，「風説の流布」がなく，相対の「偽計」行為も不正の行為を正当なものとして公表する意味での「偽計」も存在しない場合であって，それでもなお社会通念上不公正な行為があれば，金商法157条１号が適用される，としている[56)]。

４　考察

（１）　考え方の方向性

これまでの検討を見る限り，金商法157条と同法158条は，その適用対象となるべき行為について，必ずしも十分な深慮の下に調整を行って立法がされたという関係にはなさそうである。他方，それでもその時々の立法者は，これら規定相互の関係性に思いを致してきたようにも思われる。この点について，ここまで述べてきたことと重なる部分もあるが，以下，改めて段階を追って確認する。

54）武井＝石井・前掲注（４）参照。
55）武井＝石井・前掲注（４）1906号107頁。
56）武井＝石井・前掲注（４）1906号108頁。

① 昭和23年証券取引法

金商法158条の原型である旧取引所法32条の４，そして昭和23年証券取引法197条１号（昭和22年証券取引法86条１号）は，明治末期における具体的な不正行為類型を念頭に置いて，投資家による相場変動に向けた行為を主に規制対象としていた。それは，取引所の公定相場形成機能を保護するために置かれた規制であって，同時期に制定された刑法典の文言と極めて類似しており，業務妨害罪の特別法（未遂犯処罰の規定）とも，あるいは今日の相場操縦罪の原型とも見うるものであった。昭和23年証券取引法は，昭和22年証券取引法を経て，相場変動目的がある場合にとどまらず，有価証券発行市場・流通市場における取引一般に妥当するものとしてこれを受け継いだ。

これに対して金商法157条の原型である昭和23年証券取引法58条は，連邦証券取引所法10条(b)を範としたものであるが，わが国が意識的に導入しようとした規定ではなく（昭和22年証券取引法には存在しない），おそらくはGHQの起案による条文である。連邦証券取引所法10条(b)の趣旨からすれば，それは証券業者，あるいは証券取引の当事者である投資家を問わず適用がなされるものであるべきはずだが，当時の立法者は――少なくとも条文の並びを見る限り――そこに一工夫を加え，昭和23年証券取引法197条１号との正面からの抵触を避けている。つまりこれを証券業者の章に置き，主として証券業者による不正行為を念頭に置いた条文であるかのように装ったわけである[57]。

かくして筆者の理解は，昭和23年証券取引法は――望んでそのような形式になったのではないにせよ――主に証券業者が不正行為を行った場合の不公正取引規制を同法58条に，主に投資家が不正行為を行った場合の不公正取引規制を同法197条１号に置くことによって一定の棲み分けを行った，というものである。このように考えた場合，同法58条と197条１号との関係は，一般的不公正取引規制と個別的不公正取引規制との関係にあるわけではない。

57）考えてみれば，唯一の金商法157条の執行例である前掲注（43）最決40・5・25も，証券会社の外務員が関与している事案である。

これらの規制は，そもそも規制の名宛人が違っているのである。したがって同法58条は，一般的な不公正取引規制の規定の外観を一応纏ってはいるものの，むしろ証券業者に対する業者規制として一般的な行為規制を行った（少なくとも立法者はそのように位置づけた）と理解するのが妥当である[58)]。

ちなみに，昭和62（1987）年のタテホ化学工業事件の際，昭和23年証券取引法58条・197条２号をインサイダー取引に適用できないか否かが議論となった。しかし，同法58条が証券会社に対する業者規制としての性格を有するのであれば，証券会社が行ったのではないインサイダー取引に対して58条を適用して対応するというのは――かりに文言の明確性の問題をひとまず措いたとしても――難しかったかもしれない。

② 平成４年改正証券取引法

不公正取引規制に関する体系的整序を行った平成４年改正証券取引法において，昭和23年証券取引法58条は平成４年改正証券取引法157条となり，昭和23年証券取引法197条１号は平成４年改正証券取引法158条として，同法157条に並列しておかれることとなった。

この改正によって，証券業者に対する規定としての外観をまとっていた昭和23年証券取引法58条（平成４年改正証券取引法157条）は，そのくびきから解き放たれることとなった。規制の名宛人を「何人も」としている点も，まさに文字通りの意味で理解すれば足りることとなったのである。

では，実質的に投資家に対して，一般的な不公正取引規制として機能すべきことを期待されていた昭和23年証券取引法197条１号（平成４年改正証券取引法158条）は，どうなるか。これは，平成４年改正証券取引法157条が投資家に対する執行も念頭を置く一般的不公正取引規制とされたことに伴い，個別的不公正取引規制であるということにならざるを得なくなった。

58）連邦証券取引所法10条が，SECに対する詐欺的行為の規制権限を付与する規定であったことに鑑みても，このような監督官庁による業者規制規定の中に当該規定を盛り込むことはあり得る考え方だったのだろう。ちなみに，連邦において同条に私的な損害賠償責任の請求原因規定としての位置づけが与えられるようになったのは，昭和23年証券取引法制定のわずか前である（Kardon v. National Gypsum Co., 73 F. Supp. 798 (E.D.Pa. 1947)）。

ここに，証券業者を主たる適用対象として整理した昭和23年証券取引法58条と，投資家を主たる適用対象として想定した同法197条１号の棲み分け，という整理は，取り払われることとなったわけである。

（2） 金商法158条の適用範囲

① 金商法157条との関係

平成４年改正証券取引法が不公正取引規制を体系的に整序したことによって，金商法157条及び158条のそれぞれの適用範囲は，一見，明確になった。しかし，事はさほど単純ではない。

金商法158条は，「有価証券取引等のための偽計」という文言に顕著に表れているように，投資家ないし市場に対する一般的な不正行為をその適用範囲に含んでいる。これは，昭和22年証券取引法，そして昭和23年証券取引法において埋め込まれた，まさに一般的不公正取引規制としての遺伝子である。近時の下級審裁判所は，「偽計」を「虚偽の事実の公表」にかかる事案に適用し，その適用範囲を限定しているようにみえる。だが従前の裁判例において，同法158条の偽計がそれ以外の不正行為事案に適用されない，と述べられているわけではない。また「偽計」とは，刑法の偽計業務妨害罪（刑233条）に連なる概念であって，他人の正当な判断や実施を誤らせる一切の術策をいうとされる[59)]。これを手掛かりに解釈した場合，有価証券取引への参加者等の判断を誤らせる詐欺的ないし不公正な策略や手段を含むことになり[60)]，虚偽の事実の公表はその一例であるにしても，それに限られるわけでもない[61)]。

以上の点も踏まえつつ，かつ平成４年証券取引法改正における体系的整序の精神を活かしながら，金商法157条と同法158条の適用関係を考えるにはどうすればよいか。その結論は，金商法157条及び同法158条のいずれもが適用

59）大阪高判昭和29・11・12高刑７巻11号1670頁。

60）「偽計」の解釈に関する本文の表現については，山下＝神田編・前掲注（1）365頁［後藤元］も参考とした。

可能と思われる不公正取引事案については，まず同法158条を適用する，ということである。それは，同法158条が個別的不公正取引規制としての位置にある以上，一般的不公正取引規制――つまり補充的に機能すべき規制――である同法157条に優先すべきだからである。

② 補論・金商法159条との関係

なお，金商法158条を個別的不公正取引規制として考えた場合，その適用範囲を確定するには，相場操縦禁止規制である同法159条との関係を考える必要がある。なぜなら，いずれの条文も相場の変動（相場を固定させることも含む）という要素をメルクマールとした規定であって，その関係でも適用範囲の重複が生じ得るからである。

だが，この点については，同法159条に関する詳細な検討が必要となることから，別途の機会に委ね，本稿での検討は省略することとしたい。

（3） 金商法157条の適用範囲

金商法157条は，一般的な不公正取引規制である。同条の適用範囲を考えた場合，本稿の立場によれば，同法158条の適用範囲を控除した部分として立ち現れることになる。だが，有価証券取引のために行われるのではなく，また相場変動目的もなく，しかし有価証券の売買等に関してなされる不正行為というものが果たしてあり得るのかどうか。これを想像するのは，なかなか難しい。

そもそも金商法157条１号がいう「不正の手段，計画又は技巧」というのは，

61）金商法158条は，風説の流布，偽計，又は暴行・脅迫といった行為類型を禁止する規定であるが，これらの行為が有価証券取引等のために行われる場合，あるいは相場変動目的を有している場合，独自の違法性が発現することになる。すなわち虚偽の風説を流布し，又は偽計あるいは暴行・脅迫（威力）を用い，人の業務を妨害した場合には業務妨害罪が成立するところ（刑233条・234条），本条は，人の業務を妨害していなくても，相場変動目的が認められる場合，風説の流布，偽計，暴行・脅迫行為を行った時点で罪が成立する。

金商法158条違反の罪は，業務妨害罪よりも重い罪であることから（単純な暴行罪や脅迫罪よりも重い），金商法は，そこに重大な保護法益が存在し，その侵害の違法性が高いという理解を取っていることがわかる。

この部分だけを取り出すと解釈が著しく難しい。この母法である米国の連邦証券取引所法10条(b)は，その適用範囲の広がりの大きさに苦慮しつつも，適切な情報開示を阻害する行為，ひいては投資家が自己責任で取引を行い，市場を適切に機能させることを阻害する行為を念頭に置いて法の執行を行っている。結局のところ，一般的規制のように適用範囲が茫漠となりがちな規定は，その規制を含む法律の目的に従って，その範囲に限定を加えていくほかないわけである。

このように考えた場合，同法157条1号はどのように解釈すべきか。わが国の金商法は，投資者保護のため，情報開示をその重要な目的に含みつつも，有価証券の発行及び金融商品の取引等を公正にし，その流通を円滑にすること，あるいは資本市場の機能の十全な発揮による金融商品等の公正な価格形成を図ることも目的として含んでいる（同法1条）。その意味においては，

・情報開示，及びそれに基づき投資者において自己責任を全うすることを妨げる手段，計画又は技巧
・有価証券の発行市場，及び金融商品の流通市場において，その流通の円滑を妨げる手段，計画又は技巧
・金融商品等の公正な価格形成を阻害し，資本市場が機能を十全に果たすことを妨げる手段，計画又は技巧

が金商法の目的を阻害するものであって，同法157条1号により禁じられる行為というべきであろう。

このように同法157条1号を解釈する場合，同法158条以下の個別的不公正取引規制の保護法益をすべて包含する関係にある。しかし，繰り返す通り，一般的規制と個別的規制との関係からすれば，同法158条以下の規定を適用することにより解決できる問題，解決すべき問題はあくまでも当該規定によるべきであり，同法157条1号はそれにより対応できない場合に補充的に機能すべきものである。

従前の学説が説くとおり，金融商品をめぐる取引は複雑であって変化も激しく，立法当時予想もしなかった不正行為が現れる可能性がないとは限らな

い。そうであれば，そのような理念的ないし補充的規定として，同法157条1号を位置づけることはありうるだろう。

（3）金商法157条及び158条をめぐる立法論

さて，金商法158条と同法157条1号を以上のように理解したとしても，これらの規定の適用範囲がほぼ重なり合うという問題が解決するわけではない。これは，同法157条1号の存在意義そのものにかかわるものである。そしてこの問題は，すでに本稿で確認したとおり，これら2か条がいずれも一般的な不公正取引規制としての性格を有しており，これらが過去の立法の経緯によって，いずれも法文中に残されていることによるものである。

むろん，運用としては同法158条を優先的に適用すれば足りる――しかも158条には課徴金という法執行の手段もあるため，非常に執行がしやすい――から，実務的に困ることはないだろう。ただ，かりに今後の立法によってこれらの条文を改めて整序する機会があるとするならば，同法158条の「偽計」は，同法157条1号の「不正の手段，計画又は技巧」に統合すべきであろう。なぜなら，これによって一般的不公正取引規制と解しうる条文が2か条存在しうるというわかりにくさ，あるいは157条1号の存在意義といった問題は除去されるからである。

また，そのような立法がなされる際には，同法157条が現在抱えている問題点を併せて解決すべきである。第一に，課徴金の制度を導入すべきである。同法158条は，課徴金制度があることによってその法執行が容易になっている面があり，これを同法157条と統合する場合には，同条にも課徴金制度を導入することが不可欠である。第二に，同法157条は，同法158条と比較して対象となる取引ないし目的が限定されているため[62]，これをそろえるべきで

62）金商法158条では，「有価証券の募集，売出し若しくは売買その他の取引若しくはデリバティブ等のため，又は有価証券等……の相場の変動を図る目的をもって」という限定が付されているのに対して，金商法157条1号では，「有価証券の売買その他の取引又はデリバティブ取引等について」という限定となっている。

ある。同法157条を一般的規制とする以上は，不正行為でありながら適用の及ばない行為が生じないよう，その適用範囲に一定の包括性が必要だからである。そして第三に，同法157条２号及び３号は個別性の強い規制であることからすると，これは同条１号から切り離して規律すべきである。

以上に基づいて規定案を作成するとするならば，以下の通りであり[63)]，これをもって本稿の締めくくりとしたい。

【一般的不公正取引規制に関する規定案】

（不正行為の禁止）

第157条　何人も，有価証券の募集，売出し若しくは売買その他の取引若しくはデリバティブ取引等について，不正の手段，計画又は技巧をしてはならない。

第158条　何人も，次に掲げる行為をしてはならない。

一　有価証券の募集，売出し若しくは売買その他の取引若しくはデリバティブ取引等について，重要な事項について虚偽の表示があり，又は誤解を生じさせないために必要な重要な事実の表示が欠けている文書その他の表示を使用して金銭その他の財産を取得すること

二　有価証券の募集，売出し若しくは売買その他の取引若しくはデリバティブ取引等を誘引する目的をもって，虚偽の相場を利用すること

三　有価証券の募集，売出し若しくは売買その他の取引若しくはデリバティブ取引等のため，又は有価証券等（有価証券若しくはオプ

63）この規定案については，２点，付言をしておきたい。

第１に，規定案158条１号に有価証券の募集や売出しも含めた結果，開示書類の虚偽記載に関する課徴金規定（金商法172条の２以下）ないし罰則規定（金商法197条１項）との関係性が問題となる。ただ，開示書類の虚偽記載があった場合については，まず以上の課徴金規定ないし罰則規定が優先的に適用され，規定案158条１号は，それ以外の虚偽表示のある文書に適用がなされると考えればよいだろう。

第２に，虚偽の相場の利用を前提とした金商法157条３号については規定案158条２号に取り込んだが，これは金商法168条に寄せて整理するということもありうるだろう。

ション又はデリバティブ取引に係る金融商品（有価証券を除く。）若しくは金融指標をいう。第168条第１項，第173条第第１項及び第197条第２項第１号において同じ）の相場の変動を図る目的をもって，風説を流布し，又は暴行若しくは脅迫をすること

以上

投資信託・投資法人関連法制に関する問題意識について

松　尾　直　彦

Ⅰ　はじめに[1)]

1．投信信託・投資法人法制の見直し

筆者が金融庁総務企画局（当時）において関与した平成18年金融商品取引法制の整備（平成18年法律第65号及び第66号による法制の整備をいう。以下「平成18年金商法制整備」という。）は，投資信託・投資法人関連法制の見直しを含むものであった。当該見直しは，平成12年証券投信法改正法（平成12年法律第97号）附則68条に定めるいわゆる「５年以内見直し条項」[2)]を踏まえたものである。

平成18年金商法制整備も５年以内見直し条項を含んでおり（平成18年法律第65号附則220条），当該条項に基づき平成25年投信法改正法（平成25年法律第45号）が整備された。

平成25年投信法改正法も５年以内見直し条項を含んでいる（同法19条）が，

1）本稿では，証券取引法を「証取法」といい，金融商品取引法を「金商法」といい，証券投資信託及び証券投資法人に関する法律を「証券投信法」といい，投資信託及び投資法人に関する法律を「投信法」といい，投資信託及び投資法人に関する法律施行令を「投信法施行令」といい，投資信託及び投資法人に関する法律施行規則を「投信法施行規則」といい，金融商品取引業等に関する内閣府令を「金商業等府令」という。

2）当該条項は，「政府は，この法律の施行後５年以内に，…の施行状況，社会経済情勢の変化等を勘案し，…制度について検討を加え，必要があると認めるときは，その結果に基づいて所要の措置を講じるものとする。」とするものであった。

まだ見直しは検討されていないようである。

2. 投資信託・投資法人関連法制に関する問題意識

本稿では，投資信託・投資法人に関する問題意識として，限定的ではあるが，以下の論点を取り上げることとする。

① 投資信託受益証券への開示規制の適用の問題（金商法）

投資信託受益証券は開示規制の適用対象外とするべきではないか（業者規制で対応すれば足りるのでないか）。

② 外国投資信託・外国投資法人届出制度の問題（投信法）

私募投信の届出は不要ではないか（業者規制で対応すれば足りるのではないか）。

③ 投資信託協会の自主規制規則の問題（金商法・独禁法）

投資信託協会の自主規制規則はルール・ベースであり，競争政策の観点からの精査が必要ではないか。

Ⅱ 金商法における開示規制と業規制の関係

1. 証取法・金商法の主要規制の考え方

(1) 伝統的な考え方

証取法における投資者保護の内容として，伝統的に，①「事実を知らされないことによって被る損害からの保護」，及び②「不公正な取引によって被る損害からの保護」が挙げられ，このための方策として，「ディスクロージャー制度の充実」及び「不公正取引の防止」という２つの大きな手段が考えられるとされてきた[3)4)]。

3）証券取引審議会特別委員会「『株主構成の変化と資本市場のあり方について』の審議内容取りまとめ（第４回中間報告）」（昭和51年３月18日）

（2）　現代的な考え方

金商法では，目的規定の金融商品取引法の内容について，現代化が図られ，目的を達成するための方策として，①企業内容等の開示制度の整備，②金融商品取引業を行う者に関する事項の定め，及び③金融商品取引所の適切な運営の確保等が挙げられている[5)]。

上記②から，金商法では，従来よりも，業者の不正・不当行為や破綻によって被る損害からの保護を図るための業者規制が重視されているといえる[6)]。このため，金商法の内容について，情報開示制度（ディスクロージャー制度），不公正取引の禁止及び業者規制に大別されると指摘されている[7)]。

また，金商法制では，集団投資スキーム持分に係る規制にみられるように，「仕組み規制」ではなく「業規制」が志向されている[8)]。

開示規制では，規制違反に対するエンフォースメント手段として，①民事上の損害賠償責任制度，②行政規制上の課徴金制度や③重い刑事罰制度が整

4）鈴木武雄＝河本一郎『証券取引法〔新版〕』（有斐閣，1984）13頁～26頁では，「証券取引法の内容概観」として，①「証券取引法の目的物である有価証券における真実性を保障する制度」及び②「有価証券の取引の公正・円滑を保障するための制度」に大別された上で，上記②について，「主体の規制」（証券会社・証券業協会・証券取引所・証券金融会社・金融機関），「証券取引自体の規制」，「その他の投資家保護の制度」及び「行政監督のための技術的諸制度」が挙げられていた。一方，神崎克郎『証券取引法〔新版〕』（青林書院，1987）５頁では，証券取引法の内容について，「情報開示の規制」，「証券取引機関の規制」及び「証券取引の規制」に大別されると説明されていた。

5）三井秀範・池田唯一監修・松尾直彦編著『一問一答　金融商品取引法〔改訂版〕』（商事法務，2008）90頁。

6）上村達男教授は，「証券取引法上，証券会社は資本市場の機能を確保し，資本市場成立のための諸ルールを現実に血を通わせ息を吹き込む，もっとも中核的な責任と役割を負担する高度な専門業者であり，そのためにそうした使命にふさわしい規制の対象となる。…証券会社の責務は多様な証券市場を担っていることから，まずは説明されるべきである。…市場を担うべき必要不可欠な業者規制が飛躍的に強化されなければならない。」と指摘していた（上村達男「証券会社に対する法規制（１）」企業会計54巻12号（2002）81頁）。こうした業者規制の捉え方は，「信頼される証券市場を構築する上で，証券会社が担うべき市場仲介機能等の適切な発揮」のあり方について検討した金融庁「証券会社の市場仲介機能等に関する懇談会　論点整理」(平成18年６月30日）にも示されている。

7）黒沼悦郎『金融商品取引法〔第２版〕』（有斐閣，2020）２頁～４頁。

8）松尾直彦「金融商品取引法制の制定過程における主要論点と今後の課題〔Ⅱ〕」商事法務1824号26頁（2008）。

備されており，業者規制よりも充実しているように見える[9]。しかし，①の民事責任の追求については投資者による訴訟提起の負担があり，②の行政措置については行政が監督権限を有するものではなく，③の刑事責任の追求については高度な立証負担があり，事実上の限界がある。これに対し，業者規制では，行政監督当局により強力かつ実効的なエンフォースメントが行われるのが実態であると思われる。

2．金商法における直接開示規制と行為規制の調整

（1） 概要

金商法において，発行者の投資者への直接的な情報提供機能を担う直接開示規制と金融商品取引業者等の顧客への情報提供義務との役割分担が問題となる。

金融商品取引業者等の顧客への契約締結前交付書面の交付義務（同法37条の3第1項本文）は，間接開示（公衆縦覧型開示）を踏まえたものではないことから，情報開示制度としてではなく，業者の行為規制として位置づけられているが，金融商品・取引に関する重要事項の情報提供義務（説明義務）として，発行開示における直接開示と同様の機能を有する。

このことから，両者の調整が図られており，販売・勧誘時に目論見書交付により契約締結前交付書面と同等の情報提供が確保されている場合には，契約締結前交付書面の交付義務が適用除外されている（同項ただし書，金商業等府令80条1項3号）。当該取扱いは，販売・勧誘の対象となる有価証券（例：投資信託受益証券）が目論見書交付による直接開示の対象とされているために必要となる。

9）黒沼・前掲（注7）67頁では，「契約締結前交付書面の虚偽記載に対する特別の民事責任規定や課徴金制度の適用はなく罰則も軽いので，ディスクロージャー制度と同等の投資者保護の実効性があるとはいえない」と指摘されている。

(2) 開示規制と行為規制の関係

平成18年証取法改正により導入された概念である「第二項有価証券」については，私募・私売出しの範囲が広い（法２条３項３号・４項３号）ことから，開示規制よりも業者の行為規制による直接開示機能が重視されているといえる。

一方，その後に平成20年金商法改正により導入された特定投資家私募制度及び特定投資家私売出し制度の導入に伴って新設された特定証券情報制度及び発行者情報制度では，私募・私売出しなどの場合についても政令指定すればその対象とすることができる（法27条の31第１項。ただし当該政令指定は行われていない。）ことから，むしろ開示規制による直接開示機能が重視されているといえる。外国証券情報制度においても，金融商品取引業者等が外国証券売出しにより有価証券を売り付ける場合の行為規制として定められており（法27条の32の２），同様の趣旨であるといえる。

このように金商法では，投資者への直接開示機能を開示規制と業者の行為規制のいずれにより対応するかについては，必ずしも整合的なものとなっていない。

Ⅲ．投資信託受益証券と開示規制の適用

１．投資信託受益証券への開示規制の適用と沿革

(1) 投資信託受益証券への開示規制の適用の問題

投資信託受益証券は，私法上の有価証券（投信法６条）であり，法的には転々流通の可能性があることから，「第一項有価証券」（金商法２条３項）として位置づけられ，開示規制の適用対象とされている。

このため，投資信託委託会社は，投資信託受益証券の募集・売出しが行われる場合には，有価証券届出書の提出義務，その後の有価証券報告書などの継続開示書類の提出義務及び投資者への目論見書の作成義務を負う。

しかし，販売された投資信託受益証券については，実態としては，事実上の転々流通性に乏しいといえる。それにもかかわらず開示規制の対象となることによって，公衆縦覧型開示に係る相応のコストがかかることになる。

(2) 投資信託受益証券への開示規制の適用の沿革

投資信託・投資法人関連法制の沿革を列挙すると，[別紙] のとおりである。投資信託受益証券への開示規制の適用については，平成10年金融システム改革法の整備により復活されている。その際には，目論見書交付義務の対象化という投資者への直接開示機能が重視されており，開示規制（特に公衆縦覧型開示規制）の適用が必ずしも正面から明示的に検討されたわけではないようである[10)]。

(3) 最近の開示規制の考え方

最近の開示規制の考え方は，「金商法は開示規制に関し，有価証券のうち広く流通する蓋然性が高いと考えられるものと『第一項有価証券』，その蓋然性が低いものを『第二項有価証券』として整理している（金商法第２項第３項)。そして，有価証券の募集又は売出しに該当する場合には，第一項有価証券の発行者には公衆縦覧型の発行開示・継続開示義務を課す一方，第二項有価証券の発行者には原則として当該義務は課さないこととしている（同法第３条第３号)。」と説明されている[11)]。

そして，令和元年金商法改正（令和元年法律第28号）では，投資性ICO

10）大崎貞和委員は，「アメリカのミューチュアルファンドにおいて，通常，目論見書の交付義務があるので，日本の場合，それが全くないのはいかがなものかという議論はたしかあったと思うのです。有価証券報告書を継続開示で出す必要があるということを積極的に言った人は余りいないと思うのですが，ただ，有価証券届出書を出せば，論理的に継続開示も必要になるだろうみたいな格好で，それは必要ですと。専ら目論見書交付義務を入れたいというのがあったのではないかなという憶測がございます。」と発言している（金融商品取引法研究会編・金融商品取引法研究会研究記録第68号「投資信託・投資法人関連法制に関する問題意識について」(令和元年５月17日) 22頁)。

11）小森卓郎・岡田大・井上俊剛監修『逐条解説2019年資金決済法等改正（商事法務，2020）26頁。

(Initial Coin Offering) に関連して，金商法２条２項各号の権利（いわゆる「みなし有価証券」）のうち「電子記録移転権利」について，「流通する蓋然性の高さ」から，「第一項有価証券」として位置づけられている（同条３項柱書)[12]。この点については，「トークン表示権利は，事実上多数の者に流通する可能性があるため，前者（第一項有価証券）と同様に整理することが適当と考えられる。」と説明されており[13]，「事実上」の流通可能性に着目されている。

（４） 投資信託受益証券への開示規制への適用の不要化（立法論）

このように「第一項有価証券」と「第二項有価証券」の区別について，金商法２条１項に掲げる有価証券か同条２項に掲げる有価証券かによるのではなく，「流通する蓋然性」の高低によると整理されていることからすると，立法論として，「事実上」「流通する蓋然性」の低い投資信託受益証券については，「第二項有価証券」として位置づけて，原則として開示規制の適用対象外としてもいいのではないかと考えられる。

この場合，投資者への直接の情報提供機能は，業規制（金融商品取引業者等の顧客への情報提供義務）により対応すれば足りる。公衆縦覧型開示による市場への情報提供は減少することになるが，「発行開示規制を発動するかどうかの決め手は，投資者が情報を必要としているかどうかと発行者のコスト」[14]であり，投資信託受益証券について発行者に多大なコストを負わせてまで公衆縦覧型開示を義務づける必要はないと思われる。

12）小森ほか・前掲（注11）27頁。
13）金融庁「仮想通貨交換業等に関する交換会報告書」（平成30年12月21日）23頁。
14）黒沼・前掲（注７）卓郎ほか監64頁。

Ⅳ．外国投資信託・外国投資法人の届出制度

1．投信法における投資信託・投資法人の届出制度

金融商品取引業者は，投資信託契約を締結しようとするときは，事前に投資信託約款を財務局長等に届け出る義務を負う（投信法４条１項）。また，投資信託委託会社は，運用報告書を財務局長等に届け出る義務を負い（同法14条３項），登録投資法人は，営業報告書とともに資産運用報告などを財務局長等に提出する義務を負う（同法212条，投信法施行規則256条２項）。

これらは，あくまでも行政当局への届出義務であって，「公募」（投信法２条８項）のみならず「私募」（同条９項・10項）の場合にも適用され[15]，開示制度ではないが，行政当局への情報提供という点では，有価証券届出書や有価証券報告書の財務局長等への提出と同様の機能を有する。しかしながら，両者の調整は行われていない[16]。

15）なお，米国投資会社法は，「100名以下に所有されていて公募を行わず，行おうともしていない，あるいは専ら適格購入者により所有され公募を行っていない場合」などは投資会社法の適用外と規定しており，また，欧州UCITS指令は，「公衆に対し積極的に販売することを行わないで資本調達をするファンド」は同指令の適用外と規定しており，別途「UCITS指令に基づく認可を受けたファンド以外の集団投資事業」（ヘッジファンド等）については，「オルタナティブ投資運用者指令（AIFMD）」が2014年に施行されている（杉田浩治『投資信託の制度・実態の国際比較』（公益財団法人日本証券経済研究所，2018）９頁）。

16）なお，杉田・前掲（注15）74頁・77頁では，「発行開示（募集時開示）」について，「監督当局向けと公衆縦覧開示については，監督当局に対し届出書（欧州にあっては認可申請書）を提出する点は共通している。すなわち，日本については金商法に基づく有価証券届出書の提出と，投信法に基づく信託約款の届出，米国にあっては投資会社法に基づく登録届出書の提出および証券法に基づく有価証券公募の届出書の提出（投資会社法，証券法の規定により様式はFORM N1-Aとして一個にまとめられている）である。」とされ，また，「継続開示（運用中開示）」について，「監督当局向けと公衆縦覧開示については，監督当局に対し年次・半期報告書等を提出することは共通している。すなわち，日本については金商法に基づく有価証券報告書と半期報告書の提出，投信法に基づく運用報告書の提出，米国にあっては投資会社法に基づく半期報告書（Form N-SAR），年次の議決権行使記録報告書（Form N-PX），４半期毎の保有証券報告書（Form N-Q）の提出，欧州にあっては投資家向け年次報告書，半期報告書の提出である。」とされている。

2．投信法における外国投資信託・外国投資法人の届出制度

（1） 外国投資信託・外国投資法人の届出制度の概要

外国投資信託受益証券および外国投資証券の「募集の取扱い等」（私募の取扱いや私募も含まれる。投信法26条1項，投信法施行令24条）が行われる場合における発行者の届出義務が定められている（投信法58条，220条）。

「アジア地域ファンド・パスポート（ARFP）」制度（2016年6月発効）[17]に基づく「ARFP ファンド」も届出対象となる[18]。

ただし，金融商品取引所に上場される外国投資信託受益証券及び外国投資証券の募集の取扱い等については，投信法上の財務局長等への事前届出義務が免除されている（同法58条1項かっこ書，220条1項かっこ書，投信法施行令30条1号，128条1号）。当該外国投資信託受益証券については，運用報告書の作成・交付義務が免除されている（投信法59条による同法14条の準用の適用対象外）。また，外国投資証券については，そもそも運用報告書の作成・交付義務が定められていない。このように上場の外国投資信託受益証券及び外国投資証券の募集の取扱い等については，開示制度のみが適用され，調整が図られた結果となっている。

（2） 外国投資信託・外国投資法人の届出制度の趣旨

外国投資信託及び外国投資法人の届出制度は，平成10年金融システム改革法により導入されたものである。その趣旨は，外国投資信託の受益証券又は外国投資証券が国内において流通することとなる場合には，投資者保護を図

17）金融庁「アジア地域ファンド・パスポートの協力覚書の署名について」（平成28年4月28日）。また，金融庁「アジア地域ファンド・パスポートの創設及び実施にかかる協力覚書に基づく，輸出ファンドの登録申請及び輸入ファンドの認証申請の手続等に関する実施要領」（平成29年12月）及び寺田泰「アジア地域ファンド・パスポートについて」ファンド情報232号（2016）（金融庁HP 掲載）参照。

18）「ARFP ガイダンス（Guidance on Host Economy Laws and Regulations relating to the Asia Region Funds Passport）」（金融庁 HP リンク）参照。

る観点から規制当局においてその実態を把握する必要があるため，必要な情報の届出を発行者に求めることになると考えられる[19]。

当該届出書は，公衆に開示されるものではなく，行政監督当局において保管されるにとどまるのが実態であるように思われる。

（3） 外国投資信託・外国投資法人に係る届出義務の適用除外の範囲

外国投資信託・外国投資法人に係る届出義務については，以下の場合が適用除外とされている（投信法58条1項，220条1項，投信法施行令30条，128条，投信法施行規則94条，94条の2，259条，259条の2）[20]。

① 金融商品取引所上場の外国投資信託受益証券・外国投資証券の募集の取扱い等（投信法施行令30条1号，128条1号）[21]

② 第一種金融商品取引業を行う者が行う株価指数連動型ETF（投信法施行令12条2号）（上場投資信託等）に類する外国投資信託受益証券・外国投資証券に係る一定の行為（投信法施行令30条2号，128条2号，投信法施行規則94条，259条）[22][23]

③ 第一種金融商品取引業を行う者が適格機関投資家を相手方とし，又は適格機関投資家のために行う外国金融商品市場における上場外国投資信

19） 金融庁「コメントの概要及びコメントに対する金融庁の考え方」（平成19年7月31日）589頁No. 1。

20） 松尾直彦・松本圭介編著『実務論点　金融商品取引法』（金融財政事情研究会，2008）236頁・237頁。

21） 国内の取引所に上場されている外国投資信託の受益証券及び外国投資証券については，金商法上の開示規制（有価証券届出書の提出義務等）により当局への情報提供がなされ，取引所の上場審査により商品の適正性が確保されると考えられることによる（金融庁・前掲（注19）590頁No. 4）。

22） 株価指数連動型外国ETFについては，国内当局が必要な情報を把握することが比較的容易であり，外国の取引所の上場審査等により商品性について一定の適正性が確保されると考えられることによる（金融庁・前掲（注19）590頁・591頁No. 4）。

23） 上場外国不動産投資信託（REIT）は，投資対象が個別性の強い不動産であること等により国内当局による情報把握が必ずしも容易でないため，国内当局として予めどのような商品が取り扱われているか把握する必要があることから，適用除外とされていない（金融庁・前掲（注19）590頁No. 2・No. 3及び金融庁「提出されたコメントの概要とコメントに対する金融庁の考え方」（平成20年6月26日））。

託受益証券・外国投資証券に係る一定の行為（投信法施行令30条３号，128条３号，投信法施行規則94条の２，259条の２）[24)25)]

外国上場の外国 REIT については，証券会社による適格機関投資家向けの外国金融商品市場における行為のみが適用除外されている（上記③)。

（4） 外国投資信託受益証券に係る運用報告書の作成・交付義務

届出された外国投資信託の受益証券の発行者は，運用報告書の作成義務及び「知れたる受益者」への交付義務を負う（投信法59条，14条１項，投信法施行令31条)。

従前の実務では，単に日本語に翻訳された英語の年次報告書が金融庁に提出されていた（同法59条，14条６項）が，平成25年投信法改正により，運用報告書の要約版の作成・交付義務及び金融庁への届出義務が追加されている（同法59条，14条４項・６項)。

実務上は，通常，証券会社が運用会社の代わりに投資者に対して運用報告書を交付している。交付に係る期限は定められておらず，金融庁は「知れたる受益者」が日本国内に１人でもいる場合には，運用報告書の交付を求めているようであり，発行者にとって実務上の負担となっている。届出の撤回・

24）当該内閣府令事項は，平成20年12月12日に施行されたものであり，外国金融商品市場に上場されている外国投資信託については，その商品性について，外国の取引所の上場審査が行われ，その商品に係る情報が取引所において提供されていることが通常と考えられ，その上で，当該外国投資信託を購入できる者を適格機関投資家に限定するとともに，転売を制限することによって，投資者保護が図られると考えられることから，外国投資信託の届出を適用除外とされている（金融庁「コメントの概要及びコメントに対する金融庁の考え方」（平成20年12月２日）37頁 No. 1)。株価指数連動型であることは求められておらず，上場外国不動産投資信託（REIT）は当該要件を満たす（同頁 No. 2)。

25）外国金融商品市場に上場されていない外国投資信託については，上記の要素が備わっているとは限らず，投資者保護の観点から，監督当局として当該外国投資信託の実態を適切に把握する必要があることから，届出義務を適用除外することは適当ではなく（金融庁・前掲（注24）37頁 No. 1)，また，外国投資信託について金融商品取引業者同士が取引をしたり，適格機関投資家との売買並びに売買の媒介，取次ぎ及び代理が行われる場合には，国内での流通性が高まり，一般投資家へ流通する可能性も高まること等から，投資者保護上，監督当局として適切にその実態を把握する必要があるため，届出義務を適用除外することは適当ではないと考えられると説明されている（金融庁・前掲（注24）37頁・38頁 No. 3)。

取下げ効果を持つ制度は設けられていない。

また，平成25年投信法改正により運用報告書の電子交付が可能となっている（投信法59条，14条２項）が，外国投資信託約款においてその旨を定めなければならないとの手続的制約がある。さらに，電子交付が可能な場合であっても，受益者から請求がある場合には，運用報告書（書面）の交付義務があるとの負担がある（同法59条，14条３項）。

（5）　外国投資信託受益証券に係る変更届出義務

届出がされた外国投資信託の受益証券の発行者は，外国投資信託約款等（外国投資信託の信託約款又はこれに類する書類）を変更しようとする場合，又は，委託者指図投資信託の併合をしようとする場合，事前届出義務を負う（投信法59条，16条，投信法施行令31条）。

（6）　外国投資信託・外国投資法人の届出制度の規制緩和の必要性

外国投資信託・外国投資法人の届出制度は，実態把握の必要性という趣旨については肯認できる面があるものの，実務上の負担への懸念から届出を回避する発行者も見られるのが実情であるようであり，投資者が外国投資信託・外国投資法人にアクセスする機会を制約するものとなっており，その規制緩和が必要であるように思われる。

Ⅴ．投資信託協会の自主規制規則と独禁法

１．一般社団法人投資信託協会の規則制定

（1）　一般社団法人投資信託協会の規則制定権

一般社団法人投資信託協会（以下「投信協会」という。）は，金商法に基づく自主規制機関である「認定金融商品取引業協会」（同法78条２項。以下「認定協会」という。）として，規則制定権を有する（同項７号・９号）。

投信協会は，「正会員及び金融商品仲介業者が行う投資信託及び投資法人に係る金融商品取引業等に係る業務の適正化に必要な規則（理事会決議を含む。）の制定，改正又は廃止その他の業務」を行う（投信協会・業務規程15条1項）。

（2） 投信協会の規則

投信協会の規則には，以下のとおり様々なものがあるが，ルール・ベースで商品性や運用方法などを規制するものが多い。

・投資信託等の運用に関する規則
・MMF 等の運営に関する規則，
・投資信託に関する会計規則
・投資信託財産の評価及び計理等に関する規則
・不動産投資信託及び不動産投資法人に関する規則
・インフラ投資信託及びインフラ投資法人に関する規則
・受益証券等の直接募集等に関する規則
・店頭デリバティブ取引に類する複雑な投資信託に関する規則
・投資信託及び投資法人に係る運用報告書等に関する規則
・交付目論見書の作成に関する規則
・広告等の表示及び景品類の提供に関する規則
・苦情及び紛争の解決のための業務委託等に関する規則
・投資信託及び投資法人に係る報告に関する規則
・投資信託の基準価額の連絡，発表等に関する規則
・正会員の業務運営等に関する規則
・役職員等が自己の計算で行う株式等の取引に係る運営に関する規則

2．自主規制機関と独禁法の適用に係る概要[26)]

金商法に基づく自主規制機関の定める自主規制規則も，独禁法（私的独占の禁止及び公正取引の確保に関する法律）の適用対象である。

「私的独占の禁止及び公正取引の確保に関する法律の適用除外等に関する法律」（以下「独禁法適用除外法」という。）（昭和22年法律138号）２条２号へでは，独禁法８条の事業者団体規制は，証取法の規定に基づいて設立された団体に対しては適用しないとされていた。しかし，独禁法適用除外法は，「私的独占の禁止及び公正取引の確保に関する法律の適用除外制度の整理等に関する法律」（平成11年法律80号）により，廃止された。そして，同法により，「この法律の規定は，私的独占の禁止及び公正取引の確保に関する法律の適用を排除し，又は同法に基づく公正取引委員会の権限を制限するものと解釈してはならない。」とする証取法195条の２の規定も削除された。

したがって，現行では，金融商品取引業協会にも事業者団体として独禁法の諸規定が適用されることから，価格規制を行わないなど，自主規制の策定・運用にあたって競争制限的にならないよう配慮が必要となる。

３．日本証券業協会の独禁法に係る問題意識と実践

（1）　日本証券業協会の独禁法に係る問題意識

日本証券業協会（以下「日証協」という。）は，金商法に基づく自主規制機関である「認可金融商品取引業協会」（金商法２条13項）として，その定める自主規制規則への独禁法の適用について，問題意識を持っている。

まず，日本証券業協会「自主規制規則のあり方に関する検討懇談会　中間論点整理」（平成22年６月29日）20頁において，「日証協の自主規制については，法律（金商法）上明確に位置付けられ，また，自主規制の内容が投資者保護を目的としており，法令上の根拠や所管官庁によるチェック等により自主規制の内容や運用の合理性が担保されていることから，今後，日証協が金商法に基づき，能動的に厳格な自主規制業務を推進した場合において，基本的には，独禁法上の問題は生じないのではないかとの意見も提起されたが，独禁法との関係により金商法等で認められた権能を行使できない場合が生じ

26）松尾直彦『金融商品取引法〔第６版〕』（商事法務，2021）502頁。

るとすれば，自主規制の目的を達成することに制約が生じることになる。したがって，今後，金商法に基づく自主規制と独禁法との関係について，行政当局その他適切な場において，一定の整理が行われることを期待したい。」とされていた。

そして，これを受けた日本証券業協会「自主規制規則のあり方に関する検討懇談会―これまでの対応状況について（最終報告）－」（平成24年６月８日）５頁では，「自主規制と独占禁止法との関係」について，「本件についても独占禁止法等に深く関わる問題であり，…海外における状況を参考とする趣旨から，米国における競争制限法制（反トラスト法と証券法・自主規制との関係など）について，学識経験者に対して学術的な調査・研究を委託した。その結果として，概要以下のとおり，調査研究の報告を受けた」として，村田淑子・京都学園大学法学部教授による「米国の証券業における自主規制と競争法（反トラスト法）との関係」と題する報告書を提示している。

（2）　日本証券業協会の独禁法に係る問題意識の実践例

日本証券業協会の独禁法に係る問題意識の実践例として，以下のCFD規則の導入に至る展開がある。

①　平成21年４月

日本証券業協会「証券CFD取引ワーキング・グループ」の設置

②　平成21年10月16日

日本証券業協会「証券CFD取引ワーキング・グループ中間報告書」の公表

③　平成21年11月13日

金融庁政務三役「金融・資本市場に係る制度整備について」

「（別紙）検討項目

（略）

投資家保護・取引の公正の確保

・デリバティブ取引等に係る公正の確保等」

④　平成21年12月17日

金融庁「金融・資本市場に係る制度整備についての骨子（案）の公表及び同骨子（案）に係る御意見の募集について」

「近年，店頭FX取引と類似する証券CFD取引が個人に広がりを見せており…」

「取引所取引を含むデリバティブ取引一般を不招請勧誘の禁止の対象とすべきかどうかについて，市場関係者や利用者と引き続き意見交換を行い，来年前半を目途に結論を得るよう検討を進める。」

⑤　平成22年１月18日

日本証券業協会「『CFD取引に関する規則』の制定について（案）」のうちの「CFD取引に関する規則（案）の解説」

「レバレッジ規制をはじめとする規制は，商品性を制約する要因の一つとなる。このためレバレッジ規制に関しては，過度な高レバレッジ取引の提供の防止を主眼とし（明らかに合理性を欠くと考えらえる水準を上限とし），その範囲内での自由競争を確保し，各社の経営努力を排除せず，投資家に対する魅力を損なわないような水準にすべきだという意見が出された。」（同７頁・８頁）

「レバレッジ規制には，前述の投資家保護・取扱会社の健全性確保・過当投機防止への効果が期待できる反面，場合によってはそれが実質的な競争制限行為となり投資家の利益を損なう虞もある。このため自主規制団体としては，規制が過度にならずかつ実効性を有するよう，効果と合理性を立証し必要な範囲内であることの確認を行うなど，策定プロセスに時間的な制約が生じることもある。

以上から，適正な水準について前述の４つの考え方で合意されつつも，個人向けレバレッジ商品に対する公的規制の今後の状況等も踏まえたうえで，中間報告書では具体的数値についてはなお議論が必要であるとしていたところ，金融庁より「金融商品取引業等に関する内閣府令等の一部を改正する内閣府令（案）」（2009.10.16）が公表されることとなった。…

これによって本ワーキングにおいて自主規制を検討していた事項が法令に

より規制されることとなった。」（同10頁・11頁）

⑥　平成22年1月21日

金融庁「金融・資本市場に係る制度整備について」

「近年，店頭FX取引と類似する証券CFD取引が個人に広がりを見せており…」

「取引所取引を含むデリバティブ取引一般を不招請勧誘の禁止の対象とすべきかどうかについて，市場関係者や利用者と引き続き意見交換を行い，本年前半を目途に結論を得るよう検討を進める。」

⑦　平成22年3月16日

日本証券業協会「証券CFD取引ワーキング・グループ最終報告書」及び同「『CFD取引に関する規則』の制定及び『協会員の従業員に関する規則』等の一部改正について」

⑧　平成22年10月22日

金融庁・個人向け店頭デリバティブ取引全般の不招請勧誘規制等対象化に係る政令案・内閣府令案の公表

⑨　平成22年12月21日

金融庁・個人向け店頭デリバティブ取引全般の不招請勧誘規制等対象化に係る政令・内閣府令の公表（平成23年4月施行）

4．競争政策の観点からの事例（SGX上場の日経225先物取引を組み込む投資信託における基準価額の評価時点）

（1）　趣旨

日本の投資信託業界では，現状，投資信託にシンガポール取引所（「SGX」という。）に上場されている日経225先物取引（SGX Nikkei 225 Index Futures。以下「SGX日経225」という。）を組み込んでいないようである。その理由として，仮に投資信託においてSGX日経225が取引された場合，日本の投資信託業界において当該取引は日本の翌営業日扱いとなり，当該投資信託の当該営業日における基準価額の評価に当たって，当営業日における

SGX 日経225の価格が用いられないことになってしまうとの実務的考え方があることによるようである。

しかし，一般社団法人投資信託協会（以下「投資信託協会」という。）の規則では，投資信託において SGX 日経225が取引された場合においても，SGX が当営業日の15：30（日本時間。シンガポール（SG）時間14：30）に発表する SGX 日経225の「清算値段」を利用することについて，妨げられていないものと考えられる（以下「筆者見解」という。）。

本件は，直接的に独禁法の適用の問題となるものではないが，日本において大阪取引所の日経225先物取引と SGX 日経225先物取引の公正な競争が確保されているかどうかの問題である。

（2） 筆者見解

① 投資信託の基準価額の連絡・発表

投資信託協会「投資信託の基準価額の連絡，発表等に関する規則」（以下「投信基準価額規則」という。）では，投資信託協会が投資信託受益証券の基準価額を発表するとされ（投信基準価額規則２条），投資信託委託会社が基準価額を投資信託協会に連絡するとされている（投信基準価額規則３条１項）。

そして，基準価額の連絡時間については，投信基準価額規則３条１項に基づく「投資信託の基準価額の連絡，発表等に関する規則に関する細則」２条において，「規則第３条第１項に規定する細則で定める基準価額の連絡時間は，当日の午後８時とする。」と定められている。

② 投資信託の基準価額の評価

投資信託の基準価額については，「本会に連絡する価額は，投資信託の評価及び計理等に関する規則第52条に基づき算出される基準価額とし，その他の価額は採用しないものとする。」と定められている（投信基準価額規則３条２項）。

投資信託協会「投資信託の評価及び計理等に関する規則」（以下「投信評価規則」という。）52条（基準価額の算定方法）１項では投資信託の基準価額は「計算日」におけるものと定められ，同条３項では「第１項に規定する基準価額の計算に当たり，当該投資信託の組入資産の評価額の計算については，第２編の規定を適用する。」と定められている。

そして，投信評価規則第２編（組入資産の評価）の28条（市場デリバティブ取引の評価等）１項では，「取引所に上場されている市場デリバティブ取引…は，当該取引所が発表する計算日の清算値段又は帳入値段（以下「清算値段等」という。）で評価するものとする。」と定められている[27]。「清算値段」とは，先物取引やオプション取引の値洗いや証拠金の計算などに使われる価格であり，先物取引の清算値段は終値（最終気配値段を含む。）が使用されると解説されている[28]。また，「帳入値段」とは，商品先物取引における値洗いや証拠金計算に使用する値段であると思われる[29]。

また，投信評価規則28条２項では，「海外取引所に上場されている外国市場デリバティブ取引…は，当該海外取引所が発表する計算日に知り得る直近の日の清算値段等又は最終相場で評価するものとする。」と定められている。なお，外国株式の評価については，「外国株式であって本邦以外の外国金融商品市場…に上場されている株式は，原則として海外取引所における計算時に知りうる直近の最終相場で評価するものとする。」と定められている（投

27）大阪取引所（以下「大証」という。）に上場されている日経225先物取引（以下「JPX 日経225」という。）については，大証の発表する「清算値段」が用いられるものと思われる。大証の清算・決済規程６条では，指数先物取引の「清算数値」は，日本証券クリアリング機構（以下「クリアリング機構」という。）が「指数先物取引の清算数値として定める数値」とされている。クリアリング機構の業務方法書73条の21（清算数値）では，「当社は，取引日（指定市場開設者が指定先物取引について定める取引日をいう。…）ごとに，指数先物取引の各限月取引等について，当社が定めるところにより，清算数値を定める。」と定められており，クリアリング機構「先物・オプション取引に係る清算値段等の決定方法等」では，日経225先物取引の各限月取引に係る清算値段について，「午後３時から日中立合終了時までの間において立会による取引が成立…した場合」については，「立会による当該限月取引の最終約定値段…」とされている。JPX 日経225先物取引の日中立会の取引時間は現状では15：15までであるから，15：15の清算数値で評価されているものと思われる。

28）野村證券 HP における証券用語解説集。

29）日本取引所グループ（JPX）HP における用語集。

30）国内取引所の上場株式の評価については，「原則として当該取引所における計算日の最終相場で評価するものとする。」と定められている（投信評価規則６条１項）。

信評価規則15条1項)[30)]。

以上の他は，投信評価規則，「投資信託の評価及び計理等に関する規則に関する細則」及び「投資信託の評価及び計理等に関する委員会決議」には，投資信託の組入資産の評価額の計算時点に係る定めは見当たらない。

③ 検討

SGX 日経225については，SGX が発表する「計算日に知り得る直近の日の清算値段」で評価が可能である（投信評価規則28条2項）。

SGX 日経225の日中立会は日本時間15：30（SG 時間14：30）までであり，SGX が日本時間15：30（SG 時間14：30）に発表する SGX 日経225に係る「清算値段」は，「計算日に知り得る直近の日の清算値段」に該当するものと思われる。

したがって，投資信託協会の規則では，SGX が当営業日15：30（日本時間。SG 時間14：30）に発表する SGX 日経225の「清算値段」を利用することについて，妨げられていないものと思われる（筆者見解）。

投信信託協会は会員の要望があれば検討するとのスタンスのようである。しかし，投資信託協会は，金商法に基づく自主規制機関である認定金融商品取引業協会として，公益に資する役割があるのであるから，そうした内向き思考ではなく，市場における競争促進の観点から望ましい場合には，自ら積極的に取り組むことが期待される。

Ⅵ．むすび

本稿は，投資信託・投資法人関連法制に関する筆者の部分的な問題意識を記したものにとどまるが，今後，平成25年投信法改正法の５年以内見直し条項を踏まえて投資信託・投資法人関連法制の見直しが検討される際に（ただし令和５年３月時点において未だ検討されていないようである。），考慮されることが望まれる。

（以上）

(別紙) 投資信託・投資法人関連法制の沿革

(1)　昭和23年証券取引法制定（昭和23年法律第25号）

・「有価証券」としての「投資信託の受益証券」（同法２条１項７号）[31)]

・開示規制（同法第２章）の適用対象（同法３条参照）。

(2)　昭和26年証券投資信託法制定（昭和26年法律第198号）（議員立法）[32)]

(3)　昭和28年証券取引法改正（昭和28年法律第142号）

・「有価証券」としての「証券投資信託の受益証券」（同法２条１項７号）[33)]

・証券投資信託の受益証券に係る開示規制（同法第２章）の適用除外（同法３条参照）[34)][35)]。

・外国証券投資信託の受益証券（同法２条１項８号）は開示規制の適用対象（同法３条参照）

(4)　昭和28年証券投資信託法改正（昭和28年法律第141号）

・委託会社の登録制から免許制への移行（同法６条）

（昭和34年～36年における証券会社と委託会社の分離[36)]）

31）昭和16年11月に，信託契約を基礎にした我が国最初の投資信託が野村証券によって募集を開始されたところ，これは，野村証券を委託者とし，野村信託を受託者としたもので，イギリスのユニット・トラストに範をとったものである（神崎・前掲（注４）100頁）。

32）神崎克郎＝志谷匡史＝川口恭弘『金融商品取引法』（青林書院，2012）50頁～54頁参照。

33）証取法２条１項７号は，「投資信託の受益証券」から「証券投資信託の受益証券」に改正された。

34）「貸付信託の受益証券」（証取法２条１項７号）も開示規制の適用除外とされた。

35）鈴木＝河本・前掲（注４）104頁では，開示規制の適用免除証券について，「金融債券・出資証券・貸付信託の受益証券などの有価証券は，特別の法律によってその発行につき監督官庁への届出またはその認可を要求されるなど，別途その監督をすることとしているため，とくに開示をさせる必要はないという考え方に基づく。」と説明されていた。また，神崎・前掲（注４）167頁・168頁では，「証券投資信託の受益証券については，証券投資信託法によって，委託会社が大蔵省令で定める事項を記載した説明書を作成して，受益証券を取得しようとする者の利用に供しなければならないこととされているので（投信法20条の２第１項），その募集のための特別の情報開示は，必要とされている。…大蔵大臣は，証券投資信託の受益証券の募集または販売を取扱う証券会社に対しては，その業務方法書に，『国内の証券投資信託受益証券を顧客に取得させる場合には証券投資信託法に規定する説明書を当該顧客にあらかじめまたは同時に交付する』ことを記載させている。」と説明されていた。

36）神崎・前掲（注４）105頁参照。

・委託会社の役員の兼職制限

(5)　昭和42年証券投資信託法改正（昭和42年法律第116号）[37]

・ファミリーファンド方式による親ファンドの証券投資信託みなし規定の新設（同法２条の２）

・委託会社の行為準則の強化（同法17条）

・委託会社による議決権等の指図行使規定の新設（同法17条の２）

・営業年度制度及び営業報告書制度の創設（同法18条の２，18条の３）

・委託会社による説明書制度の創設（同法20条の２）
（「証券投資信託の受益証券の目論見書について」（大蔵省理財局昭和28年８月通達）の廃止）

・証券投資信託協会制度の創設（同法24条の２～28条の２）

(6)　平成４年金融制度改革法による法整備（平成４年法律第87号）

・みなし有価証券制度（証取法２条２項各号）の整備

・みなし有価証券も開示規制の適用対象[38]

・資産金融型証券（「特定有価証券」）の特性に即したディスクロージャー制度の整備[39]

(7)　投資信託研究会「今回の投資信託の在り方について－投資者の立場に

37）佐々木功『証券投資信託法』（第一法規，1977）参照。

38）証券取引審議会基本問題研究会ディスクロージャー小委員会報告「ディスクロージャー制度の見直しについて」（平成３年４月26日）では，「新たな有価証券概念の採用に伴うディスクロージャーの整備」について，①「適用除外についての考え方」として，「今後，証券化関連商品を含めた新たな有価証券のディスクロージャーについては，ディスクロージャー制度が，証券の安全性等について判断しうるよう適正な情報を開示するという趣旨から行われていることを考慮し，その適用除外の対象とするのは，証券取引法のディスクロージャー規制と同様又は類似の規制が別途行われ，実質的に同等の投資者保護が図られているような場合，あるいは投資者保護上問題がないと考えられるような場合とすることが適当であると考えられる。」とされ，また，②「証券化関連商品に係るディスクロージャーの整備」に係る「基本的考え方」として，「ディスクロージャー制度を証券化関連商品にどのように適用していくかが問題となるが，この点について，第一部会報告は，制度の考え方，方法，内容等については，共通の原則で律することが可能であるとの考え方を示している。このような考え方を踏まえ，証券化関連商品に係るディスクロージャーの整備については，資産金融型証券の特性等に留意しつつ，基本的には，現行のディスクロージャー制度の枠組みを可能な限り活用する方向で検討していくことが適当であると考えられる。」とされていた。

立った改善の方向」[40]

・投資信託の商品性の多様化・明確化

・投資信託の運用の安定性の確保

・投資信託の投資対象と余資運用

・投資信託の情報公開

・委託会社の独立性

・外国投資信託に関する諸問題

・新規参入問題

(8)　投資信託研究会「投資信託の改革に向けて－期待される機能，役割の発揮のために－」[41]

・信託約款の個別承認

・ディスクロージャーの充実

・公正取引ルールの整備

・資産運用・収益分配等についての規制緩和

・投資信託の設定・運用及び販売のあり方の見直し

・パフォーマンス評価の確立

・会社型投信信託

・私募投資信託

・外国投資信託

・投資信託委託業務と投資一任業務の併営等

39）荒巻健二「証券取引法におけるディスクロージャー制度の改正」商事法務1295号25頁（1992）。従前の「外国投資信託証券の発行者の内容等の開示に関する省令」が全面改正されて「特定有価証券の内容等の開示に関する省令」が公布され，また，外国投資信託証券の開示についても見直しが行われ，主に会社型の外国投信を念頭に規定されていた開示様式について，契約型の外国投信にも対応できるよう用語等の整備などが行われた（清水一夫「ディスクロージャー制度の改正に関する解説〔３〕」商事法務1327号22頁・23頁）。

40）村上和也「今後の投資信託のあり方―投資信託研究会における検討結果の概要―」商事法務1187号34頁（1989）参照。

41）榊原隆「投資信託の改善方策について―投資信託研究会報告書『投資信託の改革に向けて－期待される機能，役割の発揮のために―』の概要」商事法務1362号21頁（1994）及び同「投資信託改革の具体的方策の概要」商事法務1379号４頁（1995）参照。

(9)　平成10年金融システム改革法による法整備（平成10年法律第107号）[42]

・「証券投資信託及び証券投資法人に関する法律」への題名変更

・会社型投資信託（証券投資法人）制度の導入

・私募投信制度の導入（届出制）

・外国投信制度の導入（届出制）

・開示規制の適用対象化[43][44][45][46]

・証券投資信託の信託約款の事前承認制から事前届出制への移行

・証券投資信託委託業の免許制から認可制への移行

・証券投資信託委託業者の兼業規制の緩和

・信託財産の運用指図権限の外部委託制度の導入

・銀行等の投資信託の窓口販売の導入

(10)　平成12年証券投信法改正（平成12年法律第97号）[47]

42）茶谷栄治「金融システム改革のための関係法律の整備等に関する法律の解説」商事法務1503号18頁（1998）及び森田章「資産運用手段の多様化」ジュリスト1145号５頁（1998）参照。

43）「証券投資信託又は外国証券投資信託の受益証券」（証取法２条１項７号）及び「投資証券又は外国投資証券」（同項７号の２）は開示規制対象とされた一方,「貸付信託の受益証券」（同項７号の３）に係る開示規制の適用除外は維持された（同法３条)。

44）神崎克郎神戸大学教授監修・日興証券法務部編「ディスクロージャー関係の改正（その３）」商事法務1532号30頁（1999）では,「証券投資信託受益証券に対する証取法開示規制の適用」とされている。

45）証券取引審議会「証券市場の総合的改革～豊かで多様な21世紀の実現のために～」（平成９年６月13日）では，当該事項は直接的には取り上げられていない。一方，証券取引審議会総合部会投資対象ワーキング・パーティー報告書「魅力ある投資対象」３頁では,「私募投資信託を証券投資信託法に明示的に位置付け，制度化することが適当と考えられる。但し，私募投資信託の性格に着目すれば，運用規制やディスクロージャー等の面においては，現行法に基づく各種ルールをそのまま適用することまで求める必要性は必ずしもない。…現行投資信託制度や関連諸法制との関係を踏まえ，私募投資信託固有に適用されるべきルールの整備を行う必要があるものと考える。」とされている。

46）小野傑・神田秀樹ほか「座談会　金融システム改革をめぐる法的諸問題」金融法務事情1522号46頁（1998）において，神田教授は,「この新しい証券投資信託法では，…いわゆる私募投資信託というのを認める…ディスクロージャーについては証取法へいきますので，証取法のほうの私募の規定でティスクローズはしなくてもよろしいと。このように整理した。いわゆる私募投資信託の導入です。このようにディスクロージャーは全部証取法のほうへ行くという，これもかなり画期的な（実は昔はそうだったのですが）話です。」と指摘している。

47）森田章「投資信託及び投資法人に関する法律」江頭憲治郎・岩原紳作編『あたらしい金融システムと法』（ジュリスト増刊）８頁（2000）参照。

・「投資信託及び投資法人に関する法律」への題名変更
・「特定資産」制度の導入
・不動産投資信託（REIT）の許容
・「委託者非指図型投資信託」制度の創設
・投資信託委託業者の善管注意義務規定及び行為準則の整備
・投資法人債制度の創設

⑾　平成18年金融商品取引法制の整備[48)]

・業者規制の金商法への移行と投信法の「仕組み」規制法化
・「証券投資信託」の定義の見直し（第一項有価証券への対象限定化）
・短期投資法人債制度の創設
・外国投資信託・外国投資法人の届出の適用除外制度の整備
・有価証券の「流動性」に着目した開示制度の整備
・みなし有価証券（金商法２条２項各号）の開示規制適用除外の原則（同法３条３号）[49)50)]
・「有価証券投資事業権利等」の開示規制の適用対象化（同号）[51)52)]
・事業型ファンドに係る販売規制（契約締結前交付書面の当局提出）による対応（同法37条の３第３項）[53)54)]

48）三井・池田監修・松尾編著・前掲（注５）440頁～452頁参照。

49）金融審議会金融分科会第一部会報告「投資サービス法（仮称）に向けて」（平成17年12月22日）25頁では，「流動性に乏しい有価証券」について，「譲渡性が制限されていることなどにより流通の可能性に乏しい投資商品のうち，例えば，その所有者が一定の範囲に留まり，当該所有者が特定できるようなものについては，有価証券報告書などの開示書類を公衆縦覧に供する必要性に乏しく，その情報をむしろ直接提供する方が開示の徹底が図られると考えられることから，このような考え方に沿って開示制度を整備することが適当と考えられる。」とされていた。この点について，谷口義幸・野村昭文「企業内容等開示制度の整備」商事商務1773号40頁（2006）では，「有価証券とみなされる金商法２条２項各号に掲げる権利（以下「集団投資スキーム権利等」という）は，有価証券の券面が発行されないこと等から，一般的に流動性に乏しく，その情報を公衆縦覧により広く開示する必要性は低いものと考えられる。このため，集団投資スキーム権利等については，原則として，開示規制（金商法２章）を適用しないこととした（金商法３条３号）」と説明されている。

50）これに対し，黒沼・前掲（注７）66頁では，「流通性に乏しければその分リスクが大きいから，情報に基づいた投資判断をみなし有価証券の取得者に行わせる必要性が増すのであり，流通性に乏しいことはディスクロージャーを免除する理由にはならない」と指摘されている。

⑿　平成25年改正（平成25年法律第45号）[55)]

・受益者書面決議制度の見直し

・交付運用報告書制度の導入

・有価証券届出書制度の特例としての「募集事項等記載書面」制度の導入

・MRF に係る損失補塡禁止の適用除外化

・自己投資口取得の許容

・新投資口予約権制度の導入

51）谷口＝野村・前掲（注49）43頁では，「ファンドの持分に係る開示制度」について，「主として有価証券に対する投資を事業とする集団投資スキーム権利等についての情報は，その集団投資スキーム等への直接の出資者はもとより，証券市場における他の投資者の投資判断にとっても重要な情報であることから，その投資運用の状況等の情報について定期的に開示させる必要性が高いと考えられる。このため，主として有価証券に対する投資を事業…とする集団投資スキーム権利等については，開示規制の対象とすることとした（金商法３条３号）。」と説明されている。

52）これに対し，黒沼・前掲（注７）66頁では，「有価証券投資事業権利を適用除外としなかったのは，いわゆる投資ファンドに関する情報が当該ファンドの出資者はもとより，証券市場における他の投資者の投資判断にとっても重要な情報だからであると説明されている…。しかし，ファンドに関する情報が出資者にとって重要なのは事業ファンドでも変わりがないし，ディスクロージャー制度は，投資ファンドの投資対象となる上場株式の発行者や当該上場株式へ投資する者の利益を図るための制度ではないはずである」と指摘されている。

53）神田秀樹ほか「座談会　新しい投資サービス法制―金融商品取引法の成立―」商事法務1774号16頁（2006）〔松尾直彦発言〕では，「事業型ファンドについても，販売勧誘ルールである契約締結前の書面交付義務を通じて，投資者に直接情報が提供されるとともに，当局としても特に規模が大きいものは把握する必要があるのではないかということから，37条の３第３項において，一定のものについてはあらかじめ金融商品取引契約にかかる契約締結前の書面の内容を内閣総理大臣に届け出なければならないことで義務を課しており，公衆縦覧には課されないのですけれども，当局は一定規模以上のものは把握できるようにしておくということにしています。」と説明されている。また，松尾・前掲（注８）「金融商品取引法制の制定過程における主要論点と今後の課題〔Ⅱ〕」商事法務1824号25頁・26頁（2008）では，「公衆縦覧型情報開示（いわゆる間接開示）規制の目的が，『資本市場の機能の十全な発揮による金融商品等の公正な価格形成等を図』るため，直接的には有価証券に係る市場に対する情報提供であると考えるならば…，有価証券に係る市場（およびそれを通じた幅広い投資者）に対して情報提供する必要性が低い場合には，公衆縦覧型情報開示ではなく，投資者に対する直接の情報提供（いわゆる直接開示）によって投資者保護を図ることとすることに十分な合理性があるものと考えられる」と説明されている。

54）これに対し，黒沼・前掲（注７）では，「ディスクロージャー制度と同等の投資者保護の実効性があるとはいえない」と指摘されつつ（同67頁），「集団投資スキーム持分に係る契約締結前交付書面の記載内容は，…投資者に対する提供情報としては十分なものとなっている」（同67頁）と指摘されている。

55）有賀正宏・大谷潤ほか「投資法人の資金調達・資本政策手段の多様化等」商事法務2013号30頁（2013）及び宮本孝男ほか「投資信託・投資法人法制の見直し」商事法務2045号88頁（2014）参照。

・REIT のインサイダー取引規制の対象化

『政策保有株式』に関する規制の再構築の方向性

加　藤　貴　仁

1．はじめに

2018年6月1日,「『責任ある機関投資家の諸原則』〈日本版スチュワードシップ・コード〉～投資と対話を通じて企業の持続的成長を促すために～」(以下,「Sコード」という。) の改訂が2017年5月29日に行われたことに続き,「コーポレートガバナンス・コード～会社の持続的な成長と中長期的な企業価値の向上のために～」(以下,「CGコード」という。また, CGコードとSコードを合わせて「ダブルコード」という。) が改訂された。また, CGコードの改訂と同じ日に, 金融庁によって「投資家と企業の対話ガイドライン」(以下,「対話ガイドライン」という。) が公表された[1]。対話ガイドラインは, スチュワードシップ・コード及びコーポレートガバナンス・コードのフォローアップ会議 (以下,「フォローアップ会議」という。) の提言に基づき, 金融庁が公表したものである。その内容は, Sコード及びCGコードの実効的な「コンプライ・オア・エクスプレイン」を促すため, 機関投資家と企業の対話において重点的に議論することが期待される事項を取りまとめたもの, と説明されている[2]。

2018年に行われたCGコードの改訂の対象となった事項には様々な事項が含まれるが, 本稿では政策保有株式に関する事項に注目する[3]。「政策保有

1）本稿は2019年3月15日に開催された日本証券経済研究所・金融商品取引法研究会における筆者の報告に基づく。その後, 2020年3月24日にSコードの再改訂が, 2021年6月11日にCGコードの再改訂と対話ガイドラインの改訂が行われた。なお、諸般の事情により、本稿は2021年10月時点の状況を前提としたものにとどまっている。

株式」という用語は企業内容等の開示に関する内閣府令（以下，「企業内容等開示府令」という。）等の法令で用いられているわけではなく，2015年策定時のCGコードでは「いわゆる政策保有株式」と表記されていた[4]。CGコードの2018年改訂と対話ガイドラインの策定に関する金融庁の担当者の説明では，「政策保有株式」の意味するところは以下のように説明されている。

「『政策保有株式』には，一般的には，企業が純投資以外の目的で保有している株式のほか，対話ガイドラインの脚注で明示されているように，企業内容等の開示に関する内閣府令における『みなし保有株式』などの，企業が直接保有していないが，企業の実質的な政策保有株式となっているものも含まれる。また，企業同士が互いの株式を相互に持ち合う，いわゆる株式の持合いのケースに限定されておらず，一方の企業が他方の企業の株式を一方的に保有するのものケースも含まれる[5]。」

我が国の株式保有構造の特徴として，上場会社Ａが業務提携等を目的として他の上場会社Ｂの株式を保有することが広く行われてきたことを挙げることができる[6]。CGコードや対話ガイドラインでは，Ａ社によるＢ社株式の保有は投資収益の獲得を目的とするものではないから，Ａ社が保有するＢ社株式は政策保有株式となり，Ｂ社にとってＡ社は政策保有株主となる[7]。

2）スチュワードシップ・コード及びコーポレートガバナンス・コードのフォローアップ会議「コーポレートガバナンス・コードの改訂と投資家と企業の対話ガイドラインの策定について」（2018年３月26日）（以下，「フォローアップ会議提言」という。），田原泰雅＝渡邉浩司＝染谷浩史＝安井桂大「コーポレートガバナンス・コードの改訂と『投資家と企業の対話ガイドライン』の解説」商事法務2171号（2018年）４頁。

3）CGコード（2018年改訂版）【原則１－４．政策保有株式】・補充原則１－４①・補充原則１－４②，対話ガイドライン（2018年策定時）４－１．～４－４。

4）CGコード（2015年策定時）【原則１－４．政策保有株式】。

5）田原ほか・前掲注（２）20頁注（６）。「みなし保有株式」とは，「純投資目的以外の目的で提出会社が信託契約その他の契約又は法律上の規定に基づき株主として議決権を行使する権限又は議決権の行使を指図する権限…を有する株式（提出会社が信託財産として保有する株式及び非上場株式を除く。…）」のことをいう。企業内容等開示府令（2021年２月最終改正）第２号様式記載上の注意（58）d。信託契約に基づくみなし保有株式の典型例は，いわゆる持合解消信託（株式流動化信託と呼ばれることもある）である。白井正和「持合解消信託をめぐる会社法上の問題」法学76巻５号（2012年）４-５頁。

6）宮島英昭「日本企業の株式保有構造――歴史的進化と国際的特徴」商事法務2007号（2013年）17頁。

そして，A社がB社の株式を保有するだけではなく，B社もA社の株式を保有する場合，A社とB社は株式の持合いを行っているということになる。

「政策保有株式」という用語が使用されているわけではないが，2010年3月に行われた企業内容等開示府令の改正により，「保有目的が純投資目的以外の目的である投資株式」に関する事項が有価証券報告書の記載事項とされた[8]。2015年策定時のCGコードは「いわゆる政策保有株式」に関する規定を設けることにより，政策保有株式は上場会社と機関投資家の対話の対象とされるべき事項であると位置づけた[9]。前述した2018年のCGコードの改訂及び対話ガイドラインの制定は，フォローアップ会議によって，政策保有株式に関する問題が，対話によって十分に解決されていないと判断されたことに基づくように思われる[10]。また，2018年のCGコードの改訂及び対話ガイドラインの策定と平仄を合わせて，金融審議会ディスクロージャーワーキング・グループ（以下，「ディスクロージャーWG」という。）は，2018年6月28日，有価証券報告書において上場会社が開示しなければならない政策保有株式に関する情報を拡充することを提案した[11]。2018年の改訂の前後を通じて，CGコードは政策保有株式に関する一定の情報の開示を上場会社に求めている。このような情報に基づき，上場会社と機関投資家の対話が行われることが想定されている。ディスクロージャーWGの提案は，金融商品取引法の開示規制を通じて，上場会社と機関投資家の対話の実質化を図ることを企図している。そして，ディスクロージャーWGによる提案に基づき，同年11月2日に企業内容等開示府令の改正案が公表され，パブリックコメントを経て，2019年1月31日に公布・施行された[12]。

7）「政策保有株主」という用語もCGコード（2015年策定時）には存在しなかったが，CGコード（2018年改訂版）補充原則1－4①では「自社の株式を政策保有株式として保有している会社（政策保有株主）」と明確に定義されている。

8）企業内容等開示府令（2019年1月改正前）第2号様式記載上の注意（56）(e) ii・第3号様式記載上の注意（37）。

9）油布志行＝渡邉浩司＝谷口達哉＝善家啓史「『コーポレートガバナンス・コード原案』の解説〔Ⅱ〕」商事法務2063号（2015年）52頁，CGコード（2015年策定時）【原則1－4．いわゆる政策保有株式】。

2018年に行われたCGコードの改訂と対話ガイドラインの策定，そして，2019年１月に行われた企業内容等開示府令の改正は，2010年３月の企業内容等開示府令の改正に始まるこれまでの政策保有株式に関する規制の延長線上にあるように思われる。すなわち，上場会社に対して一定の情報を開示することを求めた上で，資本市場の規律，すなわち，証券市場における取引及び上場会社と機関投資家の対話によって，合理性を欠く政策保有株式の保有を可能な限り縮減させようとすることである[13]。しかし，このような相次ぐ改

10）2018年６月のCGコードの改訂は，2017年10月から2018年３月にかけて行われたフォローアップ会議の審議に基づくものである。そして，2017年10月18日に開催された第11回フォローアップ会議における審議（https://www.fsa.go.jp/singi/follow-up/gijiroku/20171018.html）では，金融庁の田原企業開示課長（当時）より，政策保有株式について，金融庁「コーポレートガバナンス改革の進捗状況」（2017年10月18日）に記載されたデータを参照しつつ，「政策保有株式についてでございます。こちらにつきましては，３メガバンクグループ等が，リスク管理の観点も踏まえ，その縮減目標を公表し，着実に縮減をしてきているところでございます。一方で，20ページをご覧頂きますと，左上のチャートでございますが，保有主体別で見たときに，事業法人間での持ち合いの水準が依然として高いのではないかというご指摘を頂戴することが多くございます。フォローアップ会議やスチュワードシップ・コードに関する有識者検討会におきましても，メンバーの方々からご指摘を頂戴しておりますが，右側の上のチャートのとおり，外国の投資家を含めた機関投資家の保有比率が上がっている一方で，政府，保険会社，銀行，事業法人といった政策保有株主の保有比率はあまり減っておりません。こういった状況が，経営の緊張感を失わせているのではないかというご指摘を，頂戴することが多いわけでございます。左下のチャートでございますけれども，企業の実務担当者への調査結果でも，約半分は安定株主だという回答が多いということでございます。一方，右下のチャートですけれども，政策投資資産を多く持っている会社は，統計的にはROEが低いということが言えるようでございまして，そういった観点からも，政策保有株式についてしっかり考えていく必要があるのではないかというご指摘を頂戴しております。」との説明があり，これに対して，多くのメンバーから賛同する意見が出されていた。

11）金融審議会ディスクロージャーワーキング・グループ「資本市場における好循環の実現に向けて」（2018年６月28日）（以下，「ディスクロージャーWG報告書」という。）13頁。

12）2019年１月31日の企業内容等開示府令の改正後，有価証券報告書等において政策保有株式に関し開示が必要となる事項は，①純投資と政策投資の区分の基準や考え方，②政策保有に関する方針，目的や効果，政策保有株式について，その合理性を検証する方法や取締役会等における議論の状況，③開示基準に満たない銘柄も含め，売却したり買い増した政策保有株式について，減少・増加の銘柄数，売却・買い増した株式それぞれの合計金額，買い増しの理由等，④個別の政策保有株式（開示対象は30から60に拡大）の保有目的・効果等について，提出会社の戦略，事業内容およびセグメントと関連づけた，定量的な効果（記載できない場合には，その旨と保有の合理性）の説明，⑤提出会社が政策保有株式として株式を保有している相手方による当該提出会社株式の保有の有無，と整理されている。八木原栄二＝岡村健史＝堀内隼＝片岡素香「企業内容等の開示に関する内閣府令の改正－平成31年内閣府令第３号－」商事法務2194号（2019年）21-22頁。

正が必要となったことは，これまでの規制の枠組みを維持した上で合理性を欠く政策保有株式の保有を減少させるために新たな仕組みを設けることの限界を示しているように思われる[14]。また，前述した政策保有株式の定義が示すように，その対象範囲は幅広い[15]。その結果，「政策保有株式」には様々な株式保有の形態が含まれることになるのではなかろうか。「政策保有株式」は規制対象を画する概念であるから，その内容は可能な限り明確であることが望ましい。確かに，「企業が純投資以外の目的で保有している株式」という定義は一見すると明確である[16]。しかし，「政策保有株式」の中に種々雑

13）谷口達哉「コーポレートガバナンス・コードの改訂と政策保有株式」商事法務2172号（2108年）14頁，宮島英昭＝齋藤卓爾「コーポレートガバナンス・コードと政策保有株の売却－開示規制は有効であったか－」商事法務2230号（2020年）71-72頁。政策保有株式に関する情報開示規制は，上場会社が既に保有している情報の中で機関投資家が上場会社と対話するために必要と考える情報の開示を求めるだけではなく，上場会社に政策保有株式の保有に関する方針の策定や検証を求めた上でその内容を開示させるというものである。企業内容等開示府令（2021年２月最終改正）第２号様式記載上の注意（58)。このような開示規制を遵守するために，上場会社は取締役会において政策保有株式の保有の合理性を検証するようになった。宮島＝齋藤・前掲75頁。さらにCGコードと対話ガイドラインの政策保有株式に関する規定には，上場会社は保有する政策保有株式を縮減する方向で上記の方針の策定等を行うべきであるとの考え方がにじみ出ているように思われる。たとえば，CGコードの【原則１－４】は，「上場会社が政策保有株式として上場株式を保有する場合には，政策保有株式の縮減に関する方針・考え方など，政策保有に関する方針を開示すべきである。」と定めている。下線部は筆者によるものであるが，2018年改訂版において追加され，2021年改訂版にも存在する。「政策保有株式の縮減等」について何ら方針等を示さない場合にはエクスプレインが必要となると解する見解として，谷口・前掲15頁がある。対話ガイドラインも，「政策保有に関する方針の開示において，政策保有株式の縮減に関する方針・考え方を明確化し，そうした方針・考え方に沿って適切な対応がなされているか。」（2018年策定時の４－２.，2021年改訂版の４－２－２.）と定める。多くの上場会社において企業価値最大化の観点から合理性を欠く疑いのある政策保有株式の保有が行われているのであれば，CGコードや対話ガイドラインにおいて，特定の方向へ上場会社の行動を誘導する規定を設けることにも合理性が認められるように思われる。

14）たとえば，2019年１月の企業内容等開示府令の改正に伴って行われたパブリックコメントにおいて，「政策保有株式の縮減に向けた方策を制度開示の中で実施する場合，過大な情報開示に繋がること，他の開示情報とのバランスを欠くことによる有価証券報告書の有用性の低下の懸念があること，企業側への過大な実務負担を強いること等のデメリットも考えられる。」との指摘がなされた。企業内容等の開示に関する内閣府令の改正（2019年１月31日施行）に伴い実施されたパブリックコメント No.84. 仮に資本市場の規律によって政策保有株式の数を減少させるという規制手法自体が限界点を迎えているならば，このような指摘を無視することは適切ではないように思われる。

15）前注（５）とその本文。

多なものが含まれることになる結果，規制の実効性を減少させている可能性はないであろうか。言い方を変えれば，「政策保有株式」の中には，それぞれ別の方法によって規制した方が望ましい問題が含まれているのではないか，ということである。

そこで本稿では，これまでの政策保有株式に関する規制の変遷を振り返り，その規制枠組み自体の合理性の再検討を行うことを試みる。２．では，2010年３月の企業内容等開示府令の改正から2019年１月の企業内容等開示府令の改正までを振り返り，政策保有株式に関する規制には複数の目的が含まれており，かつ，その間で重点の置き方にも変遷が見られることを指摘する[17]。３．では，１つの制度によって複数の目的を同時に達成するのではなく，それぞれの目的の達成に適した制度が存在するのではないか，との観点から，政策保有株式に関する規制の再構築を試みる。４．は今後の課題となるが，特に，現在の政策保有株式に関する規制の枠組みはパッシブ運用の機関投資家を前提としなければ上手く機能しないが，東京証券取引所の市場区分の見直しによってその前提が崩れる可能性のあることを指摘する。

２．政策保有株式に関する開示規制の変遷

（１） 2010年３月の企業内容等開示府令の改正

2010年３月に行われた企業内容等開示府令の改正により，上場会社は自ら

16）政策保有株式をこのように広く定義することは，CG コード（2015年策定時）の英語版では，より明確にされていた。CG コード（2015年策定時）の英語版では，【原則１－４．いわゆる政策保有株式】は “Principle 1.4 Cross-Shareholdings” と，本文中の「政策保有株式」に相当する部分は “cross-shareholdings” と訳された上で，“cross-shareholdings” には “There are cases where listed companies hold the shares of other listed companies for reasons other than pure investment purposes, for example, to strengthen business relationships. Cross-shareholdings here include not only mutual shareholdings but also unilateral ones.” との脚注が付されていた。*See* Tokyo Stock Exchange, “*Japan's Corporate Governance Code ; Seeking Sustainable Corporate Growth and Increased Corporate Value over the Mid- to Long-Term*” (June 1, 2015), at 8 note2.

17）2019年１月の企業内容等開示府令の改正の後，Ｓコード，CG コード，対話ガイドラインの改訂が行われた。しかし，これらの改訂は，本稿の研究目的からは従前の政策保有株式に関する規制を大きく変えるものではないと解されるため，脚注において改訂内容に言及するに留めることにした。

が保有する政策保有株式の内容を有価証券報告書で開示することが求められるようになった。有価証券報告書において，政策保有株式に関する情報の開示は「コーポレート・ガバナンスの状況」に関する記載事項の１つとして位置づけられており，銘柄数と貸借対照表計上額の合計額や貸借対照表計上額が資本金額の１％を超える株式について具体的な保有目的を開示することが要求されている[18]。

同改正は，１．で述べた資本市場の規律によって政策保有株式の数を減少させるという政策を明示的に採用するものであったと位置づけられる[19]。ただし，同改正は，金融審議会金融分科会・我が国金融・資本市場の国際化に関するスタディグループ（以下，「スタディグループ」という。）の以下の提言に基づくものであるが，2009年に公表された報告書は，政策保有株式ではなく株式の持合いを対象とした規制の導入を提言するものであった点に注意を要する。

> 「株式の持合いについては，資本や議決権の空洞化を招き，株主によるガバナンス機能を形骸化させる等の問題点が指摘されている。また，上場会社等の間での持合いは，株式の保有を通じて，例えば，市況変動が上場会社等の財務内容に影響を与え，又は，従来，財務諸表等で捉えられてきた契約や支配関係では表れないようなビジネス上の関係となり，上場会社等の経営に影響を及ぼし得るものであることから，その状況は，投資者の投資判断に際して重要な情報である。」[20]

スタディグループの提言に基づく開示規制の導入は，株式の持合いを対象

18）企業内容等開示府令（2019年１月改正前）第二号様式記載上の注意（56）(e) ii。なお，上場会社は有価証券報告書を企業内容等開示府令第三号様式に基き作成しなければならないが，同様式の記載上の注意（37）は，上場会社が「コーポレート・ガバナンスの状況」を第二号様式の記載上の注意（56）に準じて記載することを求めている。

19）2010年３月に行われた企業内容等開示府令の改正の目的は上場会社のコーポレートガバナンスに関する開示の充実等にあった。そして，政策保有株式に関する開示を強化する目的として，会社による株式保有の合理性を投資家が判断するために有用な情報を開示させることが挙げられていた。谷口義幸「上場会社のコーポレート・ガバナンスに関する開示の充実等のための内閣府令等の改正」商事法務1898号（2010年）24頁。

とした会社法の規制を補完するものであったように思われる。会社法は，明文の規定によって，株式の持合いを規制している。しかし，以下に述べる通り，会社法の規制対象は株式の持合いの一部にしか及んでいないし，株主が政策保有の目的で株式を保有すること自体が規制対象とされているわけではない。株式持合いについては，相互保有株式の議決権行使を停止するという形で規制がなされている（会社308条1項括弧書，会社則67条)。その結果，たとえば，A社がB社の総議決権の25％以上を保有している場合には，B社が保有するA社株式について議決権を行使することができなくなる。ただし，相互保有株式の定義を満たさない場合や，取引先等による一方的な株式保有については，制限は存在しない。そもそも，会社法が定める25％の基準を満たす株式持合いなど日本においてあり得ないという批判が，規制が導入された当初からなされていた[21)]。

以上に述べた改正の経緯を踏まえると，2010年3月の企業内容等開示府令の改正の目的には株式持合の状況を明らかにすることが含まれているように思われる。ところが，実際に有価証券報告書において開示が要求されているのは，上場会社が保有している政策保有株式のみである。ある上場会社のコーポレート・ガバナンスに関する情報として，その株主の中に政策保有株主が占める割合や株式持合の規模は重要であると思われるが，これらの情報は開示規制の対象とはされなかったということである。

（2） ダブルコードの時代における政策保有株式の位置付け

2015年に策定されたCGコードにも政策保有株式に関する規定があるが，2010年3月の企業内容等開示府令の改正と同じく，上場会社が保有する政策保有株式を対象としたものにとどまっている。策定時のCGコードの【原則

20）金融審議会金融分科会・我が国金融・資本市場の国際化に関するスタディグループ「上場会社等のコーポレート・ガバナンスの強化に向けて」(2009年6月17日)（以下，「スタディグループ報告書」という）8頁。

21）得津晶「持合株式の法的地位（1）－株主たる地位と他の法的地位の併存－」法協125巻3号(2008年) 2頁。

1－4】は，以下のように述べている。

「上場会社がいわゆる政策保有株式として上場株式を保有する場合には，政策保有に関する方針を開示すべきである。また，毎年，取締役会で主要な政策保有についてそのリターンとリスクなどを踏まえた中長期的な経済合理性や将来の見通しを検証し，これを反映した保有のねらい・合理性について具体的な説明を行うべきである。上場会社は，政策保有株式に係る議決権の行使について，適切な対応を確保するための基準を策定・開示すべきである。」

前述した株式持合いに対するスタディグループの評価は，CG コードの策定に際しても基本的に引き継がれていたように思われる[22]。そして，CG コードは，上場会社による政策保有株式の一方的な保有による生じる問題だけではなく，株式持合いによって生じる問題も対処しようとしていたように思われる[23]。しかし，CG コードは上場会社の行動を規律の対象とするものであるから，上場会社が政策保有株式を保有することによって当該上場会社に生じる問題に焦点が充てられやすい構造となっているように思われる。金融庁における CG コード策定の担当者の解説においても，【原則1－4　いわゆる政策保有株式】を設ける根拠として，「上場会社の資本がいわゆる本業に直接投資されるのでなく，他の上場会社株式の投資に充てられる場合（しかも，投資の直接的なリターンを追求する通常の純投資ではない場合），いわば『上場会社の外側にいて情報の非対称性の下におかれている』株主や投資家にとっては，そのような投資に事業上どのような意味合いがあるのかが必ずしも明確とならないという構造」が存在することが挙げられていた[24]。

上場会社が政策保有株式を保有することによって当該上場会社に生じる問題とは，結局は，上場会社が政策保有の目的で他の上場会社の株式を取得・

22）油布ほか・前掲注（9）51-52頁。

23）このことは前注（16）で紹介した CG コード（2015年策定時）の英語版において，「政策保有株式」が “cross-shareholdings” と訳されていたことからも明らかである。

24）油布ほか・前掲注（9）52頁。

保有することは，（株主）資本コストを下回る便益しか期待できない可能性が高いということではないかと思われる。（株主）資本コストとは，投資者が株式投資に期待する収益率を，投資先である上場会社の立場から表現したものである[25)]。したがって，資本コストを下回る便益しか得ることが期待できないにも関わらず政策保有株式の保有を継続することは，上場会社の取締役が株主利益の最大化及び企業価値の最大化の観点からは正当化できない行動をとっていることを意味している[26)]。しかし，取締役がこのような行動をとる可能性は政策保有株式に関してのみ存在するというわけではなく，いわゆる余剰資金（フリーキャッシュフロー）の使途一般に存在するように思われる[27)]。

（日本語版の）CGコードには株式持合いに明示的に言及する規定は存在しないが，スタディグループが指摘した株式持合いの問題は，現存する株式持合いにおいても存在するように思われる。特に，「議決権の空洞化」は，ダブルコードの時代において，ダブルコードが機能する条件と密接に関係しているように思われる。ダブルコードは，上場会社と機関投資家の間で実質的な対話が行われることを重視している[28)]。ところが，株式持合いの存在は，以下に述べる通り，機関投資家が対話を通じて上場会社の経営を変化させることができる可能性に影響を与えるからである。そして，このような問題は株式持合いに限ったものではなく，政策保有株主による議決権行使一般に存在するのである。

25）加藤貴仁「コーポレートガバナンスと２つのコード――スチュワードシップ・コードとコーポレートガバナンス・コード」法の支配186号頁（2017年９月）84頁。

26）取締役は企業価値最大化の観点から望ましい意思決定を行うよう注意を尽くす義務を会社に対して負うが，多くの場合，企業価値の最大化と株主利益の最大化は実質的に同義である。加藤・前掲注（25）84頁。株主利益の最大化が企業価値の最大化および企業の持続的成長につながるメカニズムの詳細な説明については，田中亘「上場会社のパラドックス」江頭憲治郎先生古稀記念論文集『企業法の進路』（有斐閣，2017年）42-46頁を参照。

27）本稿は，フリーキャッシュフローを「企業が事業活動で生み出したキャッシュ・フロー（現金収入）を用いて必要な投資を行い，後に残る分（余剰資金）」と理解した上で，以下の分析を行っている。久保田安彦「株式価値の評価」田中亘編著『数字でわかる会社法　第２版』（有斐閣，2021年）17頁。

28）加藤・前掲注（25）85頁。

たとえば，上場会社Aと上場会社Bが，株式持合いを行っていたとしよう。株式持合いの目的を問わず，A社はB社の株式についてB社の経営者に友好的に議決権を行使し，B社はA社の株式についてA社の経営者に友好的に議決権を行使する可能性が高いように思われる。なぜなら，仮にA社の経営者がB社の経営者に対して敵対的に議決権を行使する場合，B社の経営者は報復措置としてA社の経営者に敵対的な形で議決権を行使できるからである。その結果，A社のB社株主としての行動は，B社株式の価値最大化及びB社の企業価値最大化から乖離することになる。B社のA社株主としての行動も同様である。

株式持合いによる「議決権の空洞化」は，株主が株主として行動する際に，株式価値の最大化及び株式の発行会社の企業価値の最大化とは異なる観点から行動するという問題の一類型である。類似の問題は，株式持合いではなくA社が一方的にB社株式を政策保有株式として保有する場合にも生じる可能性がある。たとえば，A社がB社株式を保有する目的が業務提携を円滑に進めることにあるならば，B社も業務提携の存続を望んでいる限り，A社はB社株式の議決権を行使する際にB社の経営者に対して友好的な立場をとるであろう。

確かに，株主としての経済的利益の最大化とは別の目的で株式を保有することは禁止されてない。しかし，このような目的で株主となる者が増加することは，以下の通り，「スチュワードシップ責任を果たすための機関投資家の活動（以下「スチュワードシップ活動」という。）」）の費用を増加させる可能性がある[29]。

29）「スチュワードシップ責任」及び「スチュワードシップ活動」という用語については，Sコードの前文において定義されている。スチュワードシップ責任の定義は2017年策定時と同じであるが，スチュワードシップ責任の定義は2020年改訂の対象となり，2020年改訂版では「機関投資家が，投資先の日本企業やその事業環境等に関する深い理解<u>のほか運用戦略に応じたサステナビリティの考慮</u>に基づく建設的な『目的を持った対話』（エンゲージメント）などを通じて，当該企業の企業価値の向上や持続的成長を促すことにより，顧客・受益者の中長期的な投資リターンの拡大を図る責任」と定義されている（下線部は筆者によるものであり，2020年改訂で追加された部分を示す）。

機関投資家が単独で又は集団的に投資先に働きかけたとしても，上場会社の現在の経営者を指示する株主の数が多ければ，機関投資家による働きかけは成功しない。なぜなら，経営者は機関投資家の要望を聞き入れなくても，株主総会で再任される可能性が高いからである。このような株主の多くが株主利益最大化の観点から現在の経営者を支持しているのであれば，機関投資家の働きかけが成功しなかったことは問題ではない。ある機関投資家が他の株主から支持を得ることができなかったということは，株主利益最大化の観点から見て，その機関投資家の提案は現在の経営方針より劣っていたことを意味するからである。しかし，現在の経営者の地位が政策保有株主を初めとする株主としての経済的利益の最大化とは別の目的で株式を保有する者の支持によるものであれば，企業価値及び株主利益最大化に資するようなスチュワードシップ活動が成功しなかった可能性が存在することになる[30)]。スチュワードシップ活動がその内容の善し悪しとは別の理由で失敗する可能性が存在する場合，機関投資家にとってスチュワードシップ活動ではなく投資先の変更を選択することが，最終受益者の利益最大化の観点からは望ましいことになる。

機関投資家が投資先企業と対話を繰り返しても，投資先企業のコーポレートガバナンスや経営戦略が良い方向に変わる見込みが小さければ，以下のような悪循環が生まれる可能性がある。投資先の変更を選択した方が望ましい場合が多くなれば，機関投資家が投資先企業と建設的な対話を行うために必要な情報収集及び専門知識の習得のための投資を行わないことも最終受益者の利益最大化の観点から合理的な行動となってしまう[31)]。このような投資を

30）このような可能性の存在は，ある事項が株主総会で承認されたことの意味を問い直す契機にもなる。たとえば，ブルドッグソース事件最高裁決定（最決平成19・8・7民集61巻5号2215頁）は，「会社の企業価値がき損され，会社の利益ひいては株主の共同の利益が害されることになるか否かについては，最終的には，会社の利益の帰属主体である株主自身により判断されるべきものである」と述べた。これに対して，ブルドックソース事件において株主の圧倒的多数が敵対的企業買収防衛策に賛成したという状況の背景には，敵対的企業買収の提案を受けて，買収対象会社が株式の持合いを強化した事実の存在があるとの指摘がなされている。胥鵬＝田中亘「買収防衛策イン・ザ・シャドー・オブ株式持合い――事例研究」商事法務1885号（2009年）8-10頁。

十分に行われなければ，機関投資家が投資先企業と建設的な対話を行うことは困難となる。加えて，このような投資を十分に行っている機関投資家とその他の機関投資家を区別することが困難である場合，投資先企業は機関投資家との対話に対して一般的に懐疑的な立場で臨むのではなかろうか。このことは機関投資家が投資先企業へ関与する際に負担しなければならない費用を増やすだけではなく，対話によって投資先企業の行動が変わる可能性も減らすことになる。その結果，投資先企業と建設的な対話を行うために必要な投資が顧客・受益者に利益をもたらす可能性も減ることになる。

（3） 政策保有株主を対象とした規制の導入（?）

株式持合及び政策保有株主の存在は，ダブルコードが前提とする上場会社と機関投資家の対話の実効性に影響を与える可能性がある。したがって，ダブルコードによる我が国の上場会社のコーポレートガバナンスの改革を志向する立場からは，何らかの対処が必要な課題として位置づけられる[32]。

2018年６月１日に改訂されたCGコードでは，上場会社が保有する政策保有株式だけではなく，以下の通り，株式を政策保有株主に保有させていることを対象とした規定が新たに導入された。

【補充原則１－４①】 上場会社は，自社の株式を政策保有株式として保有している会社（政策保有株主）からその株式の売却等の意向が示された場合には，取引の縮減を示唆することなどにより，売却等を妨げるべきではない。

【補充原則１－４②】上場会社は，政策保有株主との間で，取引の経済合理性を十分に検証しないまま取引を継続するなど，会社や株主共同の利益を害するような取引を行うべきではない[33]。

31）加藤貴仁「スチュワードシップ・コードの理論的考察－機関投資家のインセンティブ構造の観点から」ジュリスト1515号（2018年）19頁。

32）同旨の見解として，谷口・前掲注（13）20頁。

33）CGコード（2021年改訂版）の【補充原則１－４①】と【補充原則１－４②】は，2018年改訂版と同じ内容である。

2018年にCGコードの改訂と同時に行われた対話ガイドラインの中にも，【政策保有株主との関係】との題目のもと，以下の通り同趣旨の規定が存在する[34]。

4－3．自社の株式を政策保有株式として保有している企業（政策保有株主）から当該株式の売却等の意向が示された場合，取引の縮減を示唆することなどにより，売却等を妨げていないか。

4－4．政策保有株主との間で，取引の経済合理性を十分に検証しないまま取引を継続するなど，会社や株主共同の利益を害するような取引を行っていないか。

2018年のCGコードの改訂も対話ガイドラインの策定も，フォローアップ会議の提言に基づくものである[35]。フォローアップ会議の政策保有株式に対する認識は，スタディグループの報告書から実質的には変わっていないように思われる[36]。しかし，これまでは株式を政策保有する側を対象とした規制に重点が置かれていたのに対して，株式を政策保有させている側を規制対象とする必要性にも言及がなされている点は注目に値するように思われる。

2018年6月28日に公表されたディスクロージャーWG報告書では，有価証券報告書において，以下の通り，上場会社の政策保有株主に関する情報を開示事項として追加することが提案された。

「投資判断を行う上では，投資先企業が保有する政策保有株式の状況を検証する必要があるのはもちろんのこと，当該投資先企業の株式が政策保有目的の株主に保有されている状況についても検証する必要があるとの意

34）対話ガイドライン（2021年改訂版）では，【政策保有株主との関係】は「4．ガバナンス上の個別課題（2）政策保有株式」の一項目（4－2－3．と4－2－4．）として整理されているが，その内容は2018年策定時と同じである。

35）フォローアップ会議提言・前掲注（2）1頁。

36）フォローアップ会議は，「政策保有株式については，企業間で戦略的提携を進めていく上で意義があるとの指摘もある一方，安定株主の存在が企業経営に対する規律の緩みを生じさせているのではないかとの指摘や，企業のバランスシートにおいて活用されていないリスク性資産であり，資本管理上非効率ではないかとの指摘もなされている。」と述べる。フォローアップ会議提言・前掲注（2）2-3頁。

見があった。これについては，提出会社が政策保有株式として株式を保有している相手方が，当該提出会社の株主となっている場合には，実務にも配慮しながら，当該相手方に保有されている株式について記載を求めることが考えられる。」[37]

この提案に基づき，2019年1月に施行された企業内容等開示府令では，新たに，有価証券報告書の提出会社が政策保有する株式の発行者が当該提出会社の株式を保有しているか否かを開示することが求められることになった[38]。

（4） 小括

2010年3月の企業内容等開示府令によって政策保有株式を対象とした開示規制が導入されたが，同改正が依拠したスタディグループの報告書は株式持合いに関する規制を提言していた。このような経緯を踏まえると，2010年3月の企業内容等開示府令は，上場会社に対して政策保有株式を保有することの合理性を株主等に説明することを義務付けることによって，「企業価値最大化の観点から正当化できない」株式持合いの規模を減らすことを目的とし

37）ディスクロージャーWG 報告書・前掲注（11）15頁。

38）企業内容等開示府令（2019年1月改正後）第二号様式記載上の注意（58）d（g)。このような開示規制を新たに設けることに対しては，上場会社が自らの株主構成を知ることには限界があるとの懸念が表明された。ディスクロージャーWG 第7回（2017年6月8日）議事録（石原秀威発言)。この点を，まず，A（有価証券報告書の提出会社）とBが株式持合いを行っている場合を題材にして検討してみよう。株式持合いが相互の合意に基づき行われている場合，両者の間で情報の遣り取りを行うことは容易であるから，Aに対して，Bの株式を政策保有株式として保有していることだけではなく，BがAの株式を政策保有株式として保有していること，すなわち，BがAの政策保有株主であることの開示を義務付けることは，Aに過剰な負担を課すことにはならないように思われる。仮に，AとBの間で情報の遣り取りを行うことが困難であっても，上場会社は，株主総会で議決権を行使できる株主を確定するための基準日に株式を保有している者を，総株主通知に基づき株主名簿の名義書換えが行われることによって認識することができる。したがって，Aにとって，少なくとも，Bが株主名簿上の株主であるか否かを確認することは困難であるとはいえないように思われる。なお，2019年1月の企業内容等開示府令改正に関する金融庁の担当者は，上記の記載事項について，株主名簿や大量保有報告書の記載等により確認できる範囲での記載が求められているに過ぎないとの解釈を示している。八木原ほか・前掲注（12）注（12)。

ていたと理解することが適切である。ただし，株式持合いを伴わない一方的な政策保有株式の保有も開示規制の対象となったため，株式持合いの合理性というよりは政策保有株式を保有することの合理性が問われるようになったように思われる。

株式持合いと政策保有株式には，株主が株主として行動する際に，株式価値の最大化及び株式の発行会社の企業価値の最大化とは異なる観点から行動するという共通した問題を抱えているが，異なる点もあるように思われる。たとえば，株式持合いには上場会社の経営者がentrenchmentの手段として行う危険性が常に存在するが，上場会社が政策保有株式を一方的に保有することは少なくとも保有する側にとってentrenchmentが主たる目的であるとはいえない。したがって，政策保有株式を開示規制の対象とするとしても，一方的な政策保有株式の保有と株式持合いとしての保有には重要な差異があることを踏まえて，両者を区別することが望ましいように思われる。2019年1月の企業内容等開示府令はこのような観点からも合理性が認められるように思われる[39]。

ただし，両者を区別すべきとした上で，次に，機関投資家と上場会社が一方的な政策保有株式の保有と株式持合いを対象とした対話を行う場合，考慮することが望ましい要素が異なる可能性も検討する必要がある。仮に何らかの差異が存在するのであれば，むしろ，異なった問題として対話が行われることが望ましい。突き詰めると，一方的な政策保有株式の保有と株式持合いを比較した場合に，規制の必要性の程度に差異が存在するか，「開示規制＋資本市場の規律」という規制枠組みが双方にとって望ましいのかも検討する

39）たとえば，前注（38）とその本文で示したように，2019年1月の企業内容等開示府令の改正により，上場会社は，有価証券報告書において，保有する政策保有株式の中で株式持合いの関係にあるものを明示することが義務付けられることになった。その結果，機関投資家が上場会社と対話を行う際に，株式持合いの関係にある政策保有株式に重点を置くことが容易になるように思われる。もちろん，これまでも機関投資家がこのような対応をすることは可能であったが，複数の上場会社の有価証券報告書を照らし合わせるなどして自ら株式持合いの存在を調査するか，第三者に調査させる必要があった。そして，そのために必要な費用は機関投資家が負担しなければならなかったのである。

必要があると考える。

3．政策保有株式を対象とした規制の再構成の試み

（1） 方向性

政策保有株式を対象とした開示規制が導入されてから10年が経過したが，導入時の経緯に立ち返り，その目的には株式持合いを規制することが含まれていたことを再確認することが望ましい。現在の我が国の上場会社を取り巻く状況を踏まえると，政策保有株式に関連して生じる問題には，少なくとも２つの異なる問題が混在しているように思われる。第１に，上場会社が政策保有株式を保有したとしても，（株主）資本コストを上回る収益を期待することはできないのではないか，ということである。第２に，政策保有株主の数の増加は，株式持合いが典型的に示すように，株式価値の最大化及び株式の発行会社の企業価値の最大化とは別の観点から経営者に友好的な株主の数を増加させることになり，機関投資家と上場会社の対話の実効性を減少させるのではないか，ということである。

このような認識は実はCGコードの構造と整合的である。政策保有株式に関する規定は，【原則１－３．資本政策の基本的な方針】と【原則１－５．いわゆる買収防衛策】の間に位置付けられている。2015年策定時から2021年６月改訂に至るまで，このような位置付けに変化はない。そして，前述した政策保有株式の問題の第１の要素は【原則１－３．資本政策の基本的な方針】と，第２の要素は【原則１－５．いわゆる買収防衛策】の双方と密接に関係しているのである。

このように政策保有株式によって２つの異なる問題が生じることを前提とすることにより，それぞれの問題について現在の規制枠組みが適切であるのか，代替的な規制の方法が存在するのか，といった点を適切に分析することが可能となるように思われる[40)]。以下では，CGコードにおける政策保有株式に関する規定の位置づけを意識しながら，それぞれの問題点について規制を再構築する必要性があることを示したい。

(2) 資本政策と政策保有株式の保有

政策保有株式の保有によって(株主)資本コストを上回る収益を期待することができないのであれば，政策保有株式を処分し，その換価代金を他の事業活動に投資するか株主に返還することが，株主利益の最大化の観点からは望ましいということになる。このように考えると，政策保有株式の保有は，余剰資金(フリーキャッシュフロー)の使途に関する問題(余剰資金か否かという問題も含む)の一つとして位置づけられるべきであるように思われる。このような立場に基づくと，たとえば，2018年策定時の対話ガイドラインの政策保有株式に関する規定(特に【政策保有株式の適否の検証等】の4－1.)は，2．投資戦略・財務管理の方針の特則ということになる[41]。したがって，機関投資家と上場会社が対話する際には，政策保有株式の保有に関する方針と投資戦略・財務管理の方針の整合性などが意識されることが望ましい。

ただし，このような立場を突き詰めていくと，政策保有株式に焦点を絞っ

---

40) 各上場会社が政策保有株式に関する規制への対応を進めた結果，政策保有株式に関する各会社の状況にバラツキが生じている可能性がある。たとえば，コーポレートガバナンス・コードを始めとする政策保有株式に関する規制は政策保有株式の縮減に貢献してきたが，政策保有比率(政策保有株時価総額／総資産)の高い上位200社の中では外国人持株比率の高い上場会社の方が政策保有株式を売却していない(宮島＝齋藤・前掲注(13)75-78頁)，政策保有株式の保有は特定の上場会社に集中しており，政策保有株式を保有していない上場会社の数も多い(円谷昭一＝柳樂明伸＝金鐘勲「日本企業の安定株主の実態」資料版商事法務434号(2020年)48頁)こと等を示す実証研究がある。このようなバラツキは規制対象が一様ではないことを示すものであり，政策保有株式によって生じる問題に対処するためには，より木目の細かい規制が必要となりつつあることを示唆しているように思われる。

41) 2018年策定時の 2．投資戦略・財務管理の方針 は，以下の2つの規定から構成される。

2－1．保有する資源を有効活用し，中長期的に資本コストに見合うリターンを上げる観点から，持続的な成長と中長期的な企業価値の向上に向けた設備投資・研究開発投資・人材投資等が，戦略的・計画的に行われているか。

2－2．経営戦略や投資を踏まえ，資本コストを意識した資本の構成や手元資金の活用を含めた財務管理の方針が適切に策定・運用されているか。

対話ガイドライン(2021年改訂版)において，【政策保有株式の適否の検証等】は前注(34)で言及した【政策保有株主との関係】と同じく「4．ガバナンス上の個別課題(2)政策保有株式」の一項目(4－2－1．と4－2－2．)として整理されており，2．投資戦略・財務管理の方針 と共にその内容も改訂されている。

た開示規制及び資本市場の規律を通じて（株主）資本コストを下回る収益しか期待できない政策保有株式の保有を減少させるという基本的な発想に再検討の余地があることも明らかになる。

第１に，上場会社による株式保有を，余剰資金の使途に関する問題として，その保有目的に関係なく一括して扱った方が適切な場合の存否を検討する余地があるように思われる[42]。

第２に，上場会社が取引関係の維持・強化を目的として政策保有株式を保有する場合，その合理性を客観的に判断することは困難であるように思われる。純投資目的の株式保有の合理性を判断する際には，株価や剰余金の配当の額などの客観的な情報を利用することができるし，確立された投資理論を参照することもできる。しかし，政策保有株式の合理性を判断するためには，その保有によって維持・強化することが意図されている取引関係の合理性自体を検証する必要がある[43]。

もちろん，このような取引関係の合理性を検証する際に，取引の内容や条件，規模といった客観的な指標を参照することはできる。しかし，このような問題は，本来は取締役の経営判断に委ねられるべき事項であると思われる[44]。もちろん，機関投資家と上場会社の対話が，上場会社にとって，これ

42）政策保有株式の売却資金の使途について，株主還元の原資として用いられる部分と比べると，R&D，実物投資，M&Aのために利用される部分は大きくないことを示す実証研究が存在する。宮島＝齋藤・前掲注（13）78頁。政策保有株式を余剰資金の問題として一括して取り扱うことが一般的になれば，政策保有株式の売却資金の使途についても上場会社の行動の変容が期待できるように思われる。

43）政策保有株式と純投資目的の株式保有の差異は，上場会社がこれらの株式について議決権を行使する際に考慮すべき事項にも現れる可能性がある。上場会社は自らの企業価値向上の観点から政策保有株式の議決権を行使すべきであるが，この点に加えて，投資先の企業価値向上を常に考慮する必要はないと解される。谷口・前掲注（13）18頁。これに対して，そのような考慮がなされることが望ましいと解する見解として，関本正樹＝山脇菜摘美「『コーポレート・ガバナンスに関する開示の好事例集』の解説」商事法務2217号（2019年）21頁がある。なお，前注（５）で紹介した持合解消信託の場合，有価証券報告書の提出会社は議決権行使に関する指図権を有しているが信託財産である株式について受益権を有していない場合もある。このような場合，みなし保有株式の「保有」を継続することの合理性は，みなし保有株式の「保有」自体から経済的なリターンを得ることができない以上，それによって維持・強化を図ることが意図されている取引関係の合理性によって決まることになる。

まで政策保有株式の保有により維持・強化しようとしてきた取引関係の見直しを検討する契機となる可能性はある。しかし，このような気付きを上場会社に与えることができる機関投資家は，投資先の事業について相当の専門的な知見を有する者に限られるように思われる[45)]。また，このような対話が政策保有株式の保有及び取引関係の見直しという成果を挙げるためには，上場会社に機関投資家との対話に時間と費用をかける意義を見出してもらう必要がある。そのためには，上場会社が機関投資家の専門的な能力を信頼できるだけではなく，上場会社にとって機関投資家と対話を行う必要性が存在することが必要である。そして，対話の必要性の程度は，各上場会社の株主構成によって異なるように思われる。

（3） 買収防衛策と政策保有株式・政策保有株主

株式持合いの対象となる株式の数が増えれば増えるほど，経営者に友好的な株主の数が増加する。このような株主は株式価値の最大化及び株式の発行会社の企業価値の最大化とは異なる観点から行動するから，敵対的な企業買

44）株式持合い関係にない場合，政策保有株式の保有を継続するか否かに関する取締役の会社に対する義務違反の有無の判断は，最判平成22年７月15日判時2091号90頁（「前記事実関係によれば，本件取引は，[株式会社アパマンショップマンスリー］を［株式会社アパマンショップリーシング］に合併して不動産賃貸管理等の事業を担わせるという参加人のグループの事業再編計画の一環として，［株式会社アパマンショップマンスリー］を参加人の完全子会社とする目的で行われたものであるところ，このような事業再編計画の策定は，完全子会社とすることのメリットの評価を含め，将来予測にわたる経営上の専門的判断にゆだねられていると解される。そして，この場合における株式取得の方法や価格についても，取締役において，株式の評価額のほか，取得の必要性，参加人の財務上の負担，株式の取得を円滑に進める必要性の程度等をも総合考慮して決定することができ，その決定の過程，内容に著しく不合理な点がない限り，取締役としての善管注意義務に違反するものではないと解すべきである。」）に基づき行われる可能性が高いように思われる。

45）前注（12）で説明したように，上場会社は有価証券報告書に「個別の政策保有株式（開示対象は30から60に拡大）の保有目的・効果等について，提出会社の戦略，事業内容およびセグメントと関連づけた，定量的な効果（記載できない場合には，その旨と保有の合理性）の説明」等を記載する必要がある。このような記載が拡充されれば，機関投資家と上場会社の対話が合理性を欠く政策保有株式の保有の縮減につながる可能性が高まるように思われる。しかし，政策保有株式について実際に開示される情報は投資家の期待に沿ったものとはいえない場合が多いようである。金融庁「政策保有株式：投資家が期待する好開示のポイント（例）」１頁（2021年３月22日）（https://www.fsa.go.jp/news/r2/singi/20210322/03.pdf）。

収の提案に応じない可能性がある。また，経営者は，このような株主の支持を背景として，機関投資家を初めとするその他の株主の意見に耳を傾けなくなる可能性もある。したがって，株式持合いは，買収防衛策として機能するだけではなく，上場会社が機関投資家と実質的な対話を行う必要性を減少させる。

2019年１月の企業内容等開示府令の改正により株式持合いを構成する政策保有株式であるか否かを有価証券報告書において開示することが求められたことによって，機関投資家がそのような政策保有株式の保有に焦点を絞って対話を行うことが可能になったと言えるように思われる。対話ガイドラインの政策保有株主に関する規定（2018年策定時の対話ガイドラインの４－３．と４－４．，2021年改訂版の４－２－３．と４－２－４．）は，このような理解と整合的であるように思われる[46)]。しかし，機関投資家と上場会社の対話によって，会社及び株主全体の利益の観点から正当化できない株式持合いを減らすという政策には，以下のような限界があるように思われる。

第１に，2019年１月の企業内容等開示府令の改正により開示が要求されることになったのは，政策保有株式が株式持合いを構成するか否かに限られる。たとえば，前述したＡ社とＢ社の株式持合いに不満を持つ機関投資家がＡ社との対話によってＢ社株式を売却させた場合，以降，Ａ社の有価証券報告書には，仮にＢ社が政策保有株式としてＡ社株式を継続保有していたしても，この点は開示されなくなる[47)]。そして，仮にＢ社がＡ社の政策保有株主として残存するならば，Ａ社の株主の中に占める，Ａ社及びその株主全体の利益の最大化とは異なる観点から行動する可能性のある株主の割合は

46）上場会社Ａと上場会社Ｂが株式持合いを行っている場合，Ａ社にとって，Ａ社が保有するＢ社株式は政策保有株式であり，Ａ社の株式を保有するＢ社は政策保有株主となる。Ａの有価証券報告書において政策保有株式としてＢ社株式を保有していることを開示する場合，合わせてＢ社がＡ社株式を保有していることも開示しなければならない。後述するように，機関投資家と上場会社がＡ社とＢ社の株式の持合いについて意味のある対話を行おうとする場合，Ａ社による一方的なＢ社株式の保有だけではなく，Ｂ社によるＡ社株式の保有も対象とする必要があるように思われる。

変わらないということになる。

第2に，A社とB社の株式持合いがA社の利益に反するとしても，株式持合いの完全な解消は，A社によるB社株式の売却に加えて，B社によるA社株式の売却が必要となる。前述した第1の点を踏まえると，A社によるB社株式の売却とB社によるA社株式の売却が同時に行われなければ，A社の株主構成は大きく変化しない可能性がある。したがって，機関投資家がA社とB社の株式持合いを完全に解消させるためには，A社だけではなくB社とも対話する必要がある。しかし，B社と対話するためにはB社株式を保有する必要があるが，A社の株式価値を向上させるためにB社株式を保有することが費用対効果の観点から正当化できる場合は限られるように思われる。

第3に，機関投資家と上場会社の対話によって株式持合いが一時的に減少したとしても，それは単なる2当事者間の株式持合いを維持することができなくなったことしか意味しない。上場会社は株式持合いの解消によって生じた空白を，別の手段で埋める可能性がある。たとえば，A社とB社の株式持合いが完全に解消したとしても，A社は新たにC社に対してA社株式の保有を促し，経営者に友好的な株主の割合を維持しようとする可能性を否定できない[48]。

2019年1月の企業内容等開示府令の改正が株式持合いに与える影響は，今後，検証されるべき問題である。将来的に新たな制度改正が検討される際に

47）また，A社とB社の2当事者間株式持合いが，B社→A社→C社→B社の3当事者間の株式持合いに移行しても，その事実はA社の有価証券報告書には現れない。

政策保有株式の開示規制は、有価証券報告書提出会社の単体貸借対照表に計上された株式を対象とする。企業内容等開示府令（2021年2月最終改正）第2号様式記載上の注意（58）a。したがって、A社がC社を通じて間接的にB社株式を継続保有していることは、C社がA社の子会社であったとしても、A社の有価証券報告書に記載されない。

48）政策保有株主は上場会社の安定株主の典型例であるが，安定株主は政策保有株主以外にも存在する。したがって，政策保有株式に関する規制の実効性を評価する際には，上場会社が売却した政策保有株式を新たに保有することになる者の属性に注意する必要がある。円谷ほか・前掲注（40）45頁・51-52頁。

は，既存の規制枠組みには，少なくとも前述した３つの問題が存在することが意識されるべきである。このような問題点を踏まえて，以下では改善の方向性を試みに示したい。

まず，情報開示は手段に過ぎず，開示させること自体は目的ではないことを再確認したい。政策保有株式に関する開示規制の目的は，株式持合いの減少等，有価証券報告書を提出する会社の株主構成を変化させることにあると思われる。しかし，各会社にとって望ましい株主構成は必ずしも明らかではないから，規制の目的としては，会社及びその株主全体の利益を害する可能性のある株主構成の修正及びそのような株主構成への移行の阻害が挙げられるべきである。現在の規制枠組みは，政策保有株式の保有に関する上場会社の行動を変化させることで，そのような目的を達成しようとしていると理解できる[49]。しかし，前述した規制の目的に照らし問題とされるべき上場会社の行動は，政策保有株式の保有に限らない。上場会社が自らの株主構成に影響を与える行動には，構造的に，資本市場の規律の弱体化につながる危険性がある。なぜなら，上場会社による行動は経営者のイニシアティブによって行われる場合が多いため，経営者が自分の都合のよいように株式保有構造に介入するのではないかとの懸念を払拭することはできないからである[50]。その一方で，一般論としてはあるが，個々の上場会社にとって最適な株主構成（資本構成）が存在するのであれば，そのような株主構成を達成することを目的として上場会社が種々の施策を実施することは当然に否定されるべきではないと考える[51]。

49）対話ガイドラインの政策保有株主に関する規定（2018年策定時の４－３．と４－４．，2021年改訂版の４－２－３．と４－２－４．）は，Ａ社とＢ社の間に株式持合い関係がない場合でも，Ａ社とＢ社が何らかの合意に基づきＢ社がＡ社株式を政策保有株式として保有することは機関投資家とＡ社の対話の対象とされるべきとの考え方と整合的である。しかし，2019年１月の企業内容等開示府令の改正後も，Ａ社がＢ社株式を政策保有株式として保有していない限り，Ｂ社がＡ社株式を保有しているか否かはＡ社の有価証券報告書には記載されない。

50）加藤貴仁「上場会社による種類株式の利用－AA型種類株式の発行が提起した問題－」金融商品取引法研究会編『金融商品取引法制に関する諸問題（下）』（2018年10月）155頁。

51）加藤・前掲注（50）141頁。

上場会社の株主構成の変化は事業内容や業績等の変化によっても生じ得る。しかし，そのような株主構成の変化は個々の株主（投資家）の投資判断の集積により引き起こされるものである。政策保有株式に関する開示規制との関係で問題とされるべきなのは，株式持合い等，個々の株主（投資家）の投資判断を経ずに上場会社の株主構成が経営者の都合のよいように変化させられる可能性の存在である。このような可能性に対処する方法としては，上場会社による政策保有株式の保有に関する情報開示の強化ではなく，上場会社の株主構成に関する情報開示の拡充が適切であるように思われる[52)]。上場会社の株主構成の変化を機関投資家等の資本市場の参加者が継続的に観察できるようにすることで，機関投資家との対話を通じて，会社及びその株主全体の利益を害する可能性のある株主構成への移行が阻害されたり，そのような株主構成が修正されること等が期待できるのではなかろうか[53)]。

４．今後の課題

政策保有株式に関する規制の目的は，資本市場の規律を通じて，（株主）資本コストを下回る収益しか期待できない政策保有株式の数と株式持合いの規模を減少させることにある。ダブルコードは，これらが機関投資家と上場会社の対話によって達成されることを想定している。近年，このような対話

52）現在，有価証券報告書では，株式等の状況として，所有者別状況と大株主の状況の開示が求められているに過ぎない。企業内容等開示府令（2021年２月最終改正）第３号様式第一部【企業情報】第４【提出会社の状況】１【株式等の状況】（５）（６）。ただし，上場会社に対して株主構成に関する詳細な情報の開示を求める場合には，上場会社が自らの株主構成に関する情報を知るために利用できる手段が十分に存在するかも合わせて検討する必要がある。前注（38）で検討したように2019年１月改正後の企業内容等開示府令が要求する程度の開示であれば，株主名簿を確認するだけで十分に対応可能であると思われる。しかし，より詳細な株主構成に関する情報を上場会社に対して求める場合には，株主名簿だけで足りるのかが問題となるように思われる。

53）前注（52）で検討したように株主構成に関する情報の拡充を上場会社に求めることが難しいのであれば，上場会社が株主構成に影響を与え得る施策を実施する場合にはその理由や株主構成への影響を開示させ，このような施策が機関投資家と上場会社の対話の対象となる可能性を高めること等も考えられる。このような提案は，上場会社が株主総会決議を経ることなく株主構成に影響を与えることができる施策を対象とするだけではなく，株主総会決議が必要な施策に関する情報開示規制の見直しも含む。

の担い手として，パッシブ運用の機関投資家（運用成果を特定の株価指数等に連動させることを目的とする機関投資家）が注目されている[54]。パッシブ運用の機関投資家の存在は，以下に述べる通り，政策保有株式に関する規制との関係で特別な意味を持つように思われる。

たとえば，政策保有株式の数が多い会社の中には余剰資金を抱えている会社が含まれるので，将来的な株主還元の拡大を期待して株式を保有している機関投資家が存在するかもしれない。しかし，政策保有株主の数が多い場合，会社は機関投資家からの政策保有株式の売却に対する要望を受け入れない可能性が高い。このような場合，機関投資家は粘り強く対話を行うよりも，株式を売却する方が最終受益者の利益に適うのではないか。対話を通じた政策保有株式の縮減という政策は，株式の売却という選択が限られている投資家，すなわち，パッシブ運用を行う機関投資家を前提にしないと成り立たないように思われる。同様のことは，株式持合いの解消にも当てはまるように思われる。さらに，対話を通じた株式持合いの解消が成果を挙げるためには，持

54）2014年策定時のＳコードにも2015年策定時のCGコードにも，パッシブ運用の機関投資家に直接的に言及する規定は存在しない。これに対して，Ｓコード（2017年改訂版）は，指針４－２．として，「パッシブ運用は，投資先企業の株式を売却する選択肢が限られ，中長期的な企業価値の向上を促す必要性が高いことから，機関投資家は，パッシブ運用を行うに当たって，より積極的に中長期的視点に立った対話や議決権行使に取り組むべきである。」との規定を新設した。「投資先企業の株式を売却する選択肢が限られ」る理由として，運用成績の株価指数への連動を目的とする機関投資家にとって，その株価指数を構成する銘柄の売却は上記の目的を達成するための費用を増加させる可能性が挙げられる。2017年改訂による指針４－２．の新設は，「スチュワードシップ・コード及びコーポレートガバナンス・コードのフォローアップ会議」意見書（３）「機関投資家による実効的なスチュワードシップ活動のあり方～企業の持続的な成長に向けた『建設的な対話』の充実のために～」（2016年11月30日）に基づくものであるが，同意見書（３）４頁では，「近年，上場投資信託（ETF）の増加や，年金の株式運用におけるパッシブ運用比率の高まりなどを背景に，パッシブ運用の比重が高まっている。」との現状認識が示されている。Ｓコード（2020年改訂版）において，上記のパッシブ運用に関する規定は指針４－３．に改められたが，その内容は改訂の対象とされなかった。ただし，Ｓコード（2020年改訂版）の前文３頁では，今後の検討課題として，「パッシブ運用が広まる中で，いかにしてエンゲージメントの充実化を図るか，について考えるべきではないか。」が挙げられている。

55）現在の規制枠組みでは必ずしも明らかではないが，株式持合い関係にない政策保有株主の存在も規制対象として位置づけた場合，同様に，政策保有株式を保有する側と保有される側の双方を同じ機関投資家が保有していることは，このような関係を解消させることにとっては有用であろう。

合関係にある当事者全ての株式を保有することが有用であるが，この点でも，パッシブ運用の機関投資家の存在は重要である[55]。

当然のことではあるが，パッシブ運用の機関投資家との対話によって上場会社に政策保有株式を縮減させるという政策は，パッシブ運用の機関投資家の投資対象についてしか機能しない。運用成績を株価指数に連動させることを目的とするパッシブ運用の投資家の投資対象は，その株価指数を構成する銘柄によって決まる。逆に言えば，ある株価指数を構成する銘柄に変化が生じれば，パッシブ運用の機関投資家の投資対象も変化する。このことはパッシブ運用の規模が拡大すると共に株価指数の重要性も高まることを示している[56]。日本の上場株式に関する株価指数を代表するものとしてTOPIX（東証株価指数）があるが，2022年４月に開始予定の東京証券取引所の市場区分の見直しに伴い，同月からTOPIXの見直しが行われる予定である[57]。このような見直しの結果，主要な指数の構成銘柄から外れた上場会社は，パッシブ運用の投資先から外れることになる。さらに，主要な指数を構成する銘柄が絞られた場合，パッシブ運用の機関投資家が持合関係にある当事者全ての株式を保有する場合も限られる[58]。

56）鈴木裕＝神尾篤史「資産運用のパッシブ化における株価指数～東証改革の議論も含めて」大和総研調査季報36号（2019年）33頁。

57）三浦崇宏「TOPIX（東証株価指数）等の見直しのポイント」商事法務2266号（2021年）39頁。

58）この他，東京証券取引所の市場区分及びTOPIXの見直しに際し，上場会社にとって政策保有株主が保有する株式数を減少させるインセンティブとして機能し得る仕組みが導入されている点も注目に値する。新たな市場区分では，プライム市場の形式要件として，流通株式数２万単位以上，流通株式時価総額100億円以上，流通株式比率35％以上が設定される。これらは現在の東京証券取引所の上場審査基準（市場第一部）にも存在する項目であり，かつ，各項目の数字も等しい。東京証券取引所『2020～2021新規上場ガイドブック（市場第一部編）』（2021年２月15日最終改訂）21頁。ただし，市場区分の見直し後は各項目について上場審査基準と同じ数値が上場維持基準となる。さらに，「流通株式」からは「流通性の乏しい有価証券」が除かれる点は変わらないが，市場区分の見直し後，国内の普通銀行，保険会社および事業法人等の保有する株式は，保有する株式数に関係なく，原則として「流通性の乏しい有価証券」として取り扱われる。青克美「東証の新市場区分の概要等の解説」商事法務2228号（2020年）36頁・38頁，林謙太郎「『市場区分の見直しに向けた上場制度の整備』（第二次制度改正事項）の解説」商事法務2252号（2021年）５頁，池田直隆「『市場区分の見直しに向けた上場制度の整備』（第二次制度改正事項）に関する実務上の留意事項」商事法務2263号（2021年）17頁。また，TOPIXは浮動株（実際に市場で売

パッシブ運用の機関投資家の存在は，政策保有株式に関する規制が機能するための前提であるように思われる。今後，パッシブ運用がどのような経路を辿っていくかを見通す能力を筆者は持っていない。しかし，機関投資家の運用方針は機関投資家の行動原理に大きな影響を与えることは間違いないように思われる。したがって，ダブルコードのように機関投資家に多くを期待する規制枠組みにおいては，彼らの行動原理が何に基づいているのかを観察し続けることが必要となる[59]。

買される可能性が高いと考えられる株式）の数に株価などを掛け合わせた数値に基づき算出されるが，「浮動株」には政策保有株主が保有する株式数は含まれないこととされた。三浦・前掲注（57）40-41頁。政策保有株主が保有する株式数の減少は流通株式数の増加に繋がる場合が多いため，プライム市場への上場を目指す上場会社は政策保有株主が保有する株式数を減少させる可能性がある。プライム市場の形式要件である流通株式比率35％以上の趣旨について，東京証券取引所の担当者は「機関投資家との間の建設的な対話の実効性を担保する基盤のある銘柄を選定するため」と説明している。青・前掲36頁。このような説明はプライム市場のコンセプト（「グローバルな投資家との建設的な対話を中心に据えた企業向けの市場」）と整合的である。さらに政策保有株主が保有する株式数の減少は浮動株の数を増加させるため，TOPIX におけるウェイトも増加する。ウェイトが増加した銘柄については，運用成績と TOPIX の連動を目指す機関投資家による株式保有額の増加が期待できる。ただし，これらの仕組みが政策保有株主の保有する株式数を減少させるインセンティブとして機能するかは，上場会社がプライム市場への上場や TOPIX におけるウェイトの増加をどの程度重視するかによって決まる。このようなインセンティブが不十分な上場会社が TOPIX の構成銘柄から外れたりウェイトが減少したりすると，パッシブ運用の投資家との対話によって政策保有株式を縮減させるという政策が機能しにくくなる。本稿はこのような政策の妥当性の再検証を目的とするものであるが，東京証券取引所の市場区分と TOPIX の見直しによって，上記の政策が妥当する範囲が狭まる可能性に留意する点があるように思われる。

59）前注（54）で言及したようにパッシブ運用を行う機関投資家のスチュワードシップ活動への関与を高めることを政策課題とする場合には，そのインセンティブ構造に着目する必要がある。山下徹哉「インデックスファンドとコーポレート・ガバナンスの関係に関する序論的検討－米国における議論を手がかりにして－」論叢188巻４＝５＝６号（2021年）266頁。

複数議決権株式を用いた株主構造のコントロール

松　井　智　予

Ⅰ．はじめに

日本においては，議決権について何らかのアレンジメントを行う種類株式のうち，とくに会社法108条１項８号が，株主総会または取締役会で定める事項のうち，その決議のほか，その種類株主を構成員とする種類株主総会の決議があることを必要とするものを定めることができるとしており，このような種類株式を拒否権付株式（＝黄金株）という。一部の株式にのみ譲渡制限を付した公開会社（108条１項４号・２項４号・５号）が上場した場合，黄金株に譲渡制限を付することができると考えられたため，取締役選解任等について拒否権を設定した黄金株を友好な関係先に発行するなど，敵対的買収に備えて企業が導入する防衛策としての使途が強く認識され，関心が高かった。

これに対し，平成18年（2006）年１月にこのような黄金株発行会社の上場を認めるべきかどうかについて東京証券取引所が「買収防衛策の導入に係る上場制度の整備などについて」を公表した。また，2007年に企業価値研究会において「上場会社による種類株式の発行に関する提言」[1)]が取りまとめられた。

この提言は，種類株式がアメリカにおいて，キャッシュフロー調整のほか，

1）企業価値研究会「上場会社による種類株式の発行に関する提言　平成19年12月」 https://www.meti.go.jp/policy/economy/keiei_innovation/keizaihousei/pdf/joujouteigen2.pdf

創業時の事業者・被用者や出資者である公開前株主が複数議決権株式を持って経営陣の長期的アプローチを可能にするように用いられているという実情を紹介する[2)]。一方，ヨーロッパでは，報告書がまとめられた当時は政府による拒否権を維持する必要性があったため，種類株式のうちキャッシュフローを維持するための条項ではなく議決権型の種類株式が広く用いられていた。このことを受けて，報告書では黄金株は民営化企業が中心であることが指摘されている。資本の移動の自由等との兼ね合いがあり，EUの立場としては，一株一議決権原則に関して2007年５月にまとめた調査報告書[3)]において「一株一議決権原則と企業の経済パフォーマンスやガバナンスの間に相関関係があるとは断定できない」と結論付けているものの，一方で個別の黄金株事例に対してはECJで否定される例も多いことも指摘されている。一方で，たとえばフランスにおいて，上場企業上位120社のうち６割の企業が，一定期間株式を継続保有した場合に議決権が２倍になる制度を導入済みであることも報告されている[4)]。

こうした調査の上で，報告書は，種類株式発行について弊害と無関係な制約を設けるべきではなく，様々な発行目的を許容すべきとしたが，一方で上場会社における発行には弊害が考えられるとした。この報告を受けて，東京証券取引所は，拒否権付株式の発行が上場株式が備えるべき基本的かつ重要な権利が著しく損なわれる状態となる内容を含む防衛策となりうる場合を明示した。

その後約10年が経過し，この間に2008年のリーマンショックを経て，現在の世界の市場では種類株式の導入について方向性の異なる動きが見られる。

アメリカにおいては，創業者支配型のIT企業の上場において，議決権種類株式を活用して創造性と会社の経営方針とを投資家の議決権に左右されず

2）同３頁。

3）Report on the proportionality principle in the European Union - ISS Europe, ECGI, Shearman & Sterling - 18 May 2007.

4）同４頁。

に維持しようとする動きが顕著になった。この dual class stock については主要な機関投資家が強い反対を表明し，様々な IT 企業に対して訴訟が提起される事態となっている。また，サンセット条項によって徐々に株式を一本化すべきではないかという学説・規制庁の主張も有力となっている。一方で，創業者により多くの利益が分配される構造を了解の上でより多くの投資機会を求める自由を主張する投資家や，長期投資の議決権を増加させるべきとの思想に立った証券取引所（LTSE）の開設もみられる。

アメリカでは創業者が自分に複数議決権株式を割り当て，機関投資家に議決権を配分しなかったのとは逆に，ヨーロッパでは，短期間での業績追求を反省する動きが強まるなかで，複数議決権株式は長期保有を行う機関投資家の優遇策―スチュワードシップ・コードなどを含み，各国が独自に設計できる―の一種と捉えられている。投資家への権利の再配分は自発的に生じにくいため，何らかの指針なり規制が伴うことになる。2015年５月７日には，欧州法務委員会において，株主権利指令の改正案に，中長期株主に対する優遇策の採用を２年以内に各国に義務付ける3ea 条が10対13の僅差で導入されるという出来事が耳目を集めた[5]。ただし，長期株主優遇策が民間の投資家に好感されるとは限らない。フランスは，国内事業の主要な設備や雇用が国際資本の決定に左右されることを防ごうとしており，立法によって上場会社における２年以上の長期保有株式を２議決権を有する優先株とすることをデフォルト化したが，これによって結果として政府保有が進み，投資家が排除

5）福本葵「長期保有株主に対する優遇策」証券経済研究第94号（2016.6）77ページ。同80頁によれば，長期保有株主の優遇策として，追加議決権，税制上の優遇措置，ロイヤルティ配当（loyalty dividend）やロイヤルティ株式（loyalty share）のいずれか一つ以上を付与すること，そして，EU 構成国に対し，２年以上の任意の期間，株式を保有する株主を長期保有株主として取り扱うこととし，これらの措置は２年以内に行われることが述べられていたが，この後各方面からの質問，議論が盛んとなり，最終的に欧州議会はこの修正案を受け入れず，2015年７月８日に本会議において採用された改正指令では，3ea 条は削除され，同指令前文において，機関投資家や資産管理会社がしばしば，不適切に短期的なリターンを注視しすぎるあまりに，会社のガバナンスやパフォーマンスを不適切な方向に導くとし，役員の報酬の方針を中長期のパフォーマンスに寄与するものとすることや，従業員や地方当局，市民社会などのステークホルダーを考慮したコーポレート・ガバナンスを適切に関与させる必要性について触れるにとどまったとされる。

されたことを示唆する研究もある。この立法に伴って，新規上場における複数議決権の導入も顕著に増加したとされており，その影響が注目される。また，イタリアやベルギーもフランスの動きに倣って複数議決権株式を法制化したとされる[6)]。このような制度が広がることは，資本移動自由の原則に関するECJの従来判決とどのような関係に立つのかが，問題として残されていよう。

日本は，複数議決権株式について証券取引所・企業が謙抑的な運用をしてきたためか，企業側がIPOにおいて限界を探り，投資家がアクションを起こす応酬の中でバランスを探る動きは生じていない。2014年に，CYBERDYNE社が上場をした際，複数議決権類似の投資単位制度の導入が話題となったが，これに続く例も特にみられない[7)]。逆に，国が一定の政策に基づいて複数議決権株式制度を強制的に導入する状況も生じていない。長期株主を積極的に作り出そうという思想に基づく自発的な株式発行については，本研究会において，平成28年７月20日に「上場会社による種類株式の利用」について報告がなされている[8)]。

6）イタリアでは，1998年２月４日のLegislative Decree 58号127条の５により，特別な登録から少なくとも24カ月の連続した所有により２票の議決権を有することができる制度が導入されていたが，Covid19の蔓延を受け，2020年５月13日のLaw decree No23（いわゆるRecovery Decree）において，外国への所在や上場を防ぎ自国の市場を保護するために，上場会社に定款変更により最大１株３票の複数議決権株式（特定事項への限定や裁量的でない事項の発生に条件づけることが可能）の導入を許可している（Recovery Decree45条による変更後のDecree58号の127条の６，民法2351条４段落)。導入に際しては10％以上の少数株主からの反対がないこと，反対株主に株式買取請求権を与えること，等を要求し，またこの要件は外国法域の法への移転や合併・分割を通じて同様の複数議決権を導入する場合にも適用されるとされており，むしろ複数議決権導入をメリットと感ずる企業の移転のメリットをなくす法といえる。

7）2023年２月15日経済産業政策局「グロース市場に関するフォローアップ会議にあたっての意見」では，複数議決権株式を用いて上場した企業がIT企業で多く，株価上昇率が相対的に高いこと，他方日本ではサイバーダイン社しか例がないことが触れられていたが，日本経済新聞2023年２月17日記事「議決権「不平等」株式，普及へ経産省は笛吹けど」では，日本のマザーズ上場企業はガバナンス不全もあって株価が低迷する例が多く，市場では歓迎ムードが乏しいと指摘されている。

8）加藤貴仁「上場会社による種類株式の利用」金融商品取引法研究会研究記録第57号。

Ⅱ．IPO 時点における複数議決権株式の利用と創業者利益

1．複数議決権株式を IPO 時に導入するアメリカ企業の増加

アメリカの会社は種類株式を発行できるが，証券取引市場が種類株式を歓迎しているわけではない。1985年に市場間競争を通じて NYSE は種類株式制度を認めることを余儀なくされたが，1988年に SEC が Rule19c-4を新設して１株１議決権制度の会社が複数議決権制度に移行することを制限し，当該ルール導入の権限を裁判所に否定されつつも，主要な証券取引所に同様の制限を導入するよう説得したという経緯から，IPO 時の種類株式制度採用と流通市場株式の種類株式制度への移行との間に差が生じた[9]。

ただし，市場の比較優位という観点からは，この制度の存在が投資家にとっても望ましいと考える立場もありうる。2004年の Google 親会社の Alphabet が複数議決権株式を利用した IPO を行って以降，創業者等が支配権を維持するために用いられる複数議決権株は，NYSE でも増加していった。Facebook，LinkedIn，Alibaba，Samsung，または Snap（Snapchat 親会社）のような IT 企業の IPO では導入率が高く，IT 企業の３分の１はこれらを利用しているとの報道もある。楽天を筆頭株主とする Lyft も上場に際して１株20議決権と１議決権の議決権種類株を利用した[10]とされている。こうした IT 企業だけでなく Visa，Mastercard，Berkshire Hathaway，Roche といった企業もこのタイプの株主構成を採用している。ウォール街では，2015年に公開された133社のうち14％が複数の議決権を共有し（2014年12％，2005年１％），現在複数議決権株発行会社の株式は時価総額５兆ドルにのぼるという。国際的にみても，後述のとおり香港やシンガポールで Dual Class Stock

---

9）Lucian A. Bebchuk & Kobi Kastiel, “The Untenable Case for Perpetual Dual Stock” 103 Va. L. Rev. 597 (2017).

10）「米リフト，IPO を正式申請　楽天が筆頭株主」ロイター通信2019年３月２日。

ストラクチャーとよばれるこの種の株式制度が認められる前，この制度を活用しつつ資金調達をしたいと望む企業にとってはNYSE以外に選択肢がなかったため，アリババやマンチェスター・ユナイテッドなどの有力な企業体をNYSEに惹きつける効果があったといわれている[11]。

2．議決権種類株式を用いたIPOに対する学説・投資家の反対

（1） 機関投資家との攻防

議決権種類株式の利用は，ヨーロッパで多く，法制上このような制度に懐疑的な東アジアや機関投資家からの反対が強い英米で少ないといった地理的差異がある[12]。また歴史的にも，アメリカでも一株一議決権原則が導入されるまでは様々な議決権付与方式が存在していたし[13]，同原則導入後のNYSEでも，1940年代まで無議決権株式発行がしばしば見られ，NYSE以外の取引所はその後も柔軟な対応を続けていたという[14]。2004年，Google親会社のAlphabetのIPOを契機として，機関投資家・投資顧問・規制庁などの立場にある各リーダーがIPOにおける種類株式使用に反対を表明するようになった（ただし，ビジネス誌ではone share one voteから脱却すべきだという主張も頻繁にみられる[15]）。

11）近年こうした選択を伝える記事として，“Coupang chooses NYSE for IPO to take advantage of dual-class share” Korea Herald Feb.14.2021 visited Sep.10.2021. なお，長期投資を誘引する取引所としてLTSEが2020年にアメリカであらたに開設されている。詳しくは，福本葵「長期保有株主を優遇する議決権行使制度」『証券経済研究』109号13頁（2020）参照。

12）佐賀卓雄「デュアル・クラス・シェア（DCS）ストラクチャの論理と現実」証券経済研究第111号（2020.9）5頁。

13）たとえば，前注6頁によれば，アメリカでは1852年にメリーランド州会社法が1株1議決権原則を採用するまで，多くは特許状上株数に関係なく一人の株主に1票を付与するか，大株主に議決権を制限する方式を取っており，1株1議決権は少数派であったとする。

14）同7頁参照。

15）Simon C.T. Wong, “Rethinking “One share, One Vote” Jan. 29,2013 Harvard Business Review ; Steve Johnson, “Mantra of ‘one share, one vote’ is under fireCan short-termism be tackled by rewarding shareholders who hold stock for longer?” Financial Times Feb. 22, 2015 ; Peter Clapman and Richard Koppes, “ Time to Rethink ‘One Share, One Vote’? The shareholder-rights agenda has been largely achieved since it began in the 1980s” WSJ June 23, 2016.

Alphabetは，種類株式導入を計画した結果株主との間で訴訟問題に発展した最初の企業となった。訴訟が起きた2012年４月から約１年後の2013年６月，同社は，最終的に５億ドル以上の和解金を支払ったという[16]。同社はさらに2019年に入ってから役員や幹部の性犯罪疑惑およびセクハラの隠蔽や退職金の承認などを理由に提訴され，複数議決権株式の廃止を求められている[17]。

最近の事例では，2017年１月に上場申請したスナップ社は，株式公開時に発行した株式がすべて無議決権株式とするという非常に極端なスキームを採用した（２人の創業者所有率が30％を下回るとすべての株式が普通株に転換され，どちらかの創業者が死亡すればその株式は譲渡不能となるとされた[18]）。同社は訴訟には直面しなかったものの，主要インデックス提供会社による，種類株式発行企業を指数構成銘柄から除外する方針に則り，ラッセル3000指数やS&P500指数に採用されないこととなった[19]。

---

16) Tom Hals, “Google settlement clears way for new Class C stock”, Reuters June 18, 2013. last visited May 17 2023.

17) 2019年，複数の株主代表訴訟が提起され，リードケースはIn re Alphabet Shareholder Derivative Litigation, Case No. 19CV341522，としてSuperior Court of the State of California in and for the County of Santa Claraに継続した。原告は同社が取締役が人身売買に関わっていたことを把握しつつ不問に付して退職金パッケージを承認したと主張し，これについて同社の過失による誠実・忠実義務違反を問うたほか，こうした点についての改善を行うために，現行Bクラス株式によって創業者６人が合計60％の議決権を有している点が障害となっていることを指摘し，裁判所に対し，１株１議決権制度を採用するような定款変更を含むガバナンス改善をAlphabetおよびGoogleに指示する救済（Relief）を求めた（訴状はhttps://assets.documentcloud.org/documents/5682121/19-CIV-00164.pdf参照）。この訴訟と時を同じくして，２つの年金基金が類似の主張による別訴を提起した。同訴訟については2020年11月30日に和解が成立し，Alphabetは３億1000万ドルの和解金の支払いのほか，取締役会の監督に関する改善案に同意したとされるが，多議決権株式の発行は廃止されていない。

18) スナップ社のＡ種種類株式（無議決権株式）のIPOに当たっての目論見書（https://www.sec.gov/Archives/edgar/data/1564408/000119312517068848/d270216d424b4.htm）参照。発行後，１株10議決権株式を保有する役員は発行済株式の議決権総数の88％余りを保有することになるとする。

19) Trevore Hunnicutt, “S&P 500 to exclude Snap after voting rights debate” Reuters, Aug.1. 2017. ただしグーグルやバークシャーなど既存の種類株式は除かれない。

（2） 学説における分析と規制の導入

このように創業者に極端な形で支配権を残すスキームが登場してきたため，2017年にBebchukらが発表した論文は，ある株主に支配的割合の議決権数を割り当てる種類株式においては支配株主の議決権割合と資本割合との差（wedge）が大きいほどエージェンシー・コストが大きくなり，会社価値が下がるとの分析をもとに[20]，上場会社が同族企業と同様の承継リスク（高齢で意思能力の点でも疑問が残るような創業者の支配が続くなど）にさらされる例などを挙げつつ[21]，弊害が経時的に増大することを指摘した。まとめると以下のとおりである。

a．①IT業界ではIPO後に技術革新によって環境が激変し，あるいは支配持分が血縁者などに譲渡され，当初創業者に見出されていたリーダーシップが適切でなくなる可能性が高いこと，②創業者ら自身もポートフォリオ分散のために持ち分を減少させる可能性が高いこと，

b．一方で③創業者による支配や長期支配の利点，さらには株主と比較した場合の経営者の支配の利点のいずれも，時間とともに失われること，

c．こうしたことで経営者による搾取と，インセンティブの歪みの問題が顕著になるにもかかわらず[22]，支配株主は種類株式廃止によって私的利益をすべて失う一方単一株式制度のもとで得られる便益の一部しか得られないため，単一株式構造への移行には強い負のインセンティブが働き，事後的な私的調整によっては種類議決権株スキームは消滅しないこと。

同論文はマーケットの調整により最適な条項が挿入されるはずである，会

20） *Supra* note 9, Bebchuk & kastiel at p603.

21） ただし，例えば2019年に離婚により離婚により財産を分与したAmazon創業者のベゾス氏の事例においては，逆にAmazonが創業者という属性に多くの議決権を付与する株式を発行していないことがリスクとなり，もし離婚相手が相当規模の株式を持てば会社支配が不安定になるとの懸念から，成長株投資家の間でアマゾンの持ち分を減らす動きが出てくると予想された。John McDuling, "Jeff Bezos' 'beauty' of a divorce probably won't derail Amazon juggernaut " The Sydney Morning Herald (Jan.18, 2019), https://www.smh.com.au/business/companies/jeff-bezos-beauty-of-a-divorce-probably-won-t-derail-amazon-juggernaut-20190117-p50rwj.html.

22） *Id.* at 602.

社により最適な条項は異なる，IPO を抑制する，などの様々な反論を想定しつつ，様々なサンセット条項を検討し，結論として，支配権者と無関係の株主が延長に同意しない限り，種類株式制度を10年ないし15年で終了させることを推奨した[23)]。

この論文と軌を一にして，2017年春，米国の年金基金，ノルウェーのソブリン資産ファンドおよびシンガポールの GIC に裏付けられた世界最大の資産運用会社（BlackRock, Vanguard State Street）が，株主民主主義の原則を侵害するものとしてこの種の金融商品に対する反対を表明した。また，2018年２月には SEC（証券取引委員会）のコミッショナーの一人である Robert J. Jackson が複数の議決権のある株式に期限を設けるような新しい上場規則を課すべきことを主張した[24)]。

こうした環境のなかで，IT 企業も，業績が好調で創業者支配に対する顕著なリスクがない環境のもとでは，訴訟や株主運動によって繰り返し費用が発生する事態を回避すべく，たとえばサンセット条項を導入するものが増え[25)]，複数議決権スキーム自体を断念した事例も現れている。同年2017年６

23）*Supra* note 9 Bebchuk & Kastiel at p585.

24）“Perpetual Dual-Class Stock : The Case Against Corporate Royalty” Commisshoner Robert J.Jackson Jr. Speech on Feb.15, 2018　https://www.sec.gov/news/speech/perpetual-dual-class-stock-case-against-corporate-royalty.

25）多く会社の定款には，当初の複数議決権株主による「譲渡」により，譲渡された株式が会社の普通株式に自動的に変換される旨の定めがあるという。ただし，この「譲渡」に当たらない取引は当初①（保有者の税務等の事情で）信託／法人に譲渡され，保有者が株式の議決権行使権限を失わないもの，②保有者の担保差し入れ，③取締役への委任状が付与されるもの含め単発的な目的での議決権の限定的な譲渡に限られていたが，その後所有者の家族への譲渡などが問題となった。またその後，創業者が自動変換条項をトリガーすることなく，議決権行使契約や M&A 等の取引を支持するとの株主との議決権協定を締結できるなどの例外条項の策定が実務上推奨されている状況にある。これに関してはデラウエア州判例において，特別委員会の承認と少数株主過半数の承認を条件とした（少数株主締め出しにかかる MFW 基準に類似）トリガー排除提案が適法であったとしたものがある（City Pension Fund for Firefighters and Police Officers in The City of Miami Beach v. The Trade Desk, Inc., et al., C.A. No. 2021-0560-PAF, memo. op. (Del. Ch. July 29, 2022)。また，同州会社法242条(b)(2)は，企業が複数種類株式を発行している場合の定款変更について不利益を受けるクラスの株主の個別承認を規定しているが，役員免責にかかる定款変更はこうした固有の株主の承認を必要とする「株式の権限」の制限にかかる変更ではないとした判例がみられる（Elec. Workers Pension Fund, Local 103, I.B.E.W. v. Fox Corp., C.A. No. 2022-1007-JTL.)。

月，米ネット複合企業InterActiveCorp（IAC）が，訴訟にともなう負担や騒動を理由に無議決権株式発行を取りやめた。同様に同年９月，フェイスブックが，提訴されていた無議決権株式の発行計画を撤回すると発表した[26)]。2019年のUberの上場に際しては，議決権種類株式スキームは採用されず[27)]，また議決権種類株式スキームを用いようとしたWeWorkの上場はそれが一因となって失敗したと報道される[28)]。2019年の株主総会では，フェイスブック株主らが議決権種類株式制度の撤廃を提案し，委任状を集めた[29)]。また，多議決権株式スキームを用いて上場した会社がこれを放棄した事例として，2020年９月に上場し2021年３月に放棄を宣言したSnowflakeの事案が挙げられる[30)]。

（3）　マーケットによる規律と市場間競争

だが，このような規制強化の提言や圧力は一様なものではなく，投資機会を歓迎する機関投資家も存在する。Alphabet訴訟やSnapのインデックス除外といった措置も，IT関連新規上場株式の利益率が高く，そうした株式から組成されるETFが発足するといったトレンドの中では，議決権種類株式を用いた上場を抑える効果はないのではないかとの見方もある[31)]。また，市

26）ザッカーバーグは裁判所において無議決権株式の発行を取りやめた理由を証言することをまぬかれるために，結局6750万ドルの訴訟費用を支払うことに合意したと報道されている（“Facebook to Pay $67.5 Million in Fees in Suit Over Shares” Boomberg Oct. 25 2018）

27）共同創業者カラニック氏やその他創業当時からの出資者を議決権上優遇しないと報道された。これに先立つ2017年10月，カラニック氏は同社のCEOを６月に辞任したのちにもかかわらず，取締役会の他のメンバーの意見を聞かずに自ら任命権を行使して新たに２人の取締役を任命したという経緯があり，議決権付与が火種となる可能性が高い状況であったといえる（「【グラスルイス】創業者の支配権強化に対する投資家の懸念－フェイスブックやウーバーなど」QUICK ESG研究所リサーチレポート・2017年11月16日（https://www.esg.quick.co.jp/research/807））。

28）Connie Loizos “In the dual class shares debate, the big exchanges should get off the sidelines” Tech Crunch, Oct.1. 2019 (https://techcrunch.com/2019/09/30/in-the-dual-class-shares-debate-the-big-exchanges-should-get-off-the-sidelines/last visited Sep.10.2021).

29）proxy filing https://www.sec.gov/Archives/edgar/data/1326801/000132680119000025/facebook2019definitiveprox.htm より proposal five 参照。

30）Form 10-Q Snowflake Inc.Quarterly report［Sections 13 or 15(d)］（https://sec.report/Document/0001640147-21-000122/）参照。

場でなく産業を育成する政策的見地から，IT 企業などで重要となる R&D への投資は直接金融へのアクセスがなければ進まないことを指摘し，企業の初期段階から資本市場との接点を作ることの重要性を説くものもある[32]。

創業者が利益の大部分を持っていくのであれ，IPO を通じた利益参与の機会がもたらされる状態は，創業者が支配を失うことを恐れてそもそも上場しない状態よりはよいのであり，マーケットの力が議決権種類株式の行使を正しい水準に調整をすることも期待できる，また世界の他の市場において，種類株式発行会社の上場を誘致する競争が存在することを考えれば[33]，投資機会を狭める必要はないとの論拠に基づく。例えばインデックスについても，2017年７月に S&P1500の構成企業に種類株式発行会社を含めないことを決定した S&P に対し，例えば MSCI が2018年１月に複数議決権株式発行会社をインデックスに含めるべきかについて議論を行った際には，排除は実現しなかった[34]。

31）Anita Balakrishnan, "Start-ups go public to get your money – your input on how it's spent is now optional" CNBC Aug 5 2017. https://www.cnbc.com/2017/08/05/snap-exclusion-from-sp-500-wont-stop-multiple-share-classes.html last visited May 17 2023.

32）Bobby V. Reddy, "Finding The British Google : Relaxing The Prohibition of Dual-Class Stock from The Premium-Tier of the London Stock Exchange" *The Cambridge Law Journal,* 79 (2), 315-348. doi : 10.1017/S0008197320000379 (2020) at 316.

33）Alibaba の上場においては，議決権種類株式の上場を認めない香港ではなく NYSE が選ばれたことで，香港取引所が意見募集を行ったこと，シンガポールやイタリアなども同スキーム解禁にうごいていることが報告されている。(「シンガポール取引所，種類株を容認３月までに規則策定，スタートアップ誘致で競争激しく」日経新聞2018/1/22 17：00，小阿瀬達彦「シリコンバレー流，日本上陸」大和総研コンサルティングレポート2015年３月26日　https://www.dir.co.jp/report/consulting/governance/20150326_009585.pdf，中国での制度導入について WANG XI & LIU YANG "A Study on the Dual-Class Share Structures of Overseas Listed Companies－Taking Alibaba Group as an Example" European Journal of Business, Economics and Accountancy Vol. 6, No. 2, 2018など。

34）MSCI は2017年の投資家調査を行ったが，大多数は複数の議決権のある株式に反対する一方，インデックスからの除外は規制当局が義務付け決定した場合のみだとの意見もあり，一定の溝が見られたという。2018年の同社のディスカッションペーパーにおいては，完全な除外よりも急進的でない解決策として，それまでインデックスの加重の際考慮されていた規模と資本流通量に加え，投票権基準を追加する方法が提唱された（この新しい基準を取る場合，MSCI All Country Weigthed Index を構成する複数議決権発行会社253社のうち，12社は除外され（Snap，CME Group，または Porsche），209社のウェイトが全体で4.26％減少する。たとえば，クラス A のア

3. 小括・議決権種類株式の利用目的・抑止を可能とする環境

IPO 時の種類株式制度導入の動機に関するケーススタディでは[35]，無形投資の重要性の高まり，アクティビスト投資家の増加，期差式取締役会やポイズンピルのような他の経営権手段の減少が導入の重要な動機であるとされている。特に最後のものについては，1990年代には，上場しようとする会社は①設立時点で敵対的買収防衛を法制化している法律や，敵対的買収の文脈ですべての関係者の利益を考慮することを行政裁判所に許し，あるいは義務づけている法律を選択することができ[36]，さらに②ほとんどの会社は取締役の３分の１ずつの期差式解任や，ポイズンピル（ライツプラン）の導入，合併その他の形態の企業結合に関する投票について，３分の２，４分の３あるいは85％といった特別多数決制度を採用するなどの手段を取ることができたのに対し，S&P500指数構成企業をみると，敵対的買収防衛策としての期差取締役会は1998年には60％，2008年の34％から2017年の10％に，ポイズンピルの導入は1998年には59％，2008年の20％，2017年の２％へと減少しているという。これは，①機関投資家の資金は現在証券取引所企業の過半数株主となっており，②彼らはガバナンスへの参画を強めるなかで，株主提案を可決

ルファベット株式の場合，流動資本は100％であったが，調整後の流動率は43.9％になる）。結局，2018年10月には，インデックスはそのままに据え置いたうえで，複数議決権株式を考慮した新しいインデックスを発足させるとアナウンスした。“Should Equity Indexes Include Stocks of Companies with Share Classes having Unequal Voting Rights?” MSCI consultation discussion paper Jan. 2018 (https://www.msci.com/documents/1296102/8328554/Discussion+Paper_Voting+rights.pdf/d3ba68f1-856a-4e76-85b6-af580c5420d7 ;) “MSCI Will Retain the MSCI Global Investable Market Indexes Unchanged and Launch a New Index Series Reflecting the Preferences of Investors on Unequal Voting Structures” MSCI press release, Oct. 30 2018 (https://www.msci.com/documents/10199/238444/PR_Voting_Results.pdf/0b548379-fbe7-71c7-b392-7140b2215cc9).

35）Vijay Govindarajan, Anup Srivastava “Reexamining Dual-Class Stock” Harvard Business publishing May 1, 2018 BH903-PDF-ENG.

36）デラウエア法を選択する場合，取締役会に敵対的買収の試みに対して単にノーをいう可能性を認める判例法が確立しつつある（Air Products & Chemicals, Inc. v. Airgas, Inc. 16 A.3d 48 (2011)）ため，株主が魅力的と感じ交渉の時間が与えられたケースでも，買収を中断させることができる可能性が高い。

させることでこうした敵対的買収策を骨抜きにしてきたという事情が大きい。種類株式は，期間に制約のある買収防衛策や，特定事項についてしか支配権維持を確保できない特別多数決制度などと比べてもより恒久的で裁量性の高い制度として経営陣に期待されているといえる[37]。

ただし，統計的に，恒久的な種類株式制度の存在は，業績の長期的向上を意味するものではない。学術的評価は様々で，市場から調達できる資金がディスカウントされるとしても経営者が市場のプレッシャーから自由になる結果より多くの成長機会が得られるとか，より大きく成長し，あるいは種類株式発行会社がよりよいパフォーマンスを示しているといった側面が必要と指摘するものや[38]，さらにそこからアグレッシブな成長と家族支配との組み合わせが長期的成長をもたらすという主張も存在する[39]。デメリットについては経営陣による収奪や報酬がより高額なものにつくこと，価値破壊的な企業買収が起こりやすいことが指摘され[40]，また投資対象としても，株価収益率が低下するなど一般投資家（外部株主）への悪影響が大きく，同スキームの撤廃によって企業価値が上昇するとか，IPO 初期に高い価格を達成しても数年で当該効果は消滅するという研究結果が存在する[41]。ファンダメンタルズに比して取引価格が割安となり，また長期的にも企業価値が毀損されやすい構造があるならば，IPO が一時的に強気の相場をつけたとしても，それは単に新規投資家から初期の出資者への移転を容易にするだけであり，起業家

37）“Le pouvoir des actions à droit de vote multiple” LeDevoir 1 avril 2019 https://www.ledevoir.com/opinion/idees/551124/pourquoi-les-uber-lyft-et-les-autres-se-sont-ils-entiche-des-actions-a-droit-de-vote-multiple last visited May 17 2023.

38）Gurrea-Martínez, A. Theory, Evidence, and Policy on Dual-Class Shares：A Country-Specific Response to a Global Debate. European Business Organization Law Review 22, 475-515 (2021). https://doi.org/10.1007/s40804-021-00212-4 at486.

39）Dimitris Melas, “Putting the spotlight on Spotify：Why have stocks with unequal voting rights outperformed?” MSCI Blog Apr3, 2018. https://www.msci.com/www/blog-posts/putting-the-spotlight-on/0898078592 last visited May 17 2023.

40）Vijay GovindarajanShivaram RajgopalAnup SrivastavaLuminita Enache “Should Dual-Class Shares Be Banned?” Harvard Business Review, Dec. 03, 2018.

41）*Supra* note 38, Gurrea-Martínez at p484.

は他の方法で支配力の集中と会社全体の価値向上を図るべきように思われる。

ガバナンスが閉鎖的で搾取が起こりやすい会社であっても，新規 IPO 企業が他の企業よりよいパフォーマンス水準を保てる程度に投資家が規律をきかせることができるなら，そうした不利益は受忍されるのかもしれない。繰り返される訴訟圧力や委任状合戦によって，訴訟のコストや機会費用（経営の阻害）の影響が事前のプランニングに織り込まれた結果として，近年の IT 企業が議決権種類株式の利用を思いとどまっているとすれば，マーケットによる調整はうまく機能しているともいえそうである[42]。ただし，どのようなマーケットでも投資家のアクションが事前の調整に織り込まれるとは必ずしも言えず，①株主からの株主提案や訴訟を事前に阻止できない制度があること，②株主の側に訴訟を繰り返し起こすために集合し（あるいは特定の投資家に十分株式が集中しており）かつ資金を集めることができる制度があること，といった前提条件が整っていなければ，事前には種類株式によって投資家と経営陣の利害調整が低コストで実現できているように見えたとしても，事後的には訴訟を多用したルール明確化が必要となり，結局コストがかさむ可能性があるため，会社法と投資家保護の両者に配慮した議論が必要である。

Ⅲ．ヨーロッパの長期株主優遇と議決権種類株式

1．背景

ヨーロッパにおける株主権利指令では，スチュワードシップ・コード，複数議決権株式，株主総会出席への報酬や役員報酬決議への参加などが短期的視野に基づく投資に対抗する方策という文脈でまとめて整理される。もとも

42）こうしたバーゲニングが現に有効に機能しており，議決権種類株式制度により企業価値が増大し得るのだとする論稿として，Bernard S.Sharfman, A Private Ordering Deffense of A Aompany's Right to Use Dual Class Share Structures in IPOs, Villanova Law Review Vol. 63 Nun,1 p1 (2018).

と，EU は１株１議決権原則を加盟国に強制すべきかを検討していたが，2007年の報告書で企業のパフォーマンスと関係がないとされたことでこれを断念した経緯がある[43]。逆に，2015年５月12日に，欧州法務委員会に提出された株主権利指令の改正案は，中長期株主に対する優遇策の採用を各国に義務付ける3ea 条を含んでおり[44]，これが10対13の僅差で可決された（ただし，多くの質問を集め物議を醸したため，その後の草案および2017年３月14日欧州議会本会議可決の株主権利指令（SRD Ⅱ）からは落とされた）という出来事が耳目を集めた[45]。長期株主によるどのようなガバナンス参画が望ましいか，そして長期的な参画を自由に実現させてよいかに自体にもいろいろな議論があるが[46]，長期的な参加を促すための手段として複数議決権株式が適切なのかという問題は別に存在し，一部の株主への権限の集中という点からの批判も存在する[47]。

２．フランス法の複数議決権制度

上記のとおり EU においては，複数議決権株式は上記のとおり長期株主創出制度の一つとして挙げられたが，EU 構成国は複数株式ないし黄金株式が存在しなかった国（イギリス）[48]，存在する国（デンマーク[49]・イタリ

43）岩谷賢伸（2007）「一株一議決権原則は貫徹されるべきか～欧州委員会による『EU 上場企業の資本と支配の均整』に関する調査報告～」『資本市場クォータリー』2007年 Summer p96以下。当時は非公開中小企業において，コンプライアンスコストを減らす策として複数議決権株式が捉えられていた。（Commissioner Charlie McCreevy speech to Parliament Legal Affairs Committee on 3 October 2017）

44）“on the proposal for a directive of the European Parliament and of the Council amending Directive 2007/36/EC as regards the encouragement of long-term shareholder engagement and Directive 2013/34/EU as regards certain elements of the corporate governance statement” (COM(2014)0213－C7 0147/2014－2014/0121(COD)), May 12.2015 p33(Article 3ea). (http://www.europarl.europa.eu/doceo/document/A-8-2015-0158_EN.pdf)

45）前掲注５・福本・78頁。

46）Alessio M. Pacces, “Hedge Fund Activism and the Revision of the Shareholder Rights Directive” ecgi Law Working Paper No.353/2017, April 2017.

47）ICGN Viewpoint : Differential share ownership structures : mitigating private benefits of control at the expense of minority shareholders (February 2017). httpsi//www.icgn.org/sites/default/files/2022-8/2.

ア[50]・フランス・ベルギー・ルクセンブルグ)，かつて導入されたものの廃止された国（オーストリア，スペイン，ドイツ）に分かれる[51]。現在の１株１議決権原則の普及は，この複数議決権制度を許容する法制度が安定して維持されているかによって大きく差がある[52]。2001年の上場複数議決権株式導入会社は，デンマークやスウェーデンでは40％前後だがドイツは12％であり，その後後述するECJ判決を経てドイツでは複数議決権株式は発行されなくなった。他方でイギリスでは上場企業に無議決権株式以外のスキームが存在しなかったが，今後は導入する会社が出現する可能性がある。

このうちフランスでは，「実体経済の回復を目指す2014年３月29日の法第2014-384号」（いわゆるフロランジュ法）により商法典を改正し，定款による排除がない限り上場会社においては二重議決権株式制度をデフォルトとしている[53]。

48) イギリスでは2021年12月７日にFCAがロンドンの証券取引所のプレミアムリスティング部門においてデュアルクラスシェアを許可することを公表した（https://www.fca.org.uk/publication/policy/ps21-22.pdf chapter 2)。

49) フィンランドでは，この方式による議決権の上限は資本株式（普通株式）の20倍に達しうる。多くの加盟国はまた「特殊株」または「黄金株」を導入しており，それによって加盟国は民営化された会社の資本に１株を保有することによって，資本提携を承認し，社会的組織の中心に国家の代表者を任命し，あるいは資産の譲渡に反対することができる。

50) イタリアでは，複数議決権株式導入後さらに国際的なイコールフッティングに配慮した改正がなされている。前掲注６参照。

51) La bataille des centres de décision : promouvoir la souveraineté économique de la France à l'heure de la mondialisation (rapport) ⅡA2c *at* note 340. http://www.senat.fr/notice-rapport/2006/r06-347-1-notice.html

52) 何をもって一株一議決権原則，あるいは所有と経営の比例性と呼ぶかは資料によって違いがある。本文の数値はOECD "Lack of Proportionality between Ownership and Control : Overview and Issues for Discussion" P22における上場会社中複数議決権株式を導入している会社の割合の推移のデータを用いているが，同資料は株式持ち合いなども対象としている。

53) Code de Commerce Article L225-123 Modifié par LOI n°2014-384 du 29 mars 2014 - art. 7 (V)。会社法においては，一般に定款に定めることによって当該二重議決権株式を導入できる(L225-122条が１株１議決権原則を定め，L225-123条が定款規定のもとにおける二重議決権株式を認める（上場会社の例外は)。L225-124条により相続や配偶者・親族間の贈与・清算を除き，譲渡によって二重議決権が失われるが，株主または対象会社の合併等によっては失われない旨が定められている。)。フロランジュ法７条５項により，上場会社については商法225-123条最終段落の効力の発生は同法L22-10-46により自動的に付与されることになる。

フランスは伝統的に複数議決権を認めるかどうかについて激しい変遷をたどってきた国である。1867年７月24日の法律第27条は，株式の数は議決権の票の算定の基礎であり，原則として各株式は同じ数の議決権を有するものとしていたが，1903年11月16日法は，「定款の規定に反しない限り，優先株式やその他の株式は株主総会において平等な議決権を有する」とし，企業に優先株創設を許可し，この優先権には複数議決権の権利が含まれうるとされていた[54)]。この制度は銀行などによって導入されたが，一部でこの株式設計の自由が悪用され，複数議決権株式に対する反対が金融界で生じたため，1930年４月26日の金融法が優先議決権を付した株式発行を禁止し，1933年11月13日法は，「株主総会において，株式に付着する議決権はその株式が表章する資本の割合に必ず比例しなければならない」という原則を確認したうえで爾後二重議決権を有する株式を以外の優先株式の創設を禁止した[55)]。この無議決権株式および２倍以外の複数議決権株式[56)]の禁止の原則が1966年７月24日商事会社法174条を経て現在に引き継がれたという[57)]。

また，1929年１月23日の法律により導入された「創設者持分」または「受

54) 嘉野敏夫「フランスに於ける議決権株に就て」法学新報56巻２頁（1949年）。

55) 斎藤雅代「フランス法における株式と議決権をめぐる近時の展開について」山梨学院大学法学論集80号118頁。

56) 1966年法175条１項は，「同一株主の名義で少なくとも２年間の記名登録が証明される全ての全額払込済株式（les actions entierement li bérées）に対し，定款またはその後の特別株主総会（une assemblée générale extraordinaire）により，その表章する資本の持分を考慮し，他の株式に与えられた議決権の２倍の議決権が付与され得る」と規定する。

57) *Supra* note51, *Rapport* footnote 335，前掲注56・斎藤118頁。

58) 企業が発行する創業者の株式に関する1929年１月23日の法律第１条

1　株式事業会社は，創設時または後日に，「創設者株式」または「受益権」の名の下に，譲渡性のある有価証券を作成，割り当て，および発行することができる。

2　株式資本の範囲外にあるこれらの証券は，その所有者に組織のパートナーとしての資格を与えるものではない。しかし，所有者はそれら証券によって会社に対する残余財産請求権，利益に対する固定的または比例的権利を与えられることができる。

4　同じ会社内に平等でない権利を持つ，異なる種類の創設者株式または受益者株式を存在させることができる。各種類は異なる集団を形成する。

5　株式の所有者の権利は，株式会社の定款またはその後の株式創設にかかる株主総会の審議において決定される。

同条第３，６，７段落は略

益持分」(parts bénéficiaires/parts de fondateur) という制度がある[58]。会社の特定の創設者によってなされた現物出資と引き換えに発行され，その後株式に転換されるものとして，創設者株式は特定の受益者に権利を与えるが，最終的な清算の際の残余財産を除き，資本に対する所有権を構成するものではなく，また会社の経営に対する何らの決定権も持たない。異なる権利を持つ異なる種類の創設者株式が発行され，付与される可能性がある。だがこれもまたその後に1966年商事会社法264条が新規発行を禁止したため，絶滅の危機に瀕しているという[59]。

現在，SASという簡略な会社形態においては複数議決権が認められているが，そうした形態の会社は公募を行うことが禁じられている[60]。また，公開有限会社は複数議決権株式を構築する自由を制限されており，商法典L.225-122条第１段落は，「資本株式または享益株式（actions de jouissance）に付着する議決権は，それらの株式が表章する資本の割合に比例し，かつ，各株式が少なくとも議決権をともなうものとする」としている。その例外は，定款によって一人の株主が株主総会で行使する票の数を制限することが認められる場合（L.225-125）[61]，および特定の客観的基準を満たす株主のロイヤリティに報いるために，優先株として，２重議決権のみが認められる場合である（L225-123)。これら例外に沿って，近年になって議決権種類株式を容認する改正が行われ，法に定める条件を順守することで優先株を作成することが認められるようになった。2004年６月24日のオルドナンスによる商法典の改正により，議決権の有無を優先株の内容として定めることができるようになったのである。現在では無議決権株式も，会社資本の過半数を超えない範囲（上場会社においては４分の１を超えない範囲）で認められる（L.228-11，L.228-12)[62]。

59）現在，このタイプの証券が発行できるのは公開有限会社のみであり（Art.483，453)，SPRLでは禁止されている（Art.232)。

60）SASに関する商法のL.227-１条は，SASに適用される同法のL.225-122条（上記参照）を明示的に除外している。

61）前掲注55・斎藤・117頁。

一方，拒否権付き株式は，1986年の民営化に関する法律[63]により導入され，同法律によればデクレによって国益保護の要請により国有の株式の権利が特別の権利に転換されることが決定され，それ以降当該証券保有者にその特別な権利が与えられることが規定されていた。商法 L.225-96および98において公序良俗に反しない限り認められており，ここから支配を維持する要請がある国家のみがこれを利用できるとされていた[64]。後述する ECJ 判決で問題となった民営化企業ではこの制度が用いられている。

3．複数議決権株式制度を法に導入する際の影響

では，複数議決権株式を法制度として導入すると，市場にはどのような影響があるのだろうか。前述した通り，議決権種類株式の影響については，統計的な研究が種々存在するが，フランスに関するイベントスタディは既存の企業を含めたデフォルトルールとして議決権種類株式を導入した場合の影響の一例として興味深い。ただし，前述した通り，個々の国の種類株式制度を支える社会状況（株主の影響力や会社グループの支配構造）は異なっており，分析に当たっては，長期保有による議決権付与という構造自体の影響と，それとは別にその導入手法や社会状況の特殊性による影響とを考慮しなければならない。前者については，どの株主に保有されていても保有期間が長くなれば，その株主に複数議決権をもたらす－それとともに議決権総数をも恒常

62）2004年６月24日の改正以前の優先株式（actions de priorité）の「優先」の内容は多様であったが，議決権の制限に関しては，議決権のない優先配当株式（actions à dividende prioritaire sans droit de vote）という形のみ認められていた。2004年６月24日のオルドナンスによる改正で新たな優先株式（actions de préférence）が導入され，この優先株式は「議決権を有しまたは有さない」ものと定められた（商法典 L.228-11条第１項）。前掲注55・斎藤・114頁。

63）loi n° 86-912 du 6 août 1986 relative aux modalités des privatisations, modifié par l'article 3 de l'ordonnance n° 2000-912 du 18 septembre 2000.

64）David Babin et Guillaume Cluniat “Action et pouvoir dans les sociétés cotées” p23. (http://memoire.jm.u-psud.fr/affiche_memoire.php?fich＝7934&diff＝public). なお，同法導入のインパクトを分析する論考として，最近では Thomas Bourveau, François Brochet and Alexandre Garel, (2022), “The Capital Market Consequences of Tenure-Based Voting Rights : Evidence from the Florange Act” Management Science, Vol. 68, Nume 12がある。これによれば。二重議決権導入企業は外国機関投資家を失い，株価収益率が低迷し，ESG 活動にも悪影響があったという。

的に変動させる－優先株式という制度が，投資家の行動（株価，投資規模や期間，ガバナンスへの参加態様）および経営陣の行動（ガバナンスの充実度，リスク水準，事業成績）にどのような影響を及ぼすかが問題となる。後者については，導入時点で実際に誰がどのような意図で株式を有していたかが重要である。前者について，長期保有により複数議決権を獲得した株式は，優先株式の機能を持つと理解できる。しかし，このような制度による場合，投資家が会社に送るメッセージはあいまいになりやすい。というのも，流通市場での取得段階では当該株式は普通株式であるため発行・取得時点ではより低い価値（短期保有目的・議決権過少）での取得と混合し，ディスカウントが起きる。一方で，投資家が当初長期短期いずれの保有を目的として株式を取得したかは会社に説明されないため，会社は当該ディスカウントが投資家の動向を正しく反映しているかを検証することもできない。また，自己が保有を続けていても，他の株主が長期株主に該当したり資格を失ったりしうるので，投資家は，自己の保有する株式が結局全体の何パーセントの議決権を構成することになるのかが恒常的にわからない状態におかれるため，長期保有を目的とする取得にもディスカウントが生じうる。しかし，この制度は従来から存在しており，またフロランジュ法導入に際して投資家の保有期間の短期化トレンドに変化は生じていないとされる[65]。つまり，米国で投資家が無議決権株式をも積極的に買うのと同様，フランスでも議決権の数に関するこうした不明確性はもはや投資家の取得・売却や保有期間に関する判断に影響を与えていない可能性がある。

投資家の行動に変化をもたらさないとしても，この制度は，経営陣の側には大きな変化をもたらす可能性がある。この制度がIPOにおいて導入される場合には，支配権争奪に際して既存の支配株主に時間と手段を与え，支配権維持を強固にする効果を持つからである。投資家が議決権（支配権）の獲得を目的としていても，取得初年度に既存の支配株主との協力に失敗すれば，

65） *Infra* note 67, Becht, Kamisarenka and Pajuste (2018), figure 5.

買収防衛のための対抗策を取られてしまう[66]。したがって，買収のリスクが高い企業はこの制度を積極的に用いるであろう。二倍議決権制度導入率は37%であったのに対し，法導入後は54%になったといい，IPO をする会社はこの制度を以前より高い頻度で用いていることがわかる[67]。

一方，既存の企業が新たにこの制度を導入する場合には，まったく違う分配が実現する。フランス法上，通常，ある種類株式の名義人の権利を変更しうる株主総会の決定は，当該種類株主の種類株主総会による承認の後にのみ確定する（L. 225-99条）。従って，議決権種類株式制度は導入すれば廃止が困難であり[68]，同制度の導入は気軽に試せるようなものではないことになる。

66）フランスの公開買付制度は，通貨金融法典（Code monétaire et financier）L433-1 条から L433-4 条にその大枠が規定され，これらの規定の委任を受けた AMF の一般規則（Règlement Général de L'autorité des Marchés Financiers）第２分冊（LivreⅡ）第３章（規則234各条）や商法典において，その詳細が規定されている。内容についてはヨーロッパ M&A 制度研究会報告書（2010. 日本証券経済研究所）15頁以下参照。振り分けとして，一般規則234-1により閾値の算定方法は商法典 L233-7および233-9に定められるとしており，商法典のこれらの条文が閾値を超えた場合に a. 株式取得者が取得目的を告知する義務や b. 会社による実質的権利者の追求などを定めている。前者に続いて取られる対抗策としてはそれほど強力なものは認められておらず，株式無償割当てが行われるが買収者側の買付撤回が認められうるという。後者については，運用においても，ほとんどのフランスの上場会社では，定款により，無記名証券の背後に誰がいるのかを調べる権限を会社に与えているという（2001年改正以降，商法典 L.228-2により，会社が最初に見つけた受益者が真の受益者ではないと思われる場合には会社が真の受益者を発見するまで調査を続けうる。(「フランスにおける企業買収ルールの解釈と運用――市場慣行との相克・買収防衛策に関する論点を中心として（フランス M&A 弁護士との対話）――)」早法 86巻４号（2011）P306)。結果的に潜在的買収者はかなり早い段階で洗い出されると思われる。

67）Marco Becht, Yuliya Kamisarenka and Anete Pajuste, *Loyalty Shares with Tenure Voting – A Coasian Bargain? Evidence from the Loi Florange Experiment* (April 2018). CEPR Discussion Paper No. DP12892, Available at SSRN : https://ssrn.com/abstract=3171160, table 8. *see also,* Becht, Marco and Kamisarenka, Yuliya and Pajuste, Anete, *Loyalty Shares with Tenure Voting – Does the Default Rule Matter? Evidence from the Loi Florange Experiment* (April 1, 2018). European Corporate Governance Institute (ECGI)- Law Working Paper No. 398/2018, Available at SSRN : https://ssrn.com/abstract=3166494 or http://dx.doi.org/10.2139/ssrn.3166494.

68）相続等については，1933年法以降，1966年法を通じても当然に２倍議決権の継承または期間の継続が認められると解され，一方吸収合併の場合については従来は継続が認められないと解されていたが，2008年８月４日法により，２倍議決権は会社分割・合併による移転に際しても，会社の定款に反対の定めがあるときを除いて消滅しないとされたため，２倍議決権を保有する株主は，成立すれば処分以外では権利を失うことはない（L225-124）横沢恭平「複数議決権制度に関する一考察」法学研究論集49号（2018.9）152頁。

また，株主が上場会社の議決権の３分の１以上を保有した場合は株式の強制買付制度の対象となるが[69]，長期保有による議決権増加の場合も（除外期間を除いて）例外ではない。フランスの上場会社における議決権の分布は，この制度があるため，ほとんどの場合，創業者などが最初から多くの長期保有株式を有しており，長期保有に利益を有している場合か，分散した株主が多く各々にとって長期保有に目立った利益がない場合かに分けられることになろう。あえて議決権種類株式制度の導入が戦われる場合としては，支配株主が議決権の３分の１を持たず，支配株主に近い株式数を有する少数株主がいるような場合が考えられる[70]。実証分析によれば，既存の上場会社45社中31社は単独議決権を選んでオプトアウトをし，14社は２倍議決権制度導入会社となり（うち定款変更に失敗したものは７社），当初からこれを導入していた58社はそのままにとどまったとされる[71]。

４．既存企業を含めた議決権種類株式制度の導入と社会的背景の関連

従来２倍議決権制度を導入できなかった45社中７社が同制度の導入阻止に失敗したという数は，少なくないように思われる。こうした会社の業績面での特色として Tobin の Q の値が低いことが挙げられるが[72]，より大きな要因は導入当時の株主構成にある[73]。フロランジュ法の導入直後には少ない資金で拒否権を手に入れることができるチャンスが生まれていたことで，少数株主が長期保有株主となることを新たに選んだといった可能性もあるだろう[74]。

69）AMF（Autorite de Marches Financiers）一般規則　Article 234-2により，最低買付数を定めずに公開買付の提案を行うことが義務付けられている。

70）たとえば，支配株主が６/20株，少数株主が４/20株，短期株主が10/20株を有しているような会社では，株式制度変更後の保有の分布は各12/30株，８/30株，10/30株となり，特別多数決の成立が以前に比べて困難となる。

71）*Supra* note 67, Becht, Kamisarenka and Pajuste (2018), figure 3.

72）*Id*. Table2.

73）*Id*. Table7.

74）*Id* Table 9

定款変更を阻止するためには出席株主の議決権の３分の１を取得することができればよい。そこでたとえば，2015年４月にフランス政府は証券会社とルノー株式を最大1400万株追加取得するという合意を結び，2015年４月８日までに約８億～12億ユーロかけて956万株を取得し，保有比率を一時的に従来の15.01％から最終的に19.74％まで引き上げた（基準日は総会の２日前[75]）。株主総会後にプットオプションを用いて最低価格を保証したうえで持株比率を再び15％に引き下げたという[76]。この事例は，政府に限らず一定の株式を保有している少数株主は，この時期に限り非常に少ない負担で自己のプレゼンスを拡大できたことを示唆する。フランス政府の狙いの一つとして，財政赤字を削減するために50～100億ユーロ規模の政府資産を売却しつつ企業に対する発言力を維持することが挙げられている[77]。短期株主の層の厚さが不変であれば，２倍議決権さえ一度成立すれば，従来同様の議決権割合はより少ない持株数で維持できるので，複数議決権制度はその導入時点で企業の支配株主および有力少数株主に余剰部分の売却というプレミアム（このプレミアムは事業のシナジーではなく，他者に分配されることはない）を手にすることができる。

また，本来であれば，他の優先株式が存在する場合の優先株主による反対，あるいは買付提案を強制されるリスクが増えることなど，少数株主が２倍議決権制度の導入に動くのをためらわせるはずの他の要素も，同法の施行時には機能を停止させられている。フランス商法典上，ある優先株式の名義人の権利を変更しうる株主総会の決定は，当該優先株式の種類株主総会の承認の後にのみ確定する（L 225-99)。しかし，法による２倍議決権導入の場合は，

75）EU 法（2007年の株主権利指令）の要請にもとづく 2014年12月日のデクレにより商法典 R.225-85条が改正され，基準日を株主総会２就業日前と定めた。前掲注55・斎藤・128頁。

76）「仏政府がルノー株買い増しで発言権拡大狙う，日産連合にも影響か」ロイター2015年４月８日　https://jp.reuters.com/article/france-idJPKBN0MZ0MU20150408；松本惇「２倍議決権を義務付けたフランス」みずほ総研　みずほインサイト・欧州　2015年６月17日　https://www.mizuho-ri.co.jp/publication/research/pdf/insight/eu150617.pdf

77）*Id* at p2.

そのための株主総会決議が存在しないし，その後の長期保有による優先株式の株主の数の変動も承認の対象とならない。また，前述のとおり資本または議決権の３分の１を超える持ち分を有することとなる株主は，資本・議決権への権利を有する全証券に対して買付を提案する義務がある（AMF 一般規則 Article234-2)。しかし，フロランジュ法により2014年４月３日から2018年12月31日までの間に二倍議決権を割り当てられた場合については，公開買付義務は免除されているし[78]，すでに会社を支配している株主が複数議決権導入により議決権を維持しつつ資本参加を減らすような持株割合変動に際してもこの義務は適用されない[79]。

同法の導入過程の分析においては，既存の会社への議決権種類株式導入自体が特殊であるばかりでなく，このような導入手法が一時的に投資家の行動を大きくゆがめていることによりさらに特殊性が増しているという事実に留意しなくてはならない。

５．資本の移動の自由との葛藤

議決権種類株式の制度が，長期の一般株主創出という正当化根拠に欠け，一部株主の利益（支配株主の持株割合を高めたり有力株主に余剰の売却機会や支配株主を阻止する発言力）を与えるだけであるならば，そのような制度は一般投資家に不利益を及ぼす。最初に２倍議決権株式を保有することとなった支配株主がその株式を手放さない限り，その構造はアメリカで問題とされる議決権種類株式と結局同種のものとなるから，アメリカにおけると同種の批判が起きてもよいように思われる。しかし，機関投資家も，ヨーロッパにおいてはこのような制度が長期的ガバナンス改善に資する意図に立つもので少数株主の不平等な取り扱いを意図していない場合があると認めている[80]。また，この制度を導入する政府はたまたま受益者でもあるため，規制庁側にこうした法の導入に反対するインセンティブは生じにくい。そこで，

78）AMF 一般規則　Article234-9 no10により，強制公開買付の例外とされている。

79）*Supra* note 51, Rapport footnote 345.

投資家が特定の国への投資において自由を制約されるようなことがないように配慮するEUなかんずくECJが何らかの介入を行う可能性が考えられる。

従来，EU構成国の政府が特定の企業の経営に介入しようとする場合には，よりストレートに目的を達成することができる黄金株制度を特別法によって作り出すのが一般的であった。各国が民営化を進め，一方で敵対的買収による支配権の喪失を防止しようとした結果として[81)]，1990年代から多数の黄金株に関する紛争が生ずることとなった。ECJはこうした事件を審理してきたが[82)]，とりわけ2002年6月4日に，欧州委員会が資本移動の自由の観点などから[83)]問題があると考えて提訴した各国の規制に対する3つの判断により，「黄金株」を設定することのできる上限を明確に定めたと理解されている[84)]。第一はLe décret français n° 93-1298号がフランス政府にElfアキテーヌ会社における特別な株式を認めたもの，第二はポルトガル法n°11/90がポルトガル政府に民営化会社における外国人投資家の影響を軽減することを認めたもので，これらの法は，資本の自由な移動に対する侵害と見なされたのに対

80）ISSの2023年ヨーロッパ・中東・アフリカ向け議決権行使助言方針の「unequal voting rights」において，P23に本文のような見解を示したうえで，7年以内のサンセット条項や定期的な少数株主投票の許可，不平等な場面の最小化などの場合には賛成票を投じてもよいとしている。https://www.issgovernance.com/file/policy/latest/updates/EMEA-Policy-Updates.pdf.

81）ドイツにおける黄金株について，その正当化根拠が敵対的買収防止にあったとする論稿として，Walter Gabriel&Katie Bentel, Seminar Paper on the topic "Dual Class Shares" at Univ. Penn. Law school on 2016, https://scholarship.law.upenn.edu/cgi/viewcontent.cgi?article=1000&context=fisch_2016 (last visited Sep. 11 2021).

82）以下で取り上げる事案も含め，ECJ判決の分析は上田純子「EU「黄金株」事件・再考」(EYIJ-Kyushu Review, Issue1 -2011）による。

83）黄金株に関する判例では，資本の移動の自由に関する判断基準のもととなる1997年コミュニケーション基準（Communication of the Commission on certain legal aspects concerning intra-EU investment［1997］OJC 220/06）違反，かつ，それを法制化したEC条約52条（TFEU49条，差別的措置の禁止）ないし58条（TFEU54条），および，73b条（TFEU63条　資本移動制限を禁止する。ただし同規定は加盟国の公序・公共の安全の見地から正当化される措置を取る権利を侵害するものであってはならない）違反が主張される。また，同55条（TFEU51条），56条（TFEU52条），73d条（TFEU65条）の除外事由に該当せず，また不可避的要請や政府裁量権の範囲に関する周知の基準によっても正当化できない旨が主張される。

84）341 CJCE, 4 juin 2002, Commission CE c/République française ; Commission CE c/République portugaise ; Commission CE c/Royaume de Belgique.

し，第三の判決においては，国立パイプライン運輸公社とDistrigasについて国に特別な株式を認めた２つのベルギーの規制は資本の自由な移動と両立すると考えられた。

ECJは，こうした事例においては，①規制が形式的には非差別措置ではあっても他の加盟国からの投資を委縮させる効果を有するならば資本の自由移動の規定に抵触する，②①にもかかわらず当該措置が正当化されうる場合として，a除外事由にあたる場合またはb一般的利益保護についての不可避的要請がある場合であって，比例性原則を満たしかつ当該事業に知悉される非差別的・客観的基準と当該措置から不利益を受ける者すべてに法的救済措置とが用意されている場合が挙げられる，とする。

フランスの黄金株に関しては，非差別措置である1993年第1298号デクレ２条１項について，国家の危急存亡時の石油供給の確保は不可避的要請としての正当な公益保護にあたり，また73d条（判決時58条；TFEU65条）１項bの列挙する除外事由に該当する，②資本の自由移動を凌駕しうる「公共の安全」は厳格に解釈されなければならず，共同体諸機関の介入なく加盟国が一方的に定めうる性格のものではなく，社会の基本的利益への「真の（genuine）」「十分に重大な（sufficiently serious）」危険があるときに限り援用され[85)]かつ③比例性原則則を満たさなければならず，これらに反する場合には資本の自由な移動を定めたEC条約56条（当時）に違反するとし，フランスのデクレ規定は，比例性を有しないと判示した。ポルトガル事件では，資本の自由移動への制限の直接的帰結として開業の自由に関する諸規定の違反がもたらされるとしており，フランスの事例でも同様のことが言えるであろう。

フランス事件で比例性が否定された根拠は，介入関連規定は大臣の承認の基準を設定しておらず経済大臣は自由に裁量権を行使でき，その結果，投資家は，承認が得られるか否かについての見通しを持つことができず，このこ

---

85) ECJ判例法におけるCassis de Dijon原則により，「一般的利益保護」のための政府の介入は直接公共の利益に関係するものでなければならない。

とは，経済大臣の事前承認権であろうと，異議申立権であろうと変わるところはない，というものであった。逆に，ベルギーの規制が違反でないとされたのは，主務大臣のイニシアチブで異議申立手続が開始されるわけではなく，介入できるのは国のエネルギー政策に重大な危険が迫ったときであり，かつエネルギー大臣は自己の決定について書面により理由書を作成して取締役会に通告せねばならず，かつ，当該決定は司法審査に服するという要素による。

多数の判決を通じて定式化されたECJの判例法は，加盟国に民営化された事業の支配権を与えるすべての国内規定に影響する。だが，この判例法は，以下の点で歴史的経緯[86]や国内雇用[87]などの要請により事業会社の経営に介入しているフランスの態度には一致しない。

①　ECJは，エネルギーや通信などでなく純然たる経済的・経営的性質の事業（タバコ・銀行など）については，EC条約上の基本的自由への制限を正当化しうる一般的利益をそもそも有しないとの解釈を示している。エネルギーや通信など国家のインフラに関わる基盤産業であったとしても，かかる民営化会社が，単体または子会社やグループ会社等を通じていわゆる多国

86) ルノー社は，もともと第２次世界大戦までは軍事産業を含めた国策企業として発展し，ドイツへの協力という経緯を経て，戦後（1945年）にその資産を国に没収され行政命令で「ルノー公団」として国有化されたという歴史を持っている。その後，経営の効率化を目指して1996年に民営化されるに際しても，フランス政府が持株を維持してきたという経緯がある。

87)「閉鎖される事業所の売却先探しなどの義務を強化―フロランジュ法による大統領公約の法制化」労働政策研究・検収機構　海外労働情報　国別労働トピック2014年４月（https://www.jil.go.jp/foreign/jihou/2014_4/france_01.html）。

もともと，フロランジュ法は2011年に鉄鋼最大手アルセロール・ミッタル社のフランス北東部モーゼル県フロランジュ製鉄所の閉鎖が発表された際に，オランド大統領候補（当時）が大統領選キャンペーン中に従業員の解雇問題が生じていた同製鉄所を訪問して対処を約束したものであり，工場閉鎖に関する介入は株主たる地位を介してのものではないため，黄金株に関する判例には含まれないが，同法については，制定時に企業の自由な事業活動を大幅に侵害する内容だとして野党により憲法評議会への審査請求がなされた。憲法評議会の判断は３月27日に下され，企業が経営環境の悪化への対応を柔軟に行えなくなる懸念があり，企業経営の自由という原則に抵触するとの判断に基づき，制裁条項の削除命令を下した。ただし，「売却先を探す義務」と「従業員代表に通知する義務」は残されており，労組はこれを根拠として商事裁判所に提訴することができるため，新法の施行によって事業所閉鎖の手続きは従来よりも複雑になると懸念する見方もある。

籍企業化している場合にも，加盟国経済に関する戦略的役務提供の維持に関わらないので，正当化の前提を欠くという[88]。

② 優先的権利は，大きく，a）株式譲渡および議決権取得に関するもの，b）役員の選任に関するもの，ならびに，c）b）以外の会社の基本的意思決定に関するもの，の３つに分けられるが，ECJ 判決は個別の権利内容を吟味してそれが許容されうるかどうかを判定しており，優先権が異議申立権などどのような形で与えられているかによる画一的判断はしていない。

③ 特定の企業のガバナンスに政策的な目的から介入すること自体を認める場合も，具体的な介入行為に対しては，どのような理由・基準に基づいてどの程度その介入権が行使されるのかの事前予測が可能である必要があるとされている。

以上からすれば，従業員が多いからという理由で介入対象を選定することも，雇用が維持されるように状況に応じて議決権を行使することも，ECJ の考え方からは正当化される可能性は低い。フロランジュ法制定時の元老院の趣旨説明は，特に，欧州議会において ECJ の黄金株に関する判例法を，資本移動の自由を制限する効果を持つ複数議決権株式に拡大することについて賛成する声が提起されていることに触れ，警戒を示している。そのため，フロランジュ法制定にあたり，元老院は，EU 法・公開買付指令が，ECJ 判決を黄金株に関する分野を超えて拡張することを認めていないと強く主張している。また，一般的な枠組みとしての公開買付の強制制度が存在すること，支配株主が当該株式を売却する意思があれば支配権獲得は成立するので，支配構造は固着化していないこと，無条件に長期保有の株主に対して２倍議決権を与えたり，特定の株式を複数議決権付のものとすることではないので，特定の株主グループを優先しているわけではないこと，SAS やアメリカ[89]

88）前掲注82・上田・40頁参照。
89）デラウェア一般法人法§§ 151 (a)，221 (a)「不均衡投票株式」や NASDAQ と NYSE もセクション5640および313.00を援用している。

でも許容されていることを挙げている[90]。

もっとも，その前年に出された判決は，ECJ による介入の緩和を示唆するかもしれない。2007年にフォルクスワーゲンに介入するドイツ法（連邦およびザクセン州が20％ずつ株式を支配し，10人の取締役のうち２人ずつを選任する。また，他の株主の投票権を20％までに制限し，決議要件を５分の４に引き上げる）が EC 条約56条（TFEU63条）１項に違反するとされた（ちなみにもし４分の３であれば政府の支配に干渉できる余地があるとされている）のに対し，判決後もドイツ政府が VW 法上議決権要件を維持し（VW 社が定款に同等の規定を置き），さらに20％キャップについては VW 法上の同内容の規定が削除されたあと９か月の間 VW 社が定款の規定を置いていたという状況に対して再度提訴が行われ，2013年に判決が出された[91]。それによれば，2007年判決の射程は法に関するもので定款には関係しない（para 26），また議決権要件は20％キャップと相まって制限的効果を生じていたもので，以前の判決は議決権要件が単独で資本の移動の自由の侵害になるかどうかについて判決していない（para 45）とされている[92]。また，オランダが EU 指令に基づくガス・電気の輸送事業の分割に際して，輸送企業側をも国営化するよう法改正したことについても，条約は民営化・国営化のいずれの選択をも排除しておらず（para30），ただし資本の移動の自由を侵害しないという要件は満たす必要があるため（para36），正当化事由及び相当性について判断するとした。そのうえで，立法根拠としてのエネルギー供給の安定性・消費者保護といった目的はガス電気指令に沿うもので公益として正当化根拠となりうる（para66）とした[93]。

90）*Supra* note 64 Babin et Cluniat at p20.

91）Commission v Germany (C-95/12).

92）ドイツの一般的複数議決権は，もともとハイパーインフレ時代の1920年から1923年に外国資本の侵入を防ぐために発行され，1998年以降は企業部門の管理と透明性に関する法律上に規律を置き，５年間の移行期間の間に適切な補償を行ったうえで失効することとされた。VW に対する複数議決権は例外的に国家の関与により認められている（AktG Sec.12 (2) Sentence 1）ものであるため，ドイツ法における射程は狭い。

93）Commission v Essent (C-105/12).

これらの判決に加盟国が喜んで従ったわけではなく，例えば判決が出るまでの期間を利用してより大きな民営化企業と合併し，支配権の移転をより困難にしたり（Elf Aquitaine），当該企業が提供しているサービスの料金を法定し，あるいは開発計画に対する政府の承認を要求することで，企業価値自体をコントロールしたり（British airports）することで政府の影響を維持しようとしている[94)]。複数議決権株式自体は定款により選択されたものであること，導入に際して政府の支配が完全になるよう保証されていたわけでもないことなどからすれば，フランスが導入したタイプの複数議決権株式について，ECJ が黄金株に対するのと同様の分析を行うことは困難かもしれず，各国政府はそうした文脈での複数議決権株式導入のインセンティブを持つかもしれない。一方で，一部の国が黄金株を導入することが放置されるならば，そのこと自体が他の国からの企業の流出を招く懸念を通じて各国で種類株式を許容する改正が進む一因となる。イタリアでは，2020年にカンパリ社が複数議決権株式等の導入を図ってオランダでの再設立を提案し，これを機にイタリアでも改正が進んだと指摘されている[95)]。

Ⅳ．日本における運用

以上のような流れを経て，現在の世界の規制の動きについては，従来通りの禁止を維持する法制のほか，制限を設けず許容する法制，制限つきでの許

94）Benjamin Werner, *National Responses to the European Court of Justice Case Law on Golden Shares : The Role of Protective Equivalents, Journal of European Public Policy · May 2016.*

95）Michele Corgatelli *Multiple Voting Shares : competition among jurisdictions in the draft of the italian "Decreto Rilancio"*, Fordham Journal of Corporate & Financial Law blog on July 24, 2020 (last visited Sep.11 2021). コロナ等による事業活動の停滞と流出を食い止めるためにイタリアが行った法改正については注６参照。

Press Release, Campari Grp., Campari Group Announces the Transfer of Registered Office of Davide Campari-Milano S.P.A to the Netherlands (Feb. 18, 2020), https://www.camparigroup.com/en/campari-group-announces-transfer-registered-office-davide-campari-milano-spa-netherlands. (last visited Sep.11 2021).

容に移行する法制があるとされる[96)]。上述のとおり，アメリカではサンセット条項の挿入が投資家により望まれたものの，こうした株式を導入している成長企業の成長の機会を失わせないため，M&Aにおけるその例外となる場合の拡大が試みられている。イギリスではLSEにおる禁止の緩和が模索され，種類株式の導入がFSAに許可されるに至った[97)]。様々な弊害を懸念しつつも，全体としてみれば，世界はゆっくりと複数議決権株式と共存しつつあるように思われる。特に日本に近い東アジアでは特にシンガポール，香港，上海，深圳といった市場でこうした株式を許容する動きが顕著なことから，日本の市場も議決権種類株式に対する対応を検討する必要が生ずるかもしれない[98)]。

1．IPO時点での議決権種類株式と創業者利益

我が国においては，上場会社が種類株式を発行する例として，古くから石油公団参加の特殊法人であった国際石油開発株式会社（INPEX）が民営化後上場の際に拒否権を設定された例が挙げられてきた[99)]。また，創業者が自発的に創出した議決権種類株式制度として，日本発のロボットメーカーであるサイバーダイン（CYBERDYNE）社が2014年３月26日にマザーズに上場を承認された際，他企業に買収されるリスク回避などをも念頭に創業者山海氏の保有割合を高く保った（発行済株式総数ベースでは合計約43%，議決権ベースでは約88%）ことが注目された[100)]。この株式においては，普通株式

96）Gurrea-Martinez, *supra* note 38 at p484.

97）イギリスにおける複数議決権株式導入については，前掲注48参照。

98）サンセット条項について検討する近年の論稿として，佐賀卓雄「アメリカ株式会社におけるデュアル・クラス・シェア（DCS）・ストラクチャとサンセット条項」証券レビュー第60巻第5号1頁。

99）この拒否権は，INPEXの普通株式議決権の20%以上を第三者が保有していた場合のINPEXの取締役の選任・解任，INPEXまたは子会社の重要な資産の処分等，議決権の付与に関する定款変更，INPEX普通株式議決権の20%以上を第三者が保有することになる合併・株式交換・株式移転，INPEX株主への金銭の払い戻しを伴うINPEXの資本の額の減少，INPEX株主総会決議による当会社の解散に対して行使できるものとされている。

に決議事項制限はないが，種類株主保持者間での株式譲渡は普通株式への転換のトリガーとならないことや，普通株式・種類株式ともに追加発行についての制限がなく両者の相対的割合が変動しうることなどが注目されよう[101]。

東京証券取引所は，弊害防止措置を制度に落とし込むにあたり[102]，「上場株式が備えるべき基本的かつ重要な権利が著しく損なわれる状態となった上場会社が，6か月以内に当該状態を解消しない場合には，上場を廃止する」とし，「拒否権付種類株式のうち，取締役の過半数の選解任その他の重要な事項について種類株主総会の決議を要する旨の定めがなされたものの発行（会社の事業目的，拒否権付種類株式の発行目的，割当対象者の属性及び権

100）CD社の2014年2月19日付け有価証券届出書及びその添付書類たる定款によれば，同社が投資家向けに売り出す普通株式及び創業者ならびにその設立した財団に割り当てるB種類株式の概要及び異同は以下のとおりである。

剰余金の配当及び残余財産の分配については，普通株式とB種類株式は同順位かつ同額である。株式の分割や併合，株式無償割当て，単元株式数の変更等は，普通株式及びB種類株式ごとに，すべて同時に同一の割合で行う。一方，普通株式もB種類株式も，全ての株主総会決議事項について議決権を行使できるが，議決権数は，普通株式100株につき1議決権に対し，B種類株式10株につき1議決権である（※単元株式数を，普通株式につき100株，B種類株式につき10株とすることで，これを実現している）。会社法322条1項各号に掲げる行為については，法令又は定款に別段の定めがある場合を除き，普通株主を構成員とする種類株主総会の決議を要しないこととしている。（B種類株式についてはそのような定めはない）。

譲渡性について，B種類株主間の譲渡でない限り（株主変動抑制条項），譲渡には取締役会の承認を要するとされる。普通株式は公開市場で流通するため制限はない。転換については，B種類株主は，いつでも，会社に対し，B種類株式1株と引き替えに，普通株式1株の交付を請求できる（普通株式には取得請求権はない）。

また，①会社が消滅会社となる合併や完全子会社となる株式交換などのM&A，②公開買付による買付者所有株式数が75%を超えるとき（ブレイクスルー条項），③創業者である山海氏退任後最初の年度以降5年以内ごとに行われる「株主意思確認手続」において，確認手続基準日に議決権を行使することができる株主の議決権の3分の1以上を有する株主の意思が確認でき，意思を確認した当該株主の議決権（いずれの種類株式も単元株式数を100株とみなして計算）の3分の2以上に当たる多数がB株式から普通株式への転換に賛成したとき（サンセット条項），④B種類株式の譲渡承認請求がなされた場合，⑤B種類株主死亡後90日の経過の各場合について，B種類株式1株と引き替えに，普通株式1株が交付される（取得条項）旨が定められている。

101）松尾拓也「議決権種類株式を用いた我が国初の上場事例の登場～強制公開買付規制の種類株式への適用について望まれる解釈の明確化～」Website「法と経済のジャーナル Asahi Judiciary」2014年04月02日。

102）2006（平成18）年1月24日　東京証券取引所公表「買収防衛策の導入に係る上場制度の整備等について」および同年3月7日「買収防衛策の導入に係る上場制度の整備等に伴う株券上場審査基準等の一部改正について」6頁参照。

利内容その他の条件に照らして，株主及び投資者の利益を侵害するおそれが少ないと当取引所が認める場合を除く)」場合はこれに該当するとしたうえ，さらに①「持株会社に該当する上場会社の主要な事業を行っている子会社が拒否権付種類株式又は取締役選任付種類株式を当該上場会社以外のものに発行する場合で，その種類株式の発行が当該上場会社に対する買収の実現を困難にする方策であると認められる場合」を上場会社における拒否権付き種類株式発行と同等に扱う可能性があることと，②「既上場会社が新たに拒否権付種類株式を発行する場合については，既存の一般株主の利益が侵害されるおそれが大きいため，上場廃止基準の例外の適用は慎重に行」うことを述べている[103]。

政策の流れとしては，2013年６月に新規ビジネス創出を促すためのリスクマネーの供給促進を掲げる「日本再興戦略－JAPAN is BACK－」が閣議決定され，また同年12月に出された金融審議会「新規・成長企業へのリスクマネーの供給のあり方等に関するワーキング・グループ」の報告書でも，新規・成長企業の出口戦略を多様化するためのIPO活性化策等がうたわれており，証券取引所としてもこうした株式の審査基準の明確化により利用を促す方針と考えられる[104]。

確かに，機関投資家側がIPOによる利益の短期的分配に高い関心を持つこともあるし，また国内のIT企業の創業者に上場によって有利に資金にアクセスできる機会を与えるべきだとの議論も考えられる。国内市場への上場という条件を捨象して考えると，そのような場合も，機関投資家側からの実

103）東証の有価証券上場規程207条及び214条では，本則市場及びマザーズへの新規上場申請が行われた株券等の上場審査項目が列挙されており，各条の「(５)　その他公益又は投資者保護の観点から当取引所が必要と認める事項」の一内容として，新規上場申請に係る内国株券等が無議決権株式又は議決権の少ない株式である場合において適合する必要のある要件（a～f）が，東証の「上場審査等に関するガイドライン」に列挙されている。

要件ａ「極めて小さい出資割合で会社を支配する状況が生じた場合に無議決権株式又は議決権の少ない株式のスキームが解消できる見込みのあること」，要件ｄ「当該新規上場申請に係る内国株券等が議決権の少ない株式である場合には，議決権の多い株式について，その譲渡等が行われるときに議決権の少ない株式に転換される旨が定められていること」など。

効的な圧力が期待できる環境は維持されるべきだろう。日本では株主提案権が広く認められているという事情があるが，ガバナンス是正を求めるような代表訴訟の利用が活発とはいえない。こうした事情や日本の株主の分布，性格などを考えれば，個別のスキームによるものの，株主による監督・是正権を最初から奪うような種類株式や，支配株主に付される議決権の割合を高く維持しすぎるスキームなどには問題がありうる105)。株主の監督・是正権を奪ってはならないという厳しい条件を付けたうえで規制を証券市場に委ねることに対しては，最初から非常に健全な種類株式しか上場させないことで証券取引所の機会を奪っているとの批判もありえよう106)。ただし，法令で解決しようとすれば，「環境次第で不当になりうる条項」や「一律に最適な期限を決めることのできないサンセット条項」を会社法の規定に書き込むことの限界に直面する。結局，どこまで株主の規律権限を制限すると問題が発生するかは運用によって検証するしかない部分がある。企業に試行錯誤の余地を与えようとすれば，上場基準ならびにソフトローによるベストプラクティ

104）東京証券取引所は，2014年２月に「IPO の活性化等に向けた上場制度の見直しについて」と題するリリースにおいて，(1)新規上場時の株主数基準の引き下げや，(2)議決権種類株式に係る上場審査の観点の明確化等の所要の制度整備を，本年３月を目途に実施すると公表した。その後，３月24日に，「IPO の活性化等に向けた上場制度の見直しに係る有価証券上場規程等の一部改正について」という書面で新規上場時の株主数基準の引き下げを発表した。現行上場審査における議決権種類株式の取り扱いについては，７月２日に「議決権種類株式に係る上場審査の観点の明確化のための上場審査等に関するガイドラインの一部改正について」が発表されており，ガイドラインⅡ６.（４）を改正している。

105）Kosmas Papadopoulos, *Dual-Class Shares : Governance Risks and Company Performance* (Harvard Law School Forum on Corporate Governance, posted on Friday, June 28, 2019 last visited Sep.11 2021) では，議決権種類株式を有する会社のガバナンス構造として，CEO が多くの議決権を有している会社と同様に独立取締役の指導的地位や議長職が認められない傾向があるほか，利益相反取引を行いやすく，取締役評価を開示しにくくなり，取締役らは取締役会を欠席する傾向があり，環境あるいは社会に関する紛争を引き起こしやすいと指摘しており，規律の水準が低下すれば顕著にガバナンスも劣化することを示唆する。

106）ただし，証券取引所は種類株式発行会社の上場の機会自体は与えつつ，上場される市場等を区別し，何らかの情報を市場に発信するなど会社法に比べて柔軟な制度作りが可能である。シンガポール市場が行ったコンサルテーションにもそのような提言は見られたし，投資会社側で議決権種類株式発行会社を排除した Index と含むものとを併設する対応もそうした考慮に基づくものと思われる。

スの呈示などが視野に入ってくる。

市場間の競争があるなかで他国の市場はこうした問題に対して様々な取り組みを見せている。2018年４月に香港，同年６月にはシンガポール証券取引所が議決権種類株式の上場を許可する方針を発表した。シンガポールの場合，2017年７月にプライマリーリスティングが先行していることを条件に議決権種類株式のセカンダリーリスティングを認めており，独立取締役や監査役の選解任，定款変更，リバーステイクオーバー，清算および上場廃止において１株１議決権の原則を復活させること，セーフガードとして取締役会の委員会構造，サンセット条項の挿入が求められている。また新たなルールとして，複数議決権発行先の明示，複数議決権株式の許された対象以外への譲渡や責任のある理事の退任の際の複数株式の強制転換，資本増加の際の複数議決権株式増加は特別決議によるべきこと，複数議決権株式の割合を普通株式と比較で増加させることの禁止，総会開催や議決権行使の要件などについてのルールも定められたという[107]。その後これらに続いた取引所は，新たなカテゴリーの市場において複数議決権株式の扱いを検討している。2019年には上海に新たなSTAR市場が創設されて複数議決権株式の上場が可能となり，2020年８月には深圳ChiNextでも複数議決権株式の発行が認められた[108]。

２．上場会社による種類株式の発行と長期的保有

上場会社と株主との間の長期的関係構築を促進することには政策的に意味があるが[109]，フランス法で見たように，長期保有による議決権の増加を事後的に立法によって実現しようとすると，会社の株主分布次第では（協力的

107）Jeff Jackson, June 28, 2018 "Dual Class Share Structures Get the Green Light in Singapore" Glass Lewis Blog on June 28, 2018 last visited Sep.11 2021.

108）中国における複数議決権株式の導入について，Fei Gao, *Rethinking Dual-Class Share Structure in the Context of China*, The Company Lawyer, 2019（https://papers.ssrn.com/sol3/papers.cfm?abstract_id＝3480313）は，中国の企業の海外上場への対応上必要であるとしつつ，株主らが複数議決権株式の発行上限について定めるよう奨励されるべきであること，経営者の利益相反的行動を抑制するために開示を強化すべきであることを指摘する。

株主らによる制度移行時の買い付け等）望ましくない利益移転が生ずる可能性がある。また，制度移行を任意とすると，すでに分散が進んだ会社では，会社による自主的な種類株式の導入に期待することは難しいし（十分に議決権の分散した上場会社においては，極端な議決権種類株式を発行しない限り，発行による支配権プレミアムは発生しがたいうえ，投資家の反対が予想されるため），支配株主の持株割合が，経営に批判的な長期的投資家とあまり差がない場合には，投資家の保有割合をも増やす法改正は経営陣にとってうまみがないだろうから，いずれも結局議決権を増加させる方策は選択されず，支配権維持に有用な場合にのみ同制度が恣意的に利用されるといった問題も生じよう。

会社法は株主権の相対的な地位関係を維持することに細心の注意を払ってきた。一定の事項に対する議決権の制限や拒否権を付した種類株式を導入するに際しては，定款変更（466条・309条２項11号），株主総会による有利発行承認決議を経る手続（201条１項・199条）が存在し，株主の意見が事前に反映される仕組みになっているうえ，322条１項により，種類株主が受ける不利益について一定の拒否権が設定されている（ただし，定款で排除が可能）。こうしたことから，非上場株式会社については一定程度の柔軟性が認められるとしても[110]，上場会社については，企業価値研究会における提言を反映して，上場審査において既上場会社による種類株式発行は慎重に審査

109）前掲注５・福本のようにヨーロッパでの長期株主優遇が一般的であるほか，日本でも，2014年２月20日の経済財政諮問会議提出の「持続的成長を支える中長期の安定した投資の推進に向けて」において，企業等の中長期の資金需要を満たすため，短期取引ではなく中長期投資を促進するための環境整備が必要とされ，その一つとして「種類株の積極的活用」が挙げられている。

110）内閣府・目指すべき市場経済システムに関する専門調査会「目指すべき市場経済システムに関する報告」（平成25年11月１日）（https://www5.cao.go.jp/keizai-shimon/kaigi/minutes/2013/1101/shiryo_05 1.pdf）においては，現行会社法上，中長期保有株主に対して議決権及び配当面において優遇する措置は可能であり，また会社法上，中長期保有株主を配当面で優遇する種類株を発行することも可能とされる。前者については，詳細は今後検討すべきとしたうえで，以下のような例示も存在した。

① １単元の株式数を，中長期保有投資家に発行するＡ種類株式については１株，短期保有投資家に発行するＢ種類株式については100株とする

するとされている[111]。こうしたなかでは，企業側は役員の報酬を中長期インセンティブプランにシフトさせたり，配当等に関する種類株の枠組みを工夫することによって長期的な経営向上に関心のある株主にシグナルを送ることになる。しかし，トヨタが長期保有志向で譲渡制限および段階的に累増する配当を付したAA種類株式を導入した際でさえ，その目的（外国投資家などからイノベーションに興味がある固定的な株主への株主層の入れ替え）が経営陣の保身のためであるかどうかが明らかでなくとも，その導入は他の議案に比べれば顕著に賛成割合が低かったと指摘される[112]。長期的な関係の構築については，望ましさの判定や導入手法が不明瞭ななか，すべて企業の自助努力に任せることには負担感があり，弊害が少ない方法についての提言が必要ではないか。

---

② 議決権行使の条件として，一定年間株式継続保有を要求する

ただし，単元数のみ異なる内容の株式を種類株式として発行することには株式会社法疑義が呈されており，権利内容にほとんど差のない２種類の種類株式を発行した上で，異なる単元を設定する方法は会社法上可能である（会社法188条３項）。ただし，既存株式の一部をこのような株式とするための定款変更決議において，その必要性を合理的に説明できない場合は，831条１項３号による瑕疵等が考えられる。

111）研究会報告の提言は，種類株式の利用に伴う弊害として，理論的に，以下の３点が考えられるとしていた。

① 種類株主間の利害調整が適切に行われない結果として，一方の種類株主が他方の利益を害するような措置が行われてしまうおそれ。

② 効率的な支配権の移転が行われない，又は，非効率な支配権の移転が行われるおそれ。

③ 既上場会社が新たに種類株式を発行する場合には，既存株主が（上記①・②を含め）不測の損害を被るおそれ。

現在の上場要件においては，無議決権株式と普通株式の併存は認められる者の，議決権の少ない株式と多い株式の同時上場は認められない。また，きわめて小さい出資割合で会社を支配する状況が生じた場合にはその解消の見込み（サンセット条項等含む）「が要求される（宮下央＝松尾和廣「上場制度と種類株式」商事法務2123号24頁（2017）参照）。

112）前掲注８・加藤・17頁。

本研究は，科研費（基盤（B）20268806）の助成を受けたものである。

敵対的買収防衛策の新局面

中　東　正　文

Ⅰ．序論

この数年，敵対的買収による支配争奪戦が増えてきており，わが国の上場企業の支配権市場が新しい時代に突入したことが示唆されている[1)]。これに呼応してか，敵対的買収防衛策を導入している企業は，買収防衛策の継続・更新を試みようとする傾向にある。

近時の支配争奪戦は，事業会社によるものもあれば，アクティビストによるものもあるが，対象会社の経営陣が対抗措置を取ろうとすると，構造的な利益相反を生じさせるという法的構造において共通している。

公正な会社支配権市場を構築するために，公開買付規制や大量保有開示制度の改革を通して金融商品取引法による対処もなされた。その結果，買収防衛策の非継続（廃止）についてのリリースにおいては，例えば，「金融商品取引法による大規模買付行為に関する規制が浸透し，株主のみなさまが適切なご判断を行うために必要な情報や時間を確保するという本プラン〔買収防衛策〕の目的が一定程度担保されていること」が非継続・廃止の理由として説明されることが多かった[2)]。

他方で，公開買付規制の枠組みは，発行会社が買収防衛策を導入することができることを前提としており，新しい時代の支配権市場に対応するために

1）石綿学「〔十字路〕新時代の公開買付規制を」日本経済新聞2021年２月12日夕刊。
2）小田急電鉄「当社株式の大規模買付行為に関する対応策（買収防衛策）の非継続（廃止）ならびに定款の一部変更について」（2018年５月18日）など。

は，規制の見直しに着手すべきであるとの見解が示されている[3)]。

実際，2021年には，対象会社が発動した買収防衛策について，差止仮処分が申し立てられる事例が連続して現れた。日邦産業事件[4)]，日本アジアグループ事件[5)]，富士興産事件[6)]，東京機械製作所事件[7)]において裁判例が蓄積された。これらの裁判例の判断枠組みの分析や評価は，既に積極的に行われつつあり[8)]，本稿では正面から扱うことはしない。むしろ，大規模買付行為に存する強圧性に注目しつつ，裁判所が買収防衛策に基づく対抗措置の発動の可否についてどのような判断をしたのかを検討することとしたい。結論を先取りすれば，裁判所は，発動の可否について，明確な判断枠組みを提示するには至っていないと思われる。

3）石綿・前掲注（1）。石綿弁護士は，現在の公開買付規制について，「一旦公開買付けを開始した買収者による撤回は著しく制限され，発行会社が配当などで買収者に対抗した場合の価格調整も認められていない。公開買付規制は原則として市場外取引を対象としており，市場内取引は対象外だ」という課題を示しておられる。

4）日邦産業対フリージア・マクロス事件。名古屋地決令和３年３月24日資料版商事法務446号152頁（差止仮処分命令），名古屋地決令和３年４月７日資料版商事法務446号144頁（申立却下），名古屋高決令和３年４月22日資料版商事法務446号138頁（保全抗告を却下），名古屋高決令和３年５月14日 LEX/DB25569666（許可抗告不許可）。同事件を検討するものとして，太田洋「日邦産業事件および日本アジアグループ事件と買収防衛策の今後〔上〕」商事法務2264号22頁（2021年），武田典浩「判批〔名古屋高裁令和３年４月22日決定〕」金融・商事判例1635号２頁（2022年）。

5）日本アジアグループ対シティインデックスイレブンス（CI11）事件。東京地決令和３年４月２日資料版商事法務446号166頁（差止仮処分命令），東京地決令和３年４月７日資料版商事法務446号163頁（認可決定），東京高決令和３年４月23日資料版商事法務446号154頁（保全抗告を却下）。同事件を検討するものとして，太田洋「日邦産業事件および日本アジアグループ事件と買収防衛策の今後〔上〕〔下〕」商事法務2264号22頁，2265号17頁（2021年），弥永真生「判批（東京高裁令和３年４月23日決定）」ジュリスト1562号２頁（2021年）。

6）富士興産対アスリード事件。東京地決令和３年６月23日金融・商事判例1630号23頁（申立却下），東京高決令和３年８月10日金融・商事判例1630号16頁（即時抗告を却下）。同事件を検討するものとして，太田洋「富士興産事件原審決定と抗告審決定の検討と分析」商事法務2275号36頁（2021年）。

7）東京機械製作所対アジア開発キャピタル事件。東京地決令和３年10月29日資料版商事法務453号107頁（申立却下），東京高決令和３年11月９日資料版商事法務453号98頁（即時抗告を却下），最決令和３年11月18日資料版商事法務453号97頁（特別抗告及び許可抗告を棄却）。太田洋「東京機械製作所事件をめぐる一連の司法判断の概要と射程〔上〕〔下〕」商事法務2282号26頁（2021年），2284号15頁（2022年），三苫裕＝秋山円「判批〔最高裁令和３年11月18日決定〕」ビジネス法務2022年６月号５頁，玉井裕子＝岡野辰也＝安西統裕「M&A その１―買収防衛策に関する実務動向」商事法務2286号17頁（2022年）。

とはいえ，一連の裁判例によって，一定の場合に買収防衛策に基づく対抗措置の発動が許容されることが改めて確認されたことは重要である。現行の公開買付規制を含めた会社支配市場法制の枠組みには課題があり，裁判所は個別の事件で妥当な結論を求めつつ，整合的な判断枠組みを模索しており，その構築の過渡期にあると評価することもできよう。そのような現状において，事前警告型買収防衛策の役割や位置づけについて，最近の導入状況をも踏まえて検討することが有意義であると思われる。

本稿では，まず事前警告型買収防衛策の導入状況を分析し，潜在的な対象会社が敵対的買収の脅威に対して，どのような対応をしているのかを概観する（Ⅱ）。そして，買収防衛策に関する最近の裁判例を簡単に分析する（Ⅲ）。これらの裁判例を踏まえた上場企業の対応として，事前警告型買収防衛策の今後の展望について述べる（Ⅳ）。そして，最後に，過渡期的なものであろうが，事前警告型買収防衛策が復帰しつつあり，この実務対応には一定の合理性があることを述べて，結語とする（Ⅴ）。

Ⅱ．事前警告型買収防衛策の導入状況

1．敵対的買収の強圧性と買収防衛策

これまでのところ，学説において，買収防衛策に基づく対抗措置の発動を

8）これらの事件全般に関するものとして，阿南剛「監査役等として理解しておきたい敵対的買収防衛策の要点」月刊監査役725号58頁（2021年），藤田友敬「事前警告型買収防衛策の許容性―近時の裁判例の提起する問題―」金融商品取引法研究会研究記録79号（日本証券経済研究所，2021年），磯野真宇＝秀永裕介「買収防衛策をめぐる近時の動向―2021年株主総会を中心に」資料版商事法務452号133頁（2021年），阿南剛「監査役等として理解しておきたい敵対的買収防衛策の要点（続編）」月刊監査役733号16頁（2022年），田中亘「防衛策と買収法制の将来〔上〕〔下〕―東京機械製作所事件の法的検討」商事法務2286号４頁，2287号32頁（2022年），松下憲＝福田剛＝増野駿太＝西村智宏「買収防衛策に関する裁判所の判断枠組みと実務からの示唆〔上〕〔中〕〔下〕」商事法務2290号17頁，2291号47頁，2292号36頁（2022年）。太田洋＝山本憲光＝柴田寛子編集代表『新株予約権ハンドブック〔第５版〕』600-643頁（商事法務，2022年）。

正当化する根拠の一つは，敵対的買収者の買付け方法に強圧性があることとされており，強圧性の有無や程度を発動の適法性の判断において考慮すべきことについてはほぼ異論ないと思われる[9]。

例えば，住友金属鉱山の2022年２月のリリースにおいては，「我が国の金融商品取引法上の公開買付規制は，原則として市場内取引には適用されないため，市場内で大量取得行為が行われる際に対象会社やその株主が買収の是非について検討するのに必要な情報や時間の確保が必ずしも保障されているわけではありません。さらに，同公開買付規制は，部分公開買付けを容認するものであることなどから，強圧的買収などの濫用的な買収を必ずしも排除できるものでもありません」と述べられている[10]。

２．買収防衛策の導入状況の変化

以前に公表したAlan Koh助教授とDan Puchniak教授との共著論文では[11]，買収防衛策の有効期間の満了を迎えた会社のうち，どれだけの会社が

9）松下ほか・前掲注（８）〔中〕商事法務2292号48頁は，「強圧性のある買収手法の弊害に対処するため，学説上，（買収防衛策に対して一般的には批判的な見解も含めて）強圧性の除去という観点からの買収防衛策は許容されると説かれてきた」とする。大規模買付行為における強圧性については，例えば，田中亘『企業買収と防衛策』383-391頁（商事法務，2012年），松中学「買収防衛策とその法的規律」35-38頁（2016年），飯田秀総「買収防衛策の有事導入の理論的検討」商事法務2244号５-８頁（2020年），飯田秀総「買収手法の強圧性ととりうる方の対処策」田中亘編著『数字でわかる会社法〔第２版〕』268-269頁（有斐閣，2021年），田中亘『会社法〔第３版〕』726-728頁（東京大学出版会，2021年）。

10）住友金属鉱山「当社株式の大量取得行為に関する対応策（買収防衛策）の非継続について」（2022年２月15日）。もっとも同社は，上記リリースにおいて，それまで継続してきた事前警告型買収防衛策を廃止するに至っている。その理由は，次のように開示されており，2021年の一連の裁判例で示された司法判断を反映したものではあろう。

昨今我が国においては，取締役会の同意を得ずに開始される株式の大量取得行為に対しては，実際に特定の者により大量取得行為に関する提案が行われた段階で，具体的な買収者の性質や当該提案の内容，当該大量取得行為の目的・態様・条件，その他の具体的事実関係を踏まえて買収防衛策等の対応策の必要性について株主の皆様の意思を確認する事例が増加しております。このような近時の動向および機関投資家との対話状況を踏まえ，当社は，具体的な買収者が登場していない段階で，一般的な目的での買収防衛策の更新を行わないことといたしました。当社としては，実際に特定の者が出現し，当社株式の大量取得行為に関する提案等が行われた時点で，必要に応じて，適切な対応策について株主の皆様にお諮りすることが望ましいと判断しております。

自主廃止をしたかに注目した[12]【図表１】。M&A による上場廃止に伴う場合などを除外している。とりわけ廃止率（attrition rate）に注目すると，2013年（2012年８月～2013年７月）を境に廃止率が上昇していた。近時の国内外機関投資家の議決権行使動向からして，株主総会における賛成票の確保が困難であったことが，廃止理由の一つであると考えられている[13]。ところが，2020年（2019年８月～2020年７月）は，廃止率が前年に比べて減少に転じており，この傾向は2021年（2020年８月～2021年７月）に加速している[14]。

３．現在の動向

MARR Online の2022年４月27日付け記事によると，「今年，防衛策の有

11）Alan K. Koh, Masafumi Nakahigashi & Dan W. Puchniak, Land of the Falling “Poison Pill”: Understanding Defensive Measures in Japan on Their Own Terms, 41 U. Pa. J. Int'l L. 687 (2020).

12）基礎データは，三井住友信託銀行が取りまとめたものによった。藤本周＝茂木美樹＝谷野耕司「敵対的買収防衛策の導入状況」商事法務1776号46頁（2006年），藤本周ほか「敵対的買収防衛策の導入状況―2007年６月総会を踏まえて」商事法務1809号31頁（2007年），藤本周ほか「敵対的買収防衛策の導入状況〔上〕―2008年６月総会を踏まえて」商事法務1843号42頁（2008年），藤本周ほか「敵対的買収防衛策の導入状況〔下〕―2008年６月総会を踏まえて」商事法務1844号11頁（2008年），藤本周ほか「敵対的買収防衛策の導入状況―2009年６月総会を踏まえて」商事法務1877号12頁（2009年），藤本周＝茂木美樹＝谷野耕司「敵対的買収防衛策の導入状況―コーポレート・ガバナンスの諸規則改正を受けて」商事法務1915号38頁（2010年），藤本周＝茂木美樹＝谷野耕司「敵対的買収防衛策の導入状況―2011年６月総会を踏まえて」商事法務1948号13頁（2011年），藤本周＝茂木美樹＝谷野耕司「敵対的買収防衛策の導入状況―2012年６月総会を踏まえて」商事法務1977号24頁（2012年），茂木美樹＝谷野耕司「敵対的買収防衛策の導入状況―2013年６月総会を踏まえて」商事法務2012号49頁（2013年），茂木美樹＝谷野耕司「敵対的買収防衛策の導入状況―2016年６月総会を踏まえて」商事法務2120号12頁（2016年），茂木美樹＝谷野耕司「敵対的買収防衛策の導入状況―2017年６月総会を踏まえて」商事法務2152号31頁（2017年），茂木美樹＝谷野耕司「敵対的買収防衛策の導入状況―2018年６月総会を踏まえて」商事法務2185号18頁（2018年），茂木美樹＝谷野耕司「敵対的買収防衛策の導入状況ともの言う株主の動向―2019年６月総会を踏まえて」商事法務2212号33頁（2019年），茂木美樹＝谷野耕司「敵対的買収防衛策の導入状況ともの言う株主の動向―2020年６月総会を踏まえて」商事法務2246年27頁（2020年），茂木美樹＝谷野耕司＝西川恵祐「敵対的買収防衛策の導入状況とその動向―2021年６月総会を踏まえて」商事法務2276号14頁（2021年）。これらの雑誌に掲載されていない時期のデータについては，茂木美樹氏と谷野耕司氏にご提供いただいた。記して感謝を申し上げる。See Koh, Nakahigashi & Puchuniak, supra note 11, at 727 n.154.

13）茂木ほか・前掲注（12）〔2021年６月総会〕商事法務2276号15頁。

【図表１】 Koh, Nakahigashi & Puchuniak, 41 U. Pa. J. Int'l L. 743 Fig. 2 (2020) を改訂[15)]

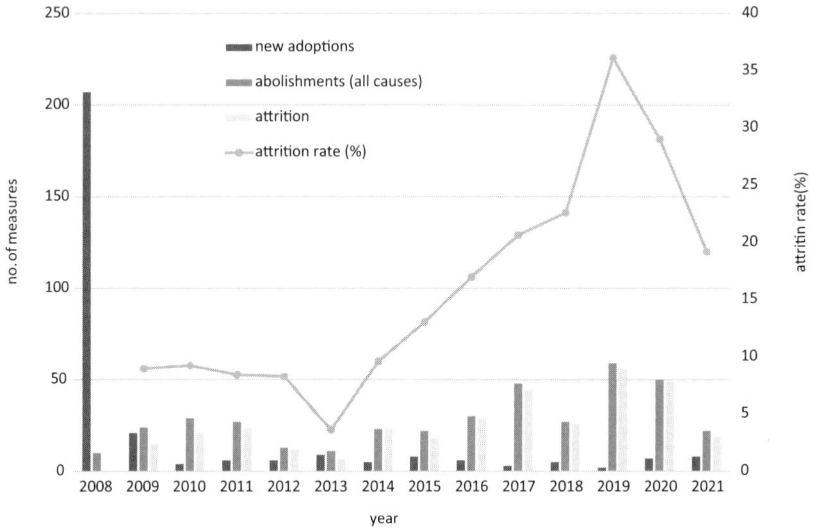

効期限が到来する企業は88社，うち84社が定時株主総会での承認を条件に防衛策の継続・更新をする予定」である[16)]。「今年」が指している期間は明らかではないが，廃止率は約５％であり，先に示した2021年（2020年８月～

14）先の共著論文では，買収防衛策が減少しているにもかかわらず，敵対的買収が１件も成功していないことは，「謎（enigma）」であるとして，潜在的な安定株主が存在する可能性のほか，終身雇用制が敵対的買収の何らかの障害になっている可能性を示唆した。とはいえ，敵対的買収を受ける明白かつ現在の危険を日本企業が感じていないのであれば，買収防衛策は不要になるはずであり，導入している会社が数百社あるという事実からすれば，社会的，文化的および法的な観点からの考察では，敵対的買収が成功していない理由を十分に説明することができないとの疑問を残していた。Koh, Nakahigashi & Puchuniak, supra note 11, 720-725.

なお，どのような場合に敵対的買収が成功したと定義するかについて，共著論文では，次のような限定を付している（Koh, Nakahigashi & Puchuniak, supra note 11, at 720 n. 129）。ニトリの島忠に対する公開買付けは，この定義のもとでも成功した敵対的買収とみることができる。

We define a successful hostile takeover as one where 1) the bid is unsolicited and actively opposed by incumbent management; 2) the bid satisfies the mandatory bid rule trigger (i.e. aimed at acquiring at least two-thirds of the company's shares); 3) the bid achieves its objectives; and 4) the bidder replaces incumbent senior management, including the board.

2021年７月）の廃止率が約19％（買収防衛策の有効期間の満了を迎えた99社のうち19社が自主廃止）であったことと比較すると，買収防衛策の継続を希望する上場会社が増えている傾向が顕著となっている。

また，2022年１月１日から同年５月20日までの各社の適時開示によると，買収防衛策の継続は94社，非継続（廃止）は18社，新規導入が13社となっている（この期間に開示された分のみであれば，廃止率は約16％）。

このような傾向について，前述のMARR Onlineの記事は，「対象会社との協議などを得ずに株式を大量に取得する事例が増加している状況」が踏まえられたものであり，また，買収防衛策の導入時の株主総会決議に関して，「〔賛成が〕90％台の割合が27.2％と前回〔2020年５月から2021年３月〕の16.3％から10.9ポイントも増加した。敵対的M&Aや特定対象者による市場内での買い付けが散見され，防衛策導入や継続導入について多くの株主から賛同を得られたのではないか」としている[17]。

以上のように，事前警告型買収防衛策を継続する会社の割合が増え，買収防衛策の導入に関して株主の賛成割合が増えているのが直近の傾向である。

Ⅲ．最近の裁判例

１．はじめに

2021年は，買収防衛策に関する司法判断が集中的に示された年であった。

事例の概要は，【図表２】で示した通りであるが，詳細については先行研

15）2019年から2021年の数値を，茂木＝谷野・前掲注（12）〔2019年６月総会〕商事法務2212号33-34頁，茂木＝谷野・前掲注（12）〔2020年６月総会〕商事法務2246号27-28頁，茂木ほか・前掲注（12）〔2021年６月総会〕商事法務2276号14-15頁をもとに追加した。

16）MARR Online「［M&Aスクランブル］買収防衛策導入状況～有事導入型の防衛策最多，対象会社との協議を経ずに大量株式取得事例が増加」（2022年４月27日）＜https://www.marr.jp/menu/ma_practices/ma_propractice/entry/36453＞。

17）MARR Online・前掲注（16）。

究に委ねることとして[18]，本稿では，強圧性に関する判断を中心に概観するにとどめる。

【図表２】 2021年における裁判例

	日邦産業	日本アジアグループ	富士興産	東京機械製作所
買付けの手法	公開買付け 上限：27.57% 下限：20.00%	公開買付け 上限：なし 下限：なし	公開買付け 上限：なし 下限：40.00%	市場買付け
防衛策の種類	事前警告	有事導入	有事導入	有事導入
所有割合（導入時）	10.73% （継続時：19.73%）	22.53% （発動時：30.77%：公開買付期間外に市場買付け）	16.75%	34.71%
株主総会	あり	なし	あり	あり （MoM 決議）
強圧性	〔言及なし〕	強圧性の程度は必ずしも高くないか，又は強圧性の減少のために相応の措置がとられている。	強圧性の問題が全く生じないとはいえない。	強圧性があることは否定できない。
裁判結果（発動の可否）	○	×	○	○

（注） 阿南剛「監査役等として理解しておきたい敵対的買収防衛策の要点（続編）」月刊監査役733号17頁（2022年），玉井裕子＝岡野辰也＝安西統裕「実例から読み解く2022年実務の動向：M&A その１—買収防衛策に関する実務動向」商事法務2286号18-19頁（2022年），松下憲＝福田剛＝増野駿太＝西村智宏「買収防衛策に関する裁判所の判断枠組みと実務からの示唆〔上〕」商事法務2290号20頁（2022年）を参考にして作成した。

18） 前掲注（４）から（８）などで掲げた論文等を参照されたい。

2．防衛策に関する判断例と強圧性の認定[19)]

（1） 日邦産業事件

日邦産業事件においては，事前警告型の買収防衛策に基づく対抗措置の発動の適法性が問題となった。買収者（フリージア・マクロス）は公開買付けを開始したが，公開買付後の株券等所有割合の上限を27.57%，下限を20.00%とするものであった。

名古屋地裁令和３年３月24日決定（原審）は，対抗措置の発動（新株予約権無償割当て）の差止めを認めたが，その判断の根拠は明らかではない[20)]。その後，名古屋地裁令和３年４月７日決定（異議審），東京高裁令和３年４月22日決定（抗告審）は，詳細な判断を示した上でいずれも差止めを認めなかったが，強圧性については何ら言及しなかった。

本件で示された司法判断によって，「事前警告型買収防衛策に基づき，当該防衛策が定める情報提供等のルールに重要な点で違反して大規模買付行為を行おうとする買収者に対して，独立委員会の勧告を受けて取締役会限りで対抗措置（差別的取得条項付新株予約権無償割当て）を発動することが許されることが，司法の場においても明らかとなった」[21)]。

19）松下ほか・前掲注（８）〔中〕商事法務2291号48-49頁，磯野＝秀永・前掲注（８）149-151頁参照。

20）太田・前掲注（４）〔日邦産業・上〕商事法務2264号23頁は，対抗措置の発動が取締役会限りで決定されていることが問題視されたと推測している。

21）太田・前掲注（４）〔日邦産業・上〕商事法務2264号28頁。また，太田ほか編集代表・前掲注（８）602-603頁。松下弁護士らは，「〔抗告審〕決定は，有事導入型で取締役会決議により発動された買収防衛策に係る裁判例において適用されている主要目的ルールに言及していない」，「買収防衛策の導入・発動が株主の判断によるものであるか，具体的には，買収防衛策に係るプランが株主の合理的意思に依拠するものであるかを判断し，当該プランに従った対抗措置の発動が当該プランを承認した株主の合理的意思の範囲内であるかを判断した」と分析されている（松下ほか・前掲注（８）〔下〕商事法務2292号39-40頁）。また，松下弁護士らは，手続違反によって発動事由が充足されたかの判断について，「買収防衛策自体が株主の合理的意思に依拠していることは認められやすいと考えられるため，実際の事案においては，対抗措置の発動が平時の株主総会で買収防衛策を承認した株主の合理的意思の範囲内にあるか否かが主要な論点になる」と説かれている（松下ほか・前掲注（８）〔下〕商事法務2292号40頁）。

(2) 日本アジアグループ事件

日本アジアグループが導入した買収防衛策は，有事（半有事）導入型であり，特定標的型のものであった。買収者（シティインデックスイレブンス。以下「シティ」という。）は，買収防衛策が導入された時点で，日本アジアグループ株式の22.53％を取得していた。買収防衛策の導入に対抗する形で，買収者は，買付数の下限も上限もなく，公開買付け完了後にスクイーズ・アウトを予定して，公開買付けを開始した。その後も，買収者は日本アジアグループ株式の市場買付けを続けて，発動時には30.77％を所有するに至っていた。

原審決定，異議審決定，抗告審決定はいずれも，ニッポン放送事件東京高裁判決[22]の判断枠組みを用いて[23]，新株予約権の無償割当ての差止めの仮処分を認めた。買収者の買付け方法の強圧性に関して，東京地裁令和３年４月２日決定（原審）は，「たとえ債務者の株主に対する強圧性を有するものであったとしても，上記推認〔経営支配権に現に争いが生じている場面において，特定の株主の経営支配権を維持することを主要な目的としてされた〕を妨げるものとはいえない」と，簡潔に触れるに過ぎない。東京地裁令和３年４月７日決定（異議審）も，強圧性について，原審決定に何ら付け加えていない。

東京高裁令和３年４月23日決定（抗告審）は，「強圧性の程度を実証的かつ定量的に把握することは困難である上，買収手法等により強圧性の程度には差があり得ることが指摘されている」と述べた上で，「強圧性の程度は必ずしも高くないか，又は強圧性の減少のために相応の措置がとられている」と判示した。

22）東京高決平成17年３月23日金融・商事判例1214号６頁。
23）太田・前掲注（５）〔日本アジアグループ・下〕商事法務2265号20-21頁。

（3） 富士興産事件

富士興産が導入した買収防衛策は，有事導入型であり，内容は一般的な事前警告型買収防衛策と同様のものである。導入時において，買収者（アスリード）は，16.73％の富士興産株式を所有していた。買収者の公開買付けは，上限なし，下限を40.00％（公開買付け後の株券等所有割合）とするものであった。

東京地裁令和３年６月23日決定（原審）は，ニッポン放送事件東京高裁判決の判断枠組みを踏襲した上で[24]，「本件新株予約権無償割当てが，債務者の経営支配権に現に争いが生じている場面において，債務者株式の敵対的買収によって経営支配権を争う債権者らの持株比率を低下させ，経営を担当している取締役等又はこれを支持する特定の株主の経営支配権を維持することを主要な目的としてされたものと推認することはできない」と判示して，差止めを認めなかった。買収者の買付けの方法の強圧性については，「強圧性の問題が全く生じないとはいえない」とされた[25]。

東京高裁令和３年８月10日決定（抗告審）も，「本件新株予約権無償割当ては，会社の企業価値ひいては株主の共同の利益を維持するためではなく，専ら相手方の経営支配権の維持を目的とするものであると推認することはできない」とした。強圧性についても，「本件公開買付けに強圧性の問題が全く生じないとはいえない」として，原審決定を維持した。

なお，原審決定と抗告審決定がニッポン放送事件東京高裁判決の判断枠組みを踏襲していることについて，ブルドックソース最高裁決定[26]の判断枠組みを用いるべきであったとして，妥当性を疑問視する見解がある[27]。

24）太田・前掲注（６）40-41頁。

25）原審は，「債権者らによる本件公開買付けは，買付予定数の上限の設定がない全部買付けであるが，買付予定数の下限が債権者ら（アスリードキャピタル）の公開買付け後の株券等所有割合が40％になるよう設定されていた……というのであり，その下限の条件を充たす応募が集まった場合に買付期間を延長することも予定されていなかったこと等も併せ考慮すると，公開買付け後に公開買付価格と同額によるいわゆるキャッシュアウトを行うことが予告されているとしても，強圧性の問題が全く生じないとはいえない」と判示した。

26）最決平成19年８月７日民集61巻５号2215頁。

(4) 東京機械製作所事件

東京機械製作所が導入した買収防衛策は，有事導入型であるが，導入時に発動割合を超えて34.81％の株式が買収者（アジア開発キャピタル）によって所有されており，買収者が市場買付けを進めていることに対応するものであったことから，一般的な買収防衛策の内容とは異なる点がある[28)]。最も大きな違いは，株主意思確認総会において，MoM 決議による承認が予定されていたことであり，MoM 決議による承認のみで実行することの可否が裁判所で争われた日本で最初の事案である[29)]。

東京地裁令和３年10月29日決定（原審）は，ブルドックソース最高裁決定を引用しつつ，市場内での短期間における大量の株式買集めに「相応の強圧性」が存することを正面から認定し，それを理由として，株主総会の普通決議ではなく，MoM 決議による承認を条件としてなされる買収防衛策に基づく対抗措置について，差止事由が存するとは認められないと判断した[30)]。より具体的には，「市場内での短期間における大量買上がりに対しては，株主意思確認総会で MoM 決議が取得できれば，差別的取得条項等付新株予約権無償割当てを用いて，大規模買付者等の持株割合を，有事導入型買収防衛策導入時において判明していた持株割合にまで押し下げることが認められ得ることが明らかとなった」と評価されている[31)]。

27）太田弁護士は，原審決定について，ブルドックソース最高裁決定（最決平成19年８月７日民集61巻５号2215頁）の判断枠組みを用いるべきであったとされる。太田・前掲注（６）43-44頁，47-48頁。太田ほか編集代表・前掲注（８）624-627頁，631-632頁も同旨。

28）太田・前掲注（７）〔東京機械製作所・上〕商事法務2282号28-29頁。

29）太田・前掲注（７）〔東京機械製作所・上〕商事法務2282号26頁。

30）太田・前掲注（７）〔東京機械製作所・下〕商事法務2284号16頁参照。この点に関しては，東京機械製作所の株価の推移を観察すると，強圧性は高いとはいえず，「裁判所が示した，内容が不明確で漠然とした『強圧性』という概念について，TOB，市場買付の区別なく，また，実際の株価動向にも関係なく認められるということになれば，今後は実質的に MoM 条件のみが有事の買収防衛策の発動要件となり，過剰な買収防衛策導入の口実に使われるのではないかという懸念を抱いている」とする見解もある。鈴木一功「TOB と市場買付けの『強圧性』に関する考察—東京機械製作所の買収防衛策を題材に」MARR 2022年１月号＜https://www.marr.jp/menu/ma_practices/ma_propractice/entry/33173＞。

31）太田・前掲注（７）〔東京機械製作所・下〕商事法務2284号22頁。

東京高裁令和３年11月９日決定（抗告審）は，大きく異なる判断枠組みを採用したものの，原審決定と同じく差止めを認めなかった[32]。すなわち，ニッポン放送事件東京高裁判決の判断枠組みを用いて，「新株予約権無償割当て等の結果，特定の株主の経営支配権（持株比率）を相当程度低下させ，他方で，取締役等の経営支配権の維持等に寄与する場合，原則として，その主要な目的は，取締役等の会社の経営支配権の維持等にあるものと判断すべきである」としつつも，例外的に，「利益侵害を受けるおそれのある株主が，株主総会において，会社の企業価値がき損され，ひいては株主の共同利益が害されることを防止するために新株予約権無償割当て等の措置をとる必要があると判断し，かつ，新株予約権無償割当て等の措置が相当である場合」には，「当該新株予約権無償割当て等は，専ら取締役等の経営支配権の維持等を目的として（又はそれを主要な目的として）されるものではなく，会社の企業価値のき損ひいては株主の共同利益が害されることを防止することを主要な目的としてされたもの」であるとして，本件対抗措置の発動も適法であるとした。この判断枠組みについても，ブルドックソース事件最高裁決定の判断枠組みを用いるべきであったと批判されている[33]。

強圧性について，原審決定では，「相応の強圧性があるというべき」であると判示されており，抗告審決定では，「強圧性（前記で述べた売却への動機付けないし売却への圧力。より具体的には，株主が十分な投資考慮をすることができない状況で，会社の企業価値のき損のリスクを回避し，また，市

32）太田・前掲注（７）〔東京機械製作所・下〕商事法務2284号17-18頁。

33）太田・前掲注（７）〔東京機械製作所・下〕商事法務2284号23頁注（16）。田中亘教授も，「裁判所は，端的に，①対抗措置発動の必要性と②対抗措置の内容の相当性を要件として掲げ，必要性と相当性がともに認められる場合には，当該差別的新株予約権無償割当ては，不公正発行に該当しないし，また株主平等の原則の趣旨にも反しないと判断し，逆に，いずれかの要件が充足しない場合には，当該新株予約権無償割当ては，不公正発行に該当するし，また，株主平等の原則の趣旨にも反すると判断すれば足りるのではないか」と説かれている。田中・前掲注（８）〔下〕商事法務2287号35頁。また，磯野＝秀永・前掲注（８）151頁も参照。より広い視野から，従前の主要目的ルールは維持すべきでないと説く見解として，松中学「主要目的ルール廃止論」久保大作ほか編『企業金融・資本市場の法規制（吉本健一先生古稀記念論文集）』189頁（2020年，商事法務）。

場内買付によって上昇した株価（……）が下落する前に早く株式を処分してしまいたいとする売却に向けたインセンティブ）があることは否定できず」と改められ，強圧性の内実が具体的に述べられた。両決定において，実質的な判断の違いはないと思われる。

なお，本件は，抗告審決定に対して特別抗告と許可抗告がされたが，最高裁令和３年11月18日決定（特別抗告・許可抗告審）によって，いずれも棄却され，原決定（抗告審）が確定している。最高裁は，理由について多くを述べていない。

３．強圧性と買収防衛策の発動の許否

これらの裁判例において，強圧性の有無や程度は，買収防衛策に基づく対抗措置の発動の適法性の判断にどのような影響を与えているか。

その点で最も注目されるのは，日本アジアグループ事件と富士興産事件との対比である。どちらの公開買付けも内容はほとんど違っていないにもかかわらず，裁判所による評価が大きく異なっていることが指摘されている[34]。すなわち，日本アジアグループ事件では強圧性はあまり問題とされず，他方で，富士興産事件では強圧性があり得ることが強調されている[35]。

実際，日本アジアグループ事件の裁判所の判断については，「買収者の買付方法が強圧性を有することは明らかである」[36]，「買付方法の強圧性の程度は高くないとした裁判所の判断には，強い疑問がある」[37]と批判されている。また，両事件における裁判所の判断に際して，「買収手法の強圧性の程度が……不公正発行該当性に関する判断の違いに直結したとまでは考えられない」と説かれている[38]。

34）藤田・前掲注（８）24頁〔藤田報告〕。
35）藤田・前掲注（８）24頁〔藤田報告〕，松下ほか・前掲注（８）〔中〕商事法務2291号48頁。
36）田中・前掲注（８）〔上〕商事法務2286号10頁。磯野＝秀永・前掲注（８）150頁も，「強圧性の程度は決して低くはない」とする。
37）田中・前掲注（８）〔上〕商事法務2286号16頁注（43）。
38）太田・前掲注（６）45頁。また，太田ほか編集代表・前掲注（８）627-628頁。

この点に関しては，強圧性の取り上げ方について，株主意思確認総会に発動の判断を委ねようとしたか否かという事情が異なると分析されている[39]。また，「判断の差は，主として，差別的取得条項等付新株予約権無償割当ての後に，株主意思確認総会の結果を受けてそれを撤回する余地が存するか否かに基づくものではないかと推測される」[40]とも説かれており，同趣旨であろう。

また，日本アジアグループ事件においては，東京高裁令和３年４月23日決定（抗告審）は，①MBOの開始，②シティによる競合する敵対的公開買付けの開始，③MBOの撤回，④日本アジアグループによる特別配当，重要な子会社株式の譲渡の公表，⑤シティの公開買付けの撤回，⑥買収防衛策の導入，⑦シティによる市場内外における大量買付けの継続，⑧買収防衛策に基づく対抗措置の発動という，一連の支配権を巡る争いを強調している[41]。このような背景が存しない，あるいは重視されない事案であれば，結論が異なった可能性もある[42]。

39）藤田・前掲注（８）24頁〔藤田報告〕。藤田教授は，次のように説いておられる。同趣旨の見解として，松下ほか・前掲注（８）〔中〕商事法務2291号48-49頁。太田ほか編集代表・前掲注（８）612-613頁，615-616頁参照。

日本アジアグループと富士興産では，公開買付けの内容はほとんど違わないのに，裁判所による評価が大きく違います。前者では強圧性はあまり問題にせず，後者では強圧性があり得ると強調しています。ただ，これはどちらが正しいというのではなくて，強圧性が問題とされるコンテクストが違うから扱いが違うと理解すべきでしょう。

すなわち日本アジアグループの事件ですと，株主の明示的な承諾がない状態で，取締役会の判断による防衛を正当化することができるかという問題の中で強圧性が取り上げられているので，強圧性があるから取締役会だけ買収防衛を行って良いと判断するのには慎重になる。これに対して富士興産事件では，公開買付けか株主総会かいずれの方法で株主の意思を問うかという局面なので，株主総会による意思確認を正当化するための理由の一つとして掲げるのであれば，非常に低いとはいえ強圧性があるということに言及することもできるということだと理解すべきなのでしょう。

40）太田・前掲注（６）45頁。

41）弥永・前掲注（５）３頁は，「本件買収防衛策及びこれに基づく対抗措置の主要目的は強圧性のある買収手法を排除することではないと判断したものであるが，本件MBOも少なくとも同様の強圧性を有していたと考えられることからすれば，〔日本アジアグループ〕の取締役会の行動は首尾一貫していないと評価されてもやむを得なかったのかもしれない」とする。太田ほか編集代表・前掲注（８）も，「会社側によるMBOの公表が契機となって……経営支配権争奪状況が生じたという特殊事情もある」とする。

以上でみたように，買収防衛策に基づく対抗措置の発動が適法と判断されるか否かの判断においては，買付け手法の強圧性のみが決め手になるものではない。この点は，今後の裁判例の積み重ねを待つほかないであろう。

Ⅳ．事前警告型買収防衛策の今後

1．最近の適時開示

エーザイは，2022年４月27日付けの適時開示において，買収防衛策の非継続（廃止）を表明した[43]。

社外取締役独立委員会からの提案を受けて取締役会が決定したとされるが，理由として，次のように述べられており，近時の裁判例からすると，事前に買収防衛策を導入する必要はなく，有事において導入・発動すればよいと判断しているようでもある。

> 近時の裁判例を踏まえると，本対応方針のような施策をあらかじめ講じておく必要性は低下しています。したがって，実際に当社の企業価値・株主共同の利益を毀損する恐れのある買収者や買付者が現れた場合に，ステークホルダーズと対話をしながら，関連する法令の許容する範囲内において，当社の企業価値・株主共同の利益を確保するために，その時点において採用可能な適切と考えられるあらゆる施策（いわゆる買収防衛策を含む）を講じることが妥当であると考えております。

42）松下ほか・前掲注（８）〔中〕商事法務2291号49頁も，「日本アジアグループ事件において，強圧性除去の目的が否定されたのは，あくまで，強圧性の程度がそれほど強くない一方で，……その他の事情から経営陣の経営支配権維持・確保の目的が強く推認されるという当該事案の事実関係の下で，強圧性除去が『主要な』目的とは認められなかったにすぎないと解するべきである」とする。

43）エーザイ「当社企業価値・株主共同の利益の確保に関する対応方針（買収防衛策）の非継続（廃止）について」（2022年４月27日）。

【図表３】

定時株主総会の日	経営トップ[45]の取締役選任議案に関する賛成割合	買収防衛策の導入・継続・廃止の適時開示日
2006年６月23日	N/A	2006年２月28日（導入）
2007年６月22日	N/A	2007年７月31日（継続）
2008年６月20日	N/A	2008年７月31日（継続）
2009年６月19日	N/A	2009年７月31日（継続）
2010年６月18日	94.00%	2010年７月30日（継続）
2011年６月21日	92.00%	2011年８月２日（継続）
2012年６月21日	88.70%	2012年８月１日（継続）
2013年６月21日	91.98%	2013年８月１日（継続）
2014年６月20日	92.48%	2014年８月１日（継続）
2015年６月19日	89.71%	2015年７月31日（継続）
2016年６月17日	86.39%	2016年８月３日（継続）
2017年６月21日	75.46%	2017年８月２日（継続）
2018年６月20日	74.30%	2018年６月20日（継続）
2019年６月20日	71.26%	2019年６月20日（継続）
2020年６月19日	71.71%	2020年６月19日（継続）
2021年６月18日	67.27%	2021年６月18日（継続）
2022年６月20日	96.27%	2022年４月27日（廃止）

（出典）　エーザイの臨時報告書による。

もっとも，エーザイが2021年６月18日に継続を決定した買収防衛策は，取締役会限りで導入されたものであることに留意が必要であろう[44]。そのこともあってか，【図表３】で示されているように，導入当初から約10年間は，定時株主総会の翌月又は翌々月に買収防衛策の継続の適時開示が行われてき

44）エーザイ「当社企業価値・株主共同の利益の確保に関する対応方針（買収防衛策）の継続について」（2021年６月18日）。

45）取締役選任議案の最初に掲げられた取締役候補者を，経営トップとして扱った。

た。ただ，経営トップについての取締役選任議案に関する賛成割合の下落に呼応するかのように，2018年以降は定時株主総会と同日に適時開示がなされるようになった。株主総会における経営陣に対する信任の状況を考慮して，継続・廃止の判断がなされるようになったかもしれず，そうであれば，とりわけ2017年頃からの賛成割合の低下をも考慮して，廃止を決定したとも推察される。

また，同社の買収防衛策の設計そのものも，対抗措置の発動は社外取締役独立委員会の提案を受けて取締役会が決定することとされており，株主意思確認総会の開催が予定されているものではない。導入と発動の双方の手続において，市場から賛成を得やすい設計とはなっていなかったともいえる。

果たしてというべきか，2022年に開催された定時株主総会においては，経営トップの取締役選任議案に関する賛成割合が96％に上昇している。相関関係は必ずしも明らかではないが，同社の事前警告型買収防衛策は対抗措置の発動に際して株主意思確認総会を予定しておらず，このような買収防衛策を取締役会限りで継続してきたことが，株主から否定的に評価されていたと推測することができよう。

そうであるとすれば，エーザイが適時開示で示した理由は，上場企業の率直な見方であるとは言いがたいかもしれない。

２．事前警告型買収防衛策の有用性

むしろ，2021年の裁判例の分析に基づいて，事前警告型買収防衛策が今なお有用であることが説かれている[46)]。

第一に，日邦産業事件では，事前警告型買収防衛策が定める情報提供等のルールに重要な点で違反する買収者に対して，独立委員会の勧告を受けて取締役会限りで対抗措置を発動することが許されることが明らかにされた。発動の適法性の判断にあたっては，導入・継続を承認した株主の合理的意思の

46）松下ほか・前掲注（8）〔下〕商事法務2292号42-44頁。

範囲内にあるかという相対的に緩やかな基準が適用され得ることが指摘されている[47]。

第二に，有事における株主総会において対抗措置の発動について株主の承認が得られるかは不確実性が高いとされる[48]。とりわけ株主意思確認総会の基準日までに買収者が市場買付け等によって株式を大量に取得していた場合には，株主総会で承認を得ることが困難になり得る[49]。東京機械製作所事件のようにMoM決議によって株主意思を確認してもよければ問題は軽減されるが，どのような場合にMoM決議の利用が認められるかは明確ではない[50]。しかも，発動した場合であっても，買収防衛策の導入時点での株式の保有割合までにしか希釈化を生じさせることができず，発動後も対応が必要となる[51]。

第三に，平時導入型の事前警告型買収防衛策においては，買収者に予見可能性があるため，対抗措置の相当性が認められやすくなるという意義がある[52]。

このような事情があることから，「上場企業の経営陣としては，事前警告型買収防衛策を導入しておくことは，買収防衛の観点からは望ましい」とされている[53]。

V．結語

現状においては，会社支配権市場を規制する法制度が完備されていないために，個別の会社が設計して導入する買収防衛策が一定の場合に必要である

47）松下ほか・前掲注（8）〔下〕商事法務2292号42-43頁。
48）松下ほか・前掲注（8）〔下〕商事法務2292号43頁。
49）松下ほか・前掲注（8）〔下〕商事法務2292号43頁。
50）松下ほか・前掲注（8）〔下〕商事法務2292号43頁。
51）松下ほか・前掲注（8）〔下〕商事法務2292号43頁。
52）松下ほか・前掲注（8）〔下〕商事法務2292号43頁。
53）松下ほか・前掲注（8）〔下〕商事法務2292号43頁。

と許容されてきている。他方で，事前警告型買収防衛策を導入することができるかは個別の会社の事情によるから，資本市場を利用する全ての会社が同じ規制に服している訳ではない。このような事情を解消するためにも，適切な法制度を整備して，買収防衛策という代替的な手段はなくなるのが理想である[54)]。

もっとも，買収防衛策を禁止しても不都合がない法制度が構築されるまでは，上手に活用していくほかない。その意味で現在は過渡期ともいうべき状況にあり，事前警告型買収防衛策の有用性が，改めて見直されるべき時期にあるとも思われる。

〔付記〕

本稿の執筆段階で，山本将成椙山女学園大学准教授から，貴重なご教示を得た。記してお礼を申し上げる。もとより全ての誤りは，筆者のみに帰する。

また，本稿は，科学研究費補助金18K01336の研究成果の一部である。

〔追記〕

脱稿後、茂木美樹＝谷野耕司＝西川恵祐「敵対的買収防衛策の導入状況とその動向――2022年６月総会を踏まえて」商事法務2309号39頁（2022年）に接した。同論文によれば、2022年（2021年８月～2022年７月）における敵対的買収防衛策の継続率は82.1％であり、前年の77.7％から増加している（同45頁）本稿においては、廃止率の計算にあたって自主廃止による非継続のみを基準としており、この計算方法によると、2022年の廃止率は14.7％となる。

54）田中・前掲注（９）392頁ほか参照。

金融商品取引法制の近時の展開(上)

令和5年6月30日

定価2,200円（本体2,000円＋税10%）

編　集　金 融 商 品 取 引 法 研 究 会
発行者　公益財団法人　日本証券経済研究所
東京都中央区日本橋 2 -11- 2
太陽生命日本橋ビル12階
〒103-0027
電話　03(6225)2326 代表
URL：https://www.jsri.or.jp
印刷所　昭 和 情 報 プ ロ セ ス 株 式 会 社
東京都港区三田 5 -14- 3　〒108-0073

ISBN978-4-89032-062-2　C3032　¥2000E